Udo Kliebisch

Kommunikation und Selbstsicherheit

Interaktionsspiele
für Schule, Jugendarbeit und
Erwachsenenbildung

 **Verlag an der Ruhr**

Impressum

Titel: **Kommunikation und Selbstsicherheit**
Interaktionsspiele für Schule, Jugendarbeit
und Erwachsenenbildung

Autor: Udo Kliebisch

Redaktion: Winfried Kneip

Titelbild: Markus Krieger

Satz & Layout: Rüdiger Heierhoff

Druck: Druckerei Uwe Nolte, Iserlohn

Verlag: Verlag an der Ruhr
Postfach 10 22 51
45422 Mülheim an der Ruhr
Tel.: 0208/49 50 40
Fax: 0208/495 0 495

© **Verlag an der Ruhr, September 1995**

ISBN **3-86072-209-3**

Gedruckt auf chlorfrei gebleichtem Papier.

Inhalt

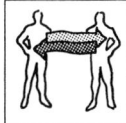

Inhalt

„Häufig reproduzieren Interaktionsspiele
auf vereinfachende Weise die Struktur
wirklicher Lebens- und Gruppensituationen.
Sie isolieren aus den komplexen Aspekten
wirklicher intra- und interpersoneller
Situationen einige wichtige Elemente und
stellen diese in den speziellen und
„künstlichen" Kontext eines durch die
Spielregeln definierten Handlungsschemas.
Auf diese Weise wird die intellektuelle
und emotionale Energie der Teilnehmer
auf einen Brennpunkt gerichtet."

(Vopel 1988, 2)

In diesem Buch finden sie 26 Interaktionsspiele. Dabei handelt es sich nicht um eine neue Art von Gesellschaftsspielen; Interaktionsspiele ermöglichen es den Beteiligten, intensive Erfahrungen zu machen, mit denen sowohl die Eigenwahrnehmung als auch das Zusammenleben mit andern bewußter registriert wird. Sie sind daher besonders effektiv, wenn sie in Gruppen gespielt und gemeinsam besprochen werden. Interaktionsspiele verlangen allerdings vom Gruppenleiter ein hohes Maß an Sensibilität und Aufmerksamkeit. Sie sind vom Ansatz her nicht an ein bestimmtes Spielalter gebunden. Dennoch ist es nicht sinnvoll, jedes Spiel jeder Altersstufe anzubieten. Prinzipiell können die Interaktionsspiele in diesem Band von der Sekundarstufe bis zur Erwachsenenbildung erfolgreich eingesetzt werden.

Unsere Interaktionsspiele sind drei thematischen Feldern zugeordnet:

- ## Selbsterfahrung
- ## Kommunikation
- ## Selbstsicherheit.

Die Themenbereiche ergänzen sich wechselseitig, was in den Einführungsabschnitten der entsprechenden Kapitel noch näher ausgeführt wird. Von daher lassen sich die einzelnen Übungen - etwa im Rahmen von Projekten oder Tagungen - auch beliebig kombinieren und damit in ihren spezifischen Wirkabsichten ergänzen und verstärken.

Selbsterfahrung

Dieser Themenkomplex dient der Analyse. Mit seiner Hilfe können Sie gemeinsam mit den Teilnehmern herausfinden, in welchem Maße ihre kommunikativen Kompetenzen und ihre Selbstsicherheit entwickelt sind.

Interaktionsspiele Kommunikation

Die Interaktionsspiele zum Thema "Kommunikation" haben das Ziel, die Teilnehmer über verschiedene Ausgangssituationen und Inhalte miteinander ins Gespräch zu bringen. Sprachkompetenz ist - abhängig von den jeweiligen Erfahrungen im Elternhaus - schon bei Kindern oft nur begrenzt vorhanden. Dieser Mangel macht sich häufig gerade in der Schule unangenehm bemerkbar. Eine Vertiefung und Ausweitung der Fähigkeit, miteinander zu reden, ist für Heranwachsende wie auch Erwachsene deshalb in den verschiedensten Lebenszusammenhängen von großer Bedeutung; speziell in Unterrichtssituationen aber wird sich die sprachliche Kompetenz als nützlich erweisen und in der Regel sowohl die Leistung als auch das Selbstbewußtsein steigern.

Interaktionsspiele Selbstsicherheit

Wie selbstsicher sich jemand fühlt und auftritt, ist im allgemeinen bereits durch die primäre Sozialisation im Elternhaus mitbestimmt. Mangelnde Selbstsicherheit ist bei vielen Menschen mit Ängsten verknüpft. Solche Ängste verhindern vielfach, die eigenen Ressourcen zu entdecken und effektiv einzusetzen. Die Interaktionsspiele zum Thema "Selbstsicherheit" bringen die Teilnehmer unter verschiedenen Gesichtspunkten in Situationen, die für sie in der Regel mit Unsicherheit verbunden sein dürften. Die Reflektion der dabei erlebten Gefühle und das erfolgreiche Bestehen der Spielsituation ermöglichen mittelfristig eine Verbesserung des Selbstwertgefühls und damit auch der Selbstsicherheit. Eine solche Entwicklung kann sich für die Teilnehmer in privaten wie auch in schulischen oder beruflichen Zusammenhängen positiv auswirken, denn ein selbstbewußtes Handeln wird von den Handelnden wiederum in vielfacher Hinsicht als ermutigend und motivierend empfunden.

Zum Umgang mit diesem Buch

Ergänzende Arbeitsblätter zu den Interaktionsspielen

Die Arbeitsblätter für die Hand der Lerngruppe ergänzen und erweitern die in den Interaktionsspielen berührten Schwerpunkte in vielfältiger Weise. Sie sind so angelegt, daß sie eine Erarbeitung der Themen "Kommunikation" und "Selbstsicherheit" auch abseits der Interaktionsspiele ermöglichen. So lassen sich zum Beispiel mit Hilfe der Arbeitsblätter verschiedene Kommunikationsformen auf spielerische Art und Weise erfahren. Zugleich erlauben sie es aber, die Thematik der Spiele zu vertiefen, indem entweder bestimmte Aspekte der darin gemachten Erfahrungen betont und herausgehoben oder aber bewußt hinterfragt werden. Dabei ist auch "abseitiges" und kreatives Weiterdenken erlaubt und erwünscht, das sowohl zu kognitiven Ergebnissen als auch zu affektiven Erlebnissen führen kann.

Voraussetzungen für die Arbeit

Wollen Sie die in diesem Buch vorgestellten Interaktionsspiele mit einigem Erfolg durchführen, so sollten bei Ihnen wie bei der Lerngruppe bestimmte Grundvoraussetzungen gegeben sein:

- Die Durchführung der Spiele verlangt von allen Beteiligten Ernst, Aufmerksamkeit und Mut; aber ebenso Rücksicht, Sensibilität, Einfühlungs- und Durchsetzungsvermögen und vor allem Achtung vor den Mitspielern.

- Leiter und Teilnehmer sollten zumindest in gewissem Umfang Erfahrungen mit interaktiven Unterrichtsformen, also zum Beispiel mit Partner- und Kleingruppenarbeit haben. Sie sollten die Fähigkeit besitzen, sich im Rahmen des Interaktionsprozesses als primus inter pares zu verstehen und sich daher weitgehend zurückzunehmen.

- Spieler und Moderator sollten in der Lage sein, sich der Eigendynamik von Spielsituationen zu überlassen. Sie sollten im Grundsatz fähig sein, sich durch den Interaktionsprozeß nicht nur intellektuell, sondern auch emotional ansprechen zu lassen. Alle Beteiligten sollten sich prinzipiell als ganze Menschen, als Einheit von Denken und Fühlen erleben können.

Notwendige Vorbemerkung

Wenn im Vorwort wie auch im folgenden von Spielern, Teilnehmern und Schülern die Rede ist, so sind damit natürlich immer Menschen beiderlei Geschlechts gemeint. Gerade bei Spielanleitungen ist die von uns sonst bevorzugte Schreibweise, die sowohl die männliche wie die weibliche Form berücksichtigt (SpielerIn), doch sehr umständlich und den Lesefluß hemmend (Lassen Sie den/die SpielerIn wählen, ob er/sie sich einen/eine PartnerIn usw.).

Wir bitten für diese Regelung um Ihr Verständnis.

Die Darstellung der Spiele erfolgt nach einem wiederkehrenden 10-schrittigen Raster, das wir hier für einen besseren Zugriff in allgemeiner Form vorstellen wollen:

1. Am Anfang formulieren wir knapp, stichwortartig das Ziel, das mit der nachfolgend genauer beschriebenen Übung erreicht werden kann bzw. soll.

Hier ist eine erste Orientierung gegeben, inwieweit sich die Übung für individuelle erzieherische Bemühungen in einer konkreten Gruppe überhaupt eignet.

2. Unter diesem Punkt machen wir Angaben darüber, wie alt die Teilnehmer mindestens sein sollten, um

mit Gewinn an dem jeweiligen Spiel zu partizipieren.
Diese Altersangaben sind zweifellos nicht in jedem Falle verbindlich; sie stellen aber nach unseren Erfahrungen schon eine Grenze dar, die Sie um der Effektivität der Spiele willen nach Möglichkeit nicht unterschreiten sollten.

3. Hier erfahren Sie etwas über die Gruppengröße, die sich für das Spiel als (noch) vertretbar herausgestellt hat.
Auch diese Angaben sind ohne Frage in vielen Fäl-

len nur Anhaltspunkte. Es ist klar, daß kleinere Gruppen in aller Regel effektiver zusammenarbeiten können als größere. Sicherlich können Sie durch methodische Variationen auch größere Gruppen in Kleingruppen aufteilen und so ein effizienteres Arbeiten ermöglichen.

4. Die Informationen über die Zeit, die Sie für die Durchführung des Spiels benötigen, sind zweigeteilt: (a) Wir sagen Ihnen, wieviel reine Spielzeit Sie veranschlagen müssen, und (b) wir machen Angaben

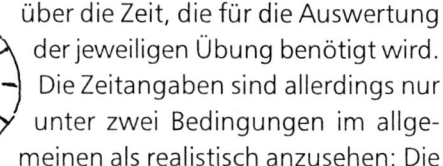

über die Zeit, die für die Auswertung der jeweiligen Übung benötigt wird. Die Zeitangaben sind allerdings nur unter zwei Bedingungen im allgemeinen als realistisch anzusehen: Die Gruppengröße (s. 3) muß eingehalten werden, und die Auswertung darf über die Behandlung der dort angebotenen Fragen nicht hinausgehen (s. 6a). Entscheiden Sie sich für ein vertiefendes Auswertungsgespräch (s. 8b), muß die Spielzeit entsprechend höher angesetzt werden.

5. Hier geben wir Ihnen ausführliche Hinweise für die Durchführung der Übung. Je nach Art und Komplexität des Spiels sind die Bemerkungen unterschiedlich

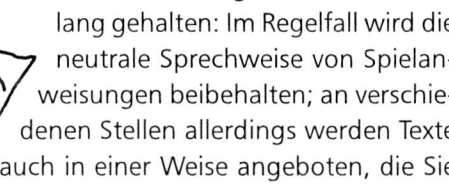

lang gehalten: Im Regelfall wird die neutrale Sprechweise von Spielanweisungen beibehalten; an verschiedenen Stellen allerdings werden Texte auch in einer Weise angeboten, die Sie direkt in die Gruppensituation einbringen können.

6. Die Überlegungen zur Auswertung des jeweiligen Spiels erfolgen wiederum unter zwei Aspekten:

(a) Sie erhalten zunächst eine Auswahl von Fragestellungen, mit denen die Übung aufgearbeitet wer-

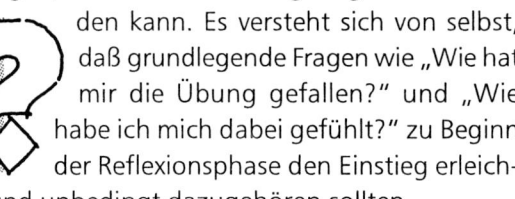

den kann. Es versteht sich von selbst, daß grundlegende Fragen wie „Wie hat mir die Übung gefallen?" und „Wie habe ich mich dabei gefühlt?" zu Beginn der Reflexionsphase den Einstieg erleichtern und unbedingt dazugehören sollten.

(b) Hier machen wir Ihnen Vorschläge für die me-

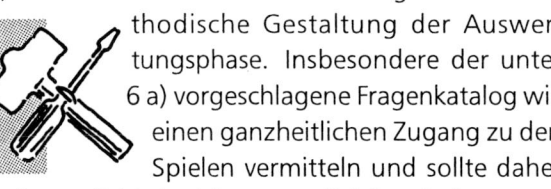

thodische Gestaltung der Auswertungsphase. Insbesondere der unter 6 a) vorgeschlagene Fragenkatalog will einen ganzheitlichen Zugang zu den Spielen vermitteln und sollte daher nach Möglichkeit nicht wesentlich beschnitten werden.

7. An dieser Stelle bekommen Sie zusätzliche Hinweise, die für die Durchführung der Übung von Interesse sind oder sein können.

Hier werden beispielsweise sowohl Bemerkungen über Raumgröße und -ausstattung als auch darüber gemacht, wie die entsprechenden Übungen funktionell in anderen Kontexten eingesetzt werden können.

8. Unter diesem Punkt finden Sie zum einen (a) Literaturangaben zur vertiefenden Beschäftigung mit Aspekten, die in dem jeweiligen Spiel berührt werden. Zum anderen finden Sie (b) Informationen zu den psychologischen und gruppendynamischen Hintergründen der jeweiligen Übung.

Die Literaturangaben umfassen einerseits Titel, in denen Sie weitere ähnlich oder auch gleich strukturierte Übungen finden; andererseits werden aber auch solche Bücher genannt, die für ein vertiefendes Auswertungsgespräch von Belang sind.

Die an dieser Stelle formulierten Informationen können und sollen naturgemäß nur skizzieren, welche weiterführenden (psychologischen und gruppendynamischen) Gedanken hinter dem entsprechenden Spiel stehen.

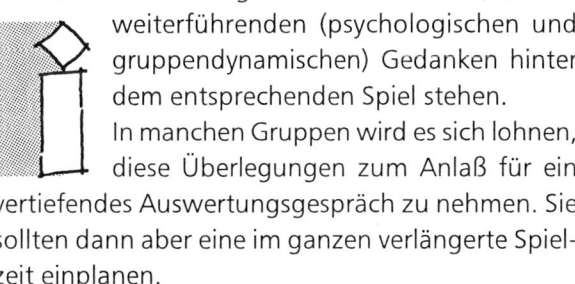

In manchen Gruppen wird es sich lohnen, diese Überlegungen zum Anlaß für ein vertiefendes Auswertungsgespräch zu nehmen. Sie sollten dann aber eine im ganzen verlängerte Spielzeit einplanen.

9. Unter diesem Zeichen finden Sie bei einigen Übungen Ideen und Anregungen für weitergehende Aktivitäten zu den in der Übung relevanten Themen. Hier werden Varianten und andere Schwerpunkte vorgestellt, aber auch Aspekte vertieft, die im Spiel selbst nur am Rande vorkommen.

10. Am Schluß der Übungsbeschreibung finden Sie in der Regel Material, das bei der Durchführung des Spiels eingesetzt werden kann bzw. soll. Hierbei handelt es sich einerseits um Materialien, die für die Spieldurchführung und -auswertung obligatorisch sind. Diese Blätter haben wir M 1, M 2 usw.

genannt. Andererseits finden Sie hier die Arbeitsblätter für die Hand der Lerngruppe. Sie sind so angelegt, daß sie auch unabhängig von den Spielen eingesetzt werden können (siehe dazu auch die Erläuterungen auf Seite 6).

Mit diesem Zeichen sind ergänzende Arbeitsblätter für die Hand der Teilnehmer gekennzeichnet. Sie enthalten Anregungen und Informationen, die zu den Übungen gehören, aber auch für sich stehen und ohne die Durchführung einer Übung eingesetzt werden können.

Dieses Zeichen signalisiert auf den Arbeitsblättern, die den einzelnen Übungen angefügt sind, Arbeitsaufgaben oder Diskussionsanregungen.

„Wir - jeder für sich - können entweder
unangemessene Reaktionen produzieren,
aus einem Problem auch mehrere
Probleme machen, uns selber auf
den Weg der Selbstschädigung führen.
Wir können aber auch bei entsprechender
Wahrnehmung und Bewertung
bestimmter Ereignisse solche Gefühle
in uns wachrufen, die unserer jeweiligen
Lebenssituation förderlich sind."

(Schwartz 1981, 51)

Kommunikation und Selbstsicherheit - © Verlag an der Ruhr, Postfach 10 22 51, 45422 Mülheim an der Ruhr

1.0 Einführung

In diesem Kapitel stellen wir Ihnen zwei Fragebögen vor, die wir unter das Thema „Selbsterfahrung" gestellt haben. Hierbei handelt es sich primär um Übungen, mit deren Hilfe die Gruppenmitglieder bestimmte Aspekte ihrer Persönlichkeit in bezug auf Kommunikationsfähigkeit und Selbstsicherheit genauer erfahren können. Die damit mögliche Selbstbestimmung stellt eine gute Voraussetzung dafür dar, anschließend in einer den Spielen vorgeschalteten Diskussion diese Erfahrungen zu thematisieren.

Beim ersten Fragebogen „Kommunikation" handelt es sich um ein Instrument, das bei sorgfältiger Bearbeitung Ihnen wie auch den Spielteilnehmern eine vage Einschätzung darüber ermöglicht, wie weit Ihre Kommunikationsfähigkeit entwickelt ist; der zweite Fragebogen „Selbstsicherheit" ist in gleicher Weise aufgebaut und läßt vorsichtige Schlüsse darüber zu, wie selbstbewußt der Einzelne in bestimmten Situationen ist und welche Faktoren seine Souveränität beeinflussen.

Sie sollten sich in jedem Fall darüber im klaren sein, daß die in diesem Kapitel angebotenen diagnostischen Übungen keineswegs Tests darstellen, die den Kriterien empirischer Forschung genügen und etwa von daher tiefsinnig-psychologisch zu interpretieren sind. Unabhängig von dieser notwendig zu machenden Einschränkung bieten die Fragebögen jedoch Ihnen und den Gruppenmitgliedern einigen Anhalt zur sinnvollen Bewertung von kommunikativer Kompetenz und selbstsicherem Auftreten. Die auf diese Weise zu gewinnenden Beobachtungswerte reichen im allgemeinen ohne weiteres aus, um damit produktiv weiterarbeiten zu können.

Denn die beiden hier vorgestellten Fragebögen stehen in direkter Beziehung zu den Übungen der folgenden Kapitel: Wollen Sie nämlich beispielsweise mit einer Schüler- oder Seminar-Gruppe Kommunikations- und/oder Selbstsicherheitsübungen durchführen, kann es durchaus lohnend sein, anhand der entsprechenden Antworten in den beiden Fragebögen festzustellen, ob die Themen Kommunikation und Selbstsicherheit von Teilnehmern inhaltlich überhaupt als relevant wahrgenommen werden.

Selbstverständlich bietet sich problemlos auch der umgekehrte Weg an: Stoßen Sie etwa bei der konkreten Umsetzung von Kommunikations- und/oder Selbstsicherheitsübungen auf beachtliche Schwierigkeiten bei den Veranstaltungsteilnehmern, können zur weiteren Klärung der Situation die in diesem Kapitel eingebrachten Fragen zur Selbsterfahrung eingesetzt werden. Grundsätzlich sollten Sie allerdings darauf achten, daß die Anwendung der Fragebögen nicht isoliert vorgenommen, sondern immer durch Übungen aus den weiteren Kapiteln dieses Buches organisch ergänzt wird und so für die Gruppenmitglieder ein immanenter Zusammenhang der einzelnen Bausteine entsteht.

 Bei diesem Fragebogen geht es zuvorderst um die Wahrnehmung und Artikulation des eigenen Kommunikationsverhaltens.
Die Teilnehmer sollen damit an die grundlegenden Bestimmungsfaktoren für ihr kommunikatives Verhalten herangeführt werden:

- Erkennen von Defiziten im Blick auf die eigene kommunikative Kompetenz;
- Bewußtwerdung der Ursachen für solche Mängel;
- Thematisieren der Bedeutung von Kommunikation für den Alltag.

 ab 12 Jahren

 bis ca. 20 Personen

 a) ca. 40 Minuten für die Übung
b) ca. 40 Minuten für die Auswertung

 Alle Teilnehmer erhalten den folgenden Fragebogen zum Thema „Kommunikationsfähigkeit" und bearbeiten ihn für sich allein (ca. 20 Minuten). Verteilen Sie anschließend den als Material 2 abgedruckten Auswertungsbogen, in den die Teilnehmer ihre Ergebnisse eintragen. Die Teilnehmer setzen sich anschließend in Viergruppen zusammen und besprechen ihre Testantworten und sonstigen Beobachtungen (ca. 20 Minuten).

 Grundsätzliches s. S. 8, Einleitung 6 a.

- Was habe ich beim Nachdenken über meine Antworten im einzelnen über mich erfahren?
- Was habe ich bei der Bearbeitung des Fragebogens über mein Kommunikationsverhalten erfahren?
- Welche Rolle spielt nach meiner Einschätzung und Erfahrung der Faktor Kommunikation im alltäglichen Leben?
- Welche Bedeutung hat Kommunikation für mein Leben?
- Welche Hinweise habe ich durch die Übung in Richtung auf einen möglichen persönlichen Mangel an kommunikativer Kompetenz erhalten?

- Wie macht sich ein solcher Mangel an Kommunikationsfähigkeit bei mir konkret bemerkbar?
- Welche Ursachen gibt es nach meiner Einschätzung dafür?
- Wie bin ich bisher mit meiner eingeschränkten Gesprächsfähigkeit umgegangen bzw. ausgekommen?
- Welche Möglichkeiten der Verbesserung meiner kommunikativen Kompetenz kann ich mir vorstellen?
- Wie kann ich die Ergebnisse des Tests in Zukunft für meinen Alltag nutzen?

 Die Teilnehmer können zunächst reihum zu den ersten drei Fragen Stellung nehmen. Dabei sollten die Auswertungsbögen genutzt werden. Anschließend findet ein Kreisgespräch statt.

 Im Fragebogen werden an verschiedenen Stellen Alternativfragen angeboten. Dies geschieht, um ihn sowohl für Jugendliche (ab 12 Jahren) als auch für Erwachsene handhabbar zu machen. Sie sollten darauf hinweisen oder dem Alter der Teilnehmer entsprechende Streichungen bei den jeweiligen Fragen vornehmen.
Vermeiden Sie es unbedingt, bei der Auswertung tiefsinnige psychologische Interpretationen zu entwickeln. Es reicht vollkommen, wenn sich die Teilnehmer durch die Bearbeitung des Fragebogens über ihr eigenes Kommunikationsverhalten bewußt werden, mögliche Probleme auf diesem Gebiet erkennen und auf ihre Ursachen hin befragen. Wichtiger ist es vielmehr, über geeignete Maßnahmen zur Verbesserung der kommunikativen Kompetenz der Gruppenmitglieder zu sprechen.
Der Fragebogen „Kommunikation" kann sehr gut als diagnostisches Element im Vorfeld weiterer Übungen aus dem nachfolgenden Themenbereich „Kommunikation" eingesetzt werden (s. Kap. 2).

1.1 Fragebogen: Kommunikation

Kliebisch 1991b; 1995a; Schelp u.a. 1990; Watzlawick/Beavin/Jackson 1990; Richardson 1992; Schulz v. Thun 1989a; Molcho 1988; Gordon 1980 u. 1981; Cohn 1991a; Tannen 1992.

Eine vertiefende Auswertung dieser Fragebögen kann naturgemäß auf verschiedene Aspekte eingehen, die im Rahmen kommunikativer Prozesse von Bedeutung sind: In diesem Kontext können die Teilnehmer beispielsweise mit dem Kommunikationsbegriff und den fünf Kommunikationsaxiomen vertraut gemacht werden, wie sie von Watzlawick u.a. formuliert worden sind; ebenso ließe sich ein weiterführendes Gespräch mit Hilfe der Thematisierung des Nachrichtenquadrates einleiten, das von Schulz v. Thun entwickelt worden ist; eine einfachere Variante besteht darin, den Gruppenmitgliedern zunächst einmal die systemische Struktur jedes Kommunikationsprozesses vor Augen zu führen und die daraus resultierenden Konsequenzen in den Blick zu nehmen. Wir haben daher diese Aspekte auf den Arbeitsblättern der Seiten 20 - 23 thematisiert und vertieft.

Da Probleme auf dem Gebiet kommunikativer Kompetenz bei den Betroffenen nicht selten mit einem Gefühl der Unterlegenheit und Selbstunsicherheit sowie mit einer Reihe von Streßsymptomen verknüpft sind, kann das Experiment Anlaß sein, auch diese Themenbereiche ausführlicher anzusprechen. Beachten Sie dazu auch den Fragebogen zur „Selbstsicherheit".

- M 1 - Fragebogen zur Kommunikationsfähigkeit.

- M 2 - Auswertungsbogen. Neben der grundsätzlichen Auswertung sollten Sie besonders auf Bewertungen achten, die stark von der Grundtendenz des Fragebogens abweichen. Hier könnten Anhaltspunkte für besondere, individuelle Einstellungen zu finden sein.

Zusätzliches Material:

Die begleitenden Arbeitsblätter stellen die Kommunikationsmodelle von Watzlawick und Schulz von Thun vor.

- Folienvorlage „Die 5 Kommunikationsaxiome nach P. Watzlawick"

- Infoblatt „Erläuterungen zum Kommunikationsprozeß": Das Infoblatt kann zur Vertiefung der vorgestellten Folienvorlage und damit zur Erkundung des Kommunikationsprozesses nach Watzlawick dienen.

- Infoblatt und Folienvorlage „Das Nachrichtenquadrat"

- Infoblatt und Folienvorlage „Kommunikation als System": Es dient der Erläuterung des Kommunikationsprozesses als systemischer Ablauf mit wechselseitiger „Rückkopplung".

Fragebogen zur Kommunikationsfähigkeit

Auf den folgenden Seiten sind 35 Testfragen abgedruckt, mit deren Hilfe Du herausfinden kannst, wie groß Deine Kommunikationsfähigkeit in bestimmten Situationen einzuschätzen ist. So bekommst Du vielleicht eine Vorstellung davon, ob und wann bei Dir die Fähigkeit zu kommunizieren gehemmt ist, wie und wodurch diese Probleme zustandekommen und inwieweit sie den jeweiligen Kommunikationsprozess beeinflussen.

Die Antwort auf jede Frage kann auf einer Punkteskala von „+ 5" bis „- 5" angekreuzt werden. Je mehr der angekreuzte Wert im Plusbereich liegt, desto mehr stimmst Du der vorgegebenen Aussage zu; je mehr der angekreuzte Wert im negativen Bereich der Skala liegt, desto weniger trifft die jeweilige Textaussage auf Dich zu.

1. Beispiel

Wenn ich an einem Tag ein wichtiges Gespräch führen muß, kann ich bereits morgens nichts mehr essen.

stimmt nicht — stimmt zum Teil — stimmt genau

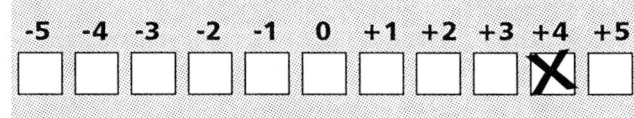

Die Antwort „+4" besagt: Ja, fast immer, wenn ich ein wichtiges Gespräch führen muß, kann ich an dem Tag bereits morgens nichts mehr essen.

2. Beispiel

Wenn ich vor einer Gruppe mir unbekannter Menschen längere Zeit einen Vortrag halten soll, spüre ich das schon vorher körperlich sehr unangenehm.

stimmt nicht — stimmt zum Teil — stimmt genau

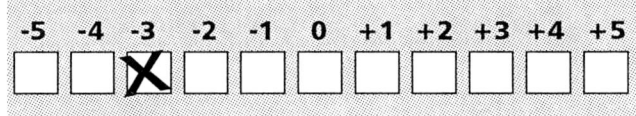

Die Antwort „-3" besagt: Nein, nur manchmal zeigen sich bei mir sehr unangenehme körperliche Symptome bereits vor einem längeren Vortrag, den ich vor einer Gruppe mir unbekannter Menschen halten soll.

Kommunikation und Selbstsicherheit - © Verlag an der Ruhr, Postfach 10 22 51, 45422 Mülheim an der Ruhr

1. Wenn ich mich mit einem Freund/Klassenkameraden/Partner/Arbeitskollegen unterhalte, spüre ich oft schon nach kurzer Zeit, daß ich unkonzentriert werde und das Gespräch am liebsten abbrechen möchte.

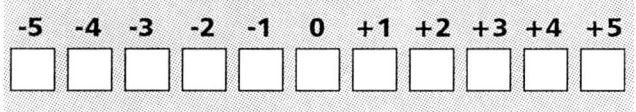

2. Man hat mir schon oft gesagt, daß ich nicht gut zuhören kann. Ich bemerke auch selbst, daß ich während eines Gesprächs den anderen Beteiligten nicht selten ins Wort falle.

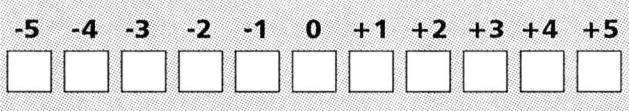

3. Nach meiner Erfahrung ist es im allgemeinen viel wichtiger, was man sagt, als wie man es sagt.

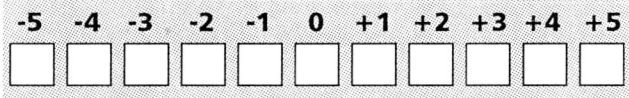

4. Streitigkeiten zwischen Menschen kommen meist dadurch zustande, daß die Beteiligten ihre Gefühle nicht unter Kontrolle halten können. Deshalb ist es für ein gutes Gespräch von Bedeutung, daß die Kommunikationspartner immer sehr sachlich bleiben.

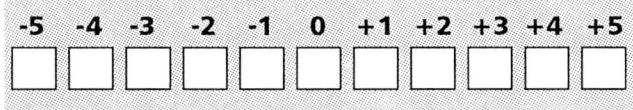

5. Wenn zwei Menschen während eines Gesprächs in Streit geraten, ist ganz sicher, daß nur einer von ihnen der Urheber der Auseinandersetzung war.

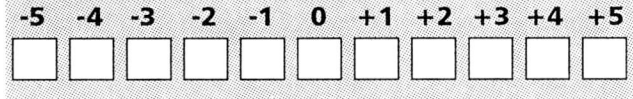

6. Wenn ich mich mit jemandem unterhalte, ist es nicht von besonderer Bedeutung, wie wir uns einander gegenübersitzen. Jeder sollte so sitzen, wie er es für richtig hält.

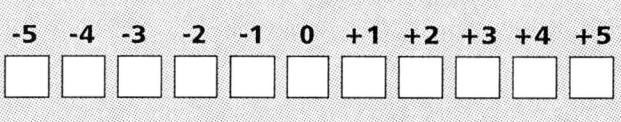

7. Wenn ich mich mit jemandem unterhalte, lege ich keinen Wert darauf, das, was der andere gesagt hat, noch einmal zu wiederholen, bevor ich auf seine Aussagen reagiere.

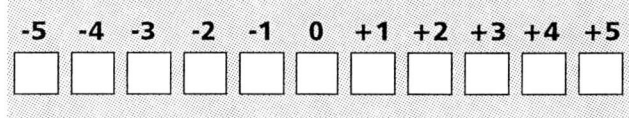

8. Ich habe festgestellt, daß manche Menschen auch im Laufe eines Gesprächs sehr gefühlsbetont reagieren. So könnte ich mich nicht verhalten.

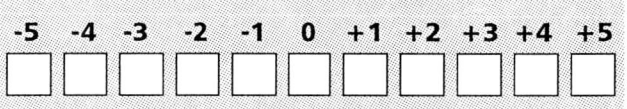

9. Wenn andere Menschen in einem Gespräch mit mir ihre Gefühle äußern, so empfinde ich das als ziemlich unangenehm und wünsche mir dann immer, daß das Gespräch schnell wieder sachlich wird.

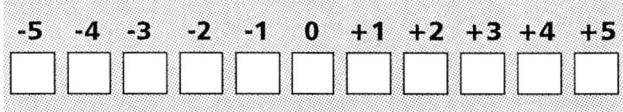

10. Ich finde es ausgesprochen nutzlos, daß die Gesprächspartner sich am Ende eines Dialogs darüber Auskunft geben, wie sie die gemeinsame Unterhaltung erlebt haben. Schließlich merkt doch jeder der Beteiligten schon während des Gesprächs, wie dieses verläuft.

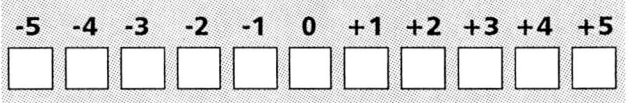

11. Nach meiner Meinung kann man mit jedem Menschen ein Gespräch führen, in dem die Partner sich als gleichberechtigt wahrnehmen. Das Wichtigste hierbei ist doch nur, daß man sich vernünftig unterhält und einander nicht herabwürdigt.

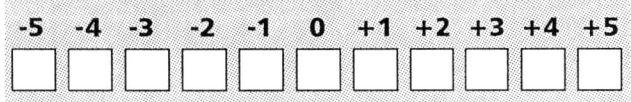

12. Wenn jemand in einem Gespräch meinen Argumenten keinen Glauben schenkt, werde ich versuchen, seinen geistigen Widerstand dadurch aufzulösen, daß ich ihm weitere Gesichtspunkte nenne, die meinen Standpunkt untermauern.

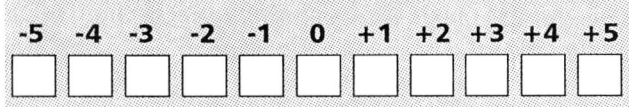

13. Wenn ich mich mit jemandem im Gespräch befinde, ist es mir ziemlich unangenehm, wenn der Betreffende dabei ständig Blickkontakt zu mir aufnimmt. Ich habe dann immer das Bedürfnis, das Gespräch zu beenden und meinen Platz zu verlassen.

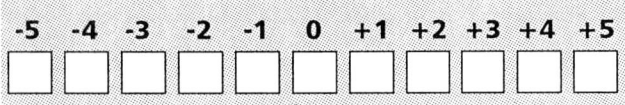

14. Wenn ich mich mit jemandem unterhalte, ist es bestimmt nicht besonders wichtig, daß ich ständig darauf achte, welche Körperhaltung er einnimmt. Schließlich macht mein Gesprächspartner dies doch in der Regel auch nicht.

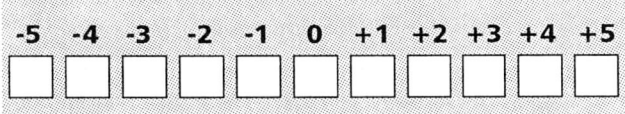

15. Um einen Gesprächspartner richtig verstehen und auf ihn angemessen eingehen zu können, brauche ich nicht zu wissen, ob er seine Erinnerungen eher in Bildern oder eher im Gefühlsbereich abgespeichert hat.

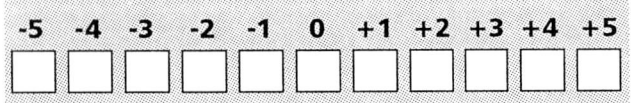

16. Wenn ich jemandem in einer Gesprächssituation zuhöre, achte ich peinlich darauf, möglichst selten mit dem Kopf zu nicken oder andere unkontrollierte Körperbewegungen zu machen, um ihn ja nicht zu irritieren.

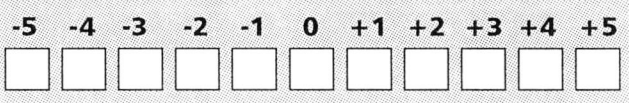

17. Ich bin fest davon überzeugt, daß die Menschen im allgemeinen genau das sagen, was sie auch tatsächlich meinen. Man muß also nicht ständig damit rechnen, daß die Äußerungen, die jemand tut, irgendwie verschlüsselt sein könnten.

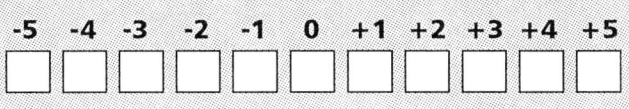

18. Wenn ich zu einem Menschen keine ausgeglichene Beziehung habe, werde ich trotzdem in der Lage sein, mich mit ihm in sachlicher Hinsicht gut zu verständigen, wenn ich dies nur will und der Gesprächspartner mich dabei unterstützt.

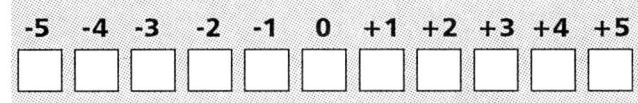

19. Wenn ich mich in einer Gruppe befinde, versuche ich stets, mich nur auf das Thema zu konzentrieren und entsprechende Beiträge zur Sache zu leisten. In dieser Situation ist es nämlich nicht so wesentlich, welches Verhältnis ich zu den anderen Gruppenmitgliedern habe, sondern daß mich der Gruppenleiter versteht.

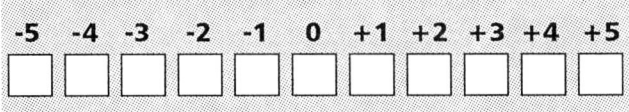

20. Ich halte es für wichtig, einem anderen Menschen in einem Gespräch nicht alles zu sagen, was ich über ihn denke. Dies gilt besonders dann, wenn ich ihn kritisieren müßte.

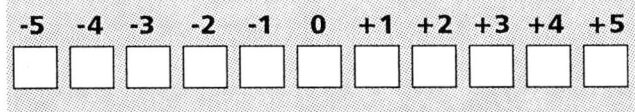

Kommunikation und Selbstsicherheit - © Verlag an der Ruhr, Postfach 10 22 51, 45422 Mülheim an der Ruhr

21. Häufig ist es nach meiner Meinung angemessen, Aussagen zu verallgemeinern, obwohl man selbst hinter der entsprechenden Äußerung steht. Auf diese Weise kann man nämlich recht gut vermeiden, sich vor den anderen bloßzustellen.

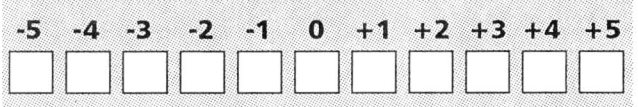

22. Wenn ich an einem Freund/Partner/Kollegen/Klassenkamerad etwas auszusetzen habe, halte ich das oft zurück. Irgendwann aber platzt mir doch der Kragen, und dann bekommt der Betreffende auf einmal all das zu hören, was ich ihm schon lange habe sagen wollen.

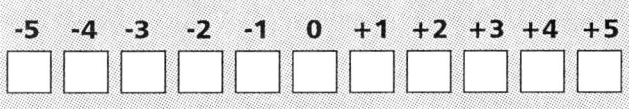

23. Wenn man jemanden in einem Gespräch kritisiert, sollte man nie nur auf das eingehen, was den konkreten Anlaß für den Unmut darstellt. Erst wenn man dem Gesprächspartner klarmacht, in welchem größeren Zusammenhang der jetzige Vorwurf steht, kann der nämlich wirklich verstehen, was man meint.

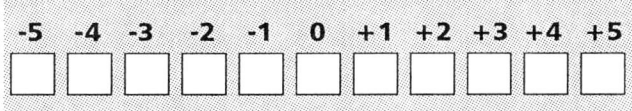

24. Für ein gutes Gesprächsklima ist es im allgemeinen überhaupt nicht hinderlich, wenn der eine Kommunikationspartner aufgrund seiner sozialen Stellung als Lehrer oder Vorgesetzter beispielsweise dem anderen Dinge sagen darf, die dieser dem ersten wiederum nicht zurückgeben darf.

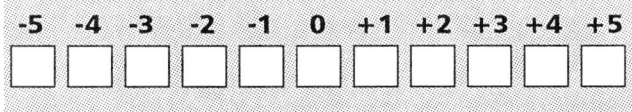

25. Wenn ich mit einem guten Freund oder mit meinem Partner ernsthaft Streit habe, macht mir das im allgemeinen nicht sehr viel aus; denn ich lenke mich dann immer mit Arbeit ab.

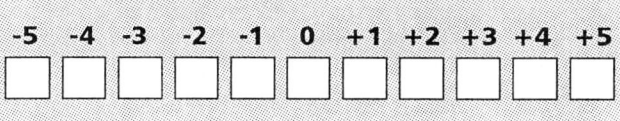

26. Wenn ich mit einem guten Freund oder einem Partner einen Konflikt auszutragen habe, ist es meistens der andere, der den ersten Schritt macht, über die Angelegenheit zu sprechen und nach einer Klärung der Situation zu suchen.

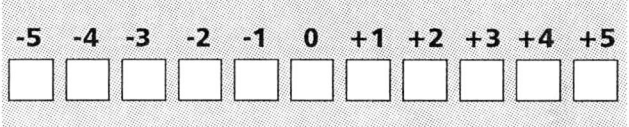

27. Wenn mich ein guter Freund oder mein Partner im Gespräch angreift oder sich über mein Verhalten beschwert, dauert es meist nicht sehr lange, bis ich explodiere und dem anderen alle möglichen Fehler vorwerfe, die er mir gegenüber in der Vergangenheit begangen hat.

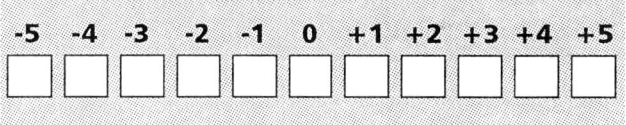

28. Ich habe oft den Eindruck, daß ich andere Menschen viel weniger verstehe, als dies nötig wäre, um mit ihnen einen ernsthaften Kontakt aufzubauen. Aus dieser Erfahrung heraus fällt es mir im allgemeinen schwer, mich überhaupt mit Menschen, die ich nicht besonders gut kenne, über etwas zu unterhalten.

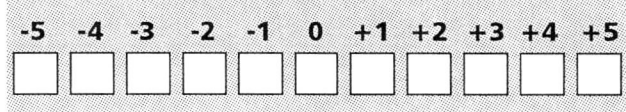

29. Ich erlebe es immer als eine besondere Art von Langeweile, wenn ich bei verschiedenen Gelegenheiten durch die Umstände dazu genötigt werde, mit mir unbekannten Leuten über irgendwelche Belanglosigkeiten zu reden.

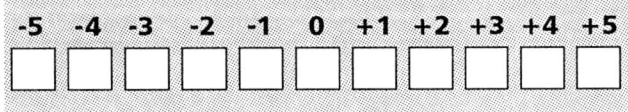

30. Ich finde, man sollte mit Menschen nur ernsthafte und tiefsinnige Gespräche führen, wenn man sich mit ihnen schon unterhält. Andernfalls sollte man besser auf eine Unterhaltung verzichten.

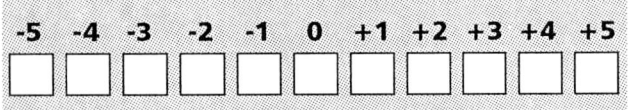

31. Wenn ich mich mit einem Vorgesetzten oder Lehrer über Themen unterhalte, von denen ich nichts verstehe, ist das meist sehr anstrengend für mich. Ich habe dann immer Sorge, daß ich mit meiner Unwissenheit unangenehm auffalle.

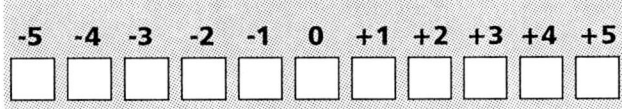

32. Ich bin der festen Überzeugung, daß jemand, der sich mit einer Sache wirklich beschäftigt, auch in der Lage sein muß, anderen Menschen diese Sache in einem Gespräch problemlos näherzubringen.

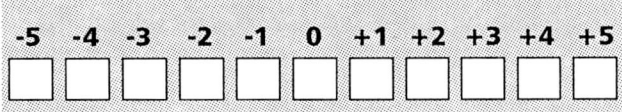

33. Wenn ich mich mit jemandem in einem Gespräch befinde und mich in der Situation unwohl fühle, versuche ich meist, das Gespräch möglichst rasch zu beenden, aber ohne daß der andere meinen Unmut wahrnimmt.

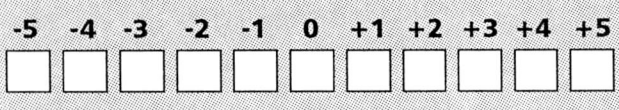

34. Für ein gutes Gesprächsklima ist es wichtig, daß ich stets einen festen Standpunkt einnehme. Der Gesprächspartner darf auf keinen Fall den Eindruck gewinnen, daß ich mich mit seinen Überlegungen und Ansichten auch nur ansatzweise identifiziere, wenn ich diese für unsinnig halte.

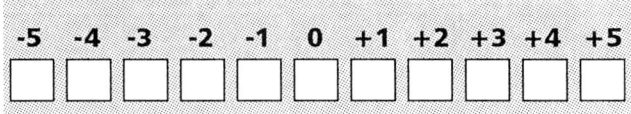

35. Wenn ich einmal wirklich Sorgen habe, weiß ich nur selten einen Menschen, dem ich so vertraue, daß ich mit ihm offen über meine Probleme sprechen würde.

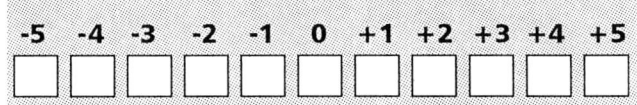

Auswertungsbogen

Trage jetzt Deine im Fragebogen angekreuzten Punktwerte für jede Frage in das unten stehende Diagramm ein. Verbinde anschließend die einzelnen Punkte durch eine Linie miteinander.

	-5	-4	-3	-2	-1-	0	+1	+2	+3	+4	+5
1											
2											
3											
4											
5											
6											
7											
8											
9											
10											
11											
12											
13											
14											
15											
16											
17											
18											
19											
20											
21											
22											
23											
24											
25											
26											
27											
28											
29											
30											
31											
32											
33											
34											
35											

Zu Deiner Information:

Je weiter sich Deine „Kommunikationslinie" im rechten, positiven Bereich des Diagramms aufhält, desto geringer ist vermutlich Deine kommunikative Kompetenz entwickelt. Du kannst etwas dagegen tun!

Je weiter links die Linie verläuft, um so stärker scheint Deine Kommunikationsfähigkeit entwickelt.

Die 5 Kommunikationsaxiome nach P. Watzlawick u.a. (1990)

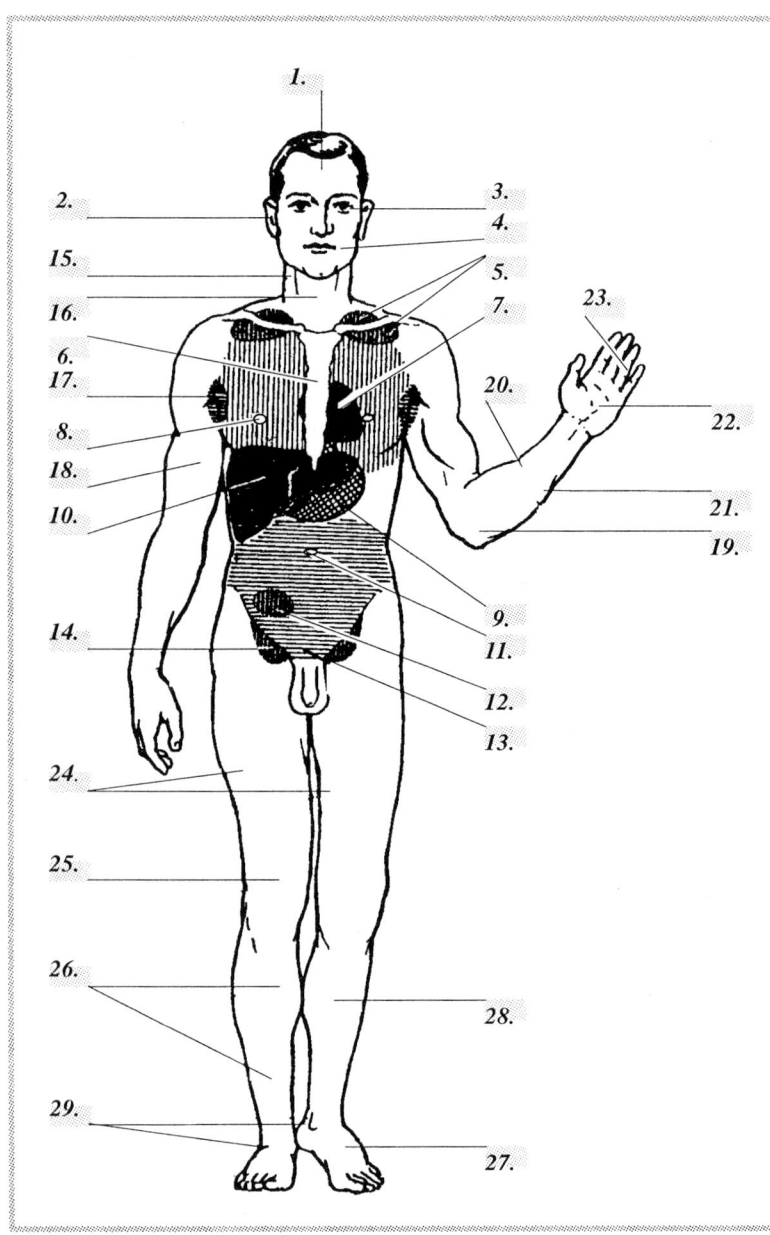

1. Der Mensch kann nicht nicht kommunizieren.

2. Jede Kommunikation hat einen Inhalts- und einen Beziehungsaspekt. Der letztere bestimmt den ersteren.

3. Jeder Kommunikationsprozeß ist von der Interpunktion der Kommunikationspartner abhängig.

4. Jeder Mensch kommuniziert sowohl in digitaler als auch gleichzeitig in analoger Form.

5. Kommunikationsprozesse sind entweder symmetrisch oder komplementär strukturiert.

1. Stirn 2. Ohr 3. Auge 4. Mund 5. Ober- und Unterschlüsselbeingrube
6. Brustbein 7. Herz 8. Brustwarzen 9. Magen 10. Leber 11. Nabel
12. Blinddarm 13. Scham 14. Leisten 15. Seitlicher Hals 16. Kehlkopf
17. Achsel 18. Oberarm 19. Ellenbogen 20. Speiche 21. Elle
22. Handfläche 23. Finger 24. Innere und äußere Oberschenkel
25. Kniescheiben 26. Schienbein 27. Fußrücken 28. Unterschenkel
29. Innere und äußere Knöchel

Kommunikation und Selbstsicherheit - © Verlag an der Ruhr, Postfach 10 22 51, 45422 Mülheim an der Ruhr

Erläuterungen zum Kommunikationsprozeß und den 5 Kommunikationsaxiomen nach Watzlawick

1. Kommunikation, also das Austauschen von Informationen zwischen Menschen, erfolgt auf verschiedenen Ebenen. Man kommuniziert, indem man miteinander redet. Man kommuniziert mit Gesten und Mimik. Man kommuniziert sogar, wenn man absolut still dasitzt und nichts sagt und vielleicht sogar nicht kommunizieren will.

 Was drückt man wohl mit einer solchen Haltung aus? Könnt Ihr Euch vorstellen, wie man nicht kommunizieren kann? Sprecht in der Gruppe darüber und versucht, es einmal auszuprobieren.

Watzlawick hat behauptet, daß man kommuniziert, indem man sich verhält. Man kann sich nicht nicht verhalten. Also lautet sein erstes Axiom (das ist ein Grundsatz, der ohne Beweis einleuchtet):
Der Mensch kann nicht nicht kommunizieren.

2. Wer kommuniziert, teilt etwas mit, er vermittelt einen Inhalt, eine „Botschaft". Zugleich sagt der Kommunikationsprozeß aber auch immer etwas über die Beziehung zwischen den Partnern dieses Prozesses aus. Eine Kommunikation mit Fremden wird anders verlaufen und strukturiert sein als eine Kommunikation zwischen Freunden, obwohl man in beiden Fällen den gleichen Inhalt vermitteln kann. Der Beziehungsaspekt beeinflußt also den Inhaltsaspekt.
Jede Kommunikation hat einen Inhalts- und einen Beziehungsaspekt. Der letztere bestimmt den ersteren.

3. Jeder Kommunikationsprozeß unterliegt einer gewissen Struktur: A teilt B etwas mit; B hört zu und nimmt es auf; B fragt nach; A verdeutlicht; B antwortet, während A zuhört ... . Die Struktur eines solchen Prozesses nennt man „Interpunktion".
Jeder Kommunikationsprozeß ist von der Interpunktion der Kommunikationspartner abhängig.

4. In der Kommunikationsforschung versucht man die unterschiedlichen Formen von Kommunikation mit den Begriffen „analog" und „digital" zu fassen.

Digitale Kommunikation ist vergleichsweise eindeutig und präzise und erfolgt im direkten Kommunikationsprozeß zwischen zwei Menschen in der Regel verbal. Wenn A sagt: „Draußen regnet es.", so ist das eine relativ klare, unmißverständliche Äußerung, die auch nur in begrenztem Maße Raum für Interpretationen gibt.

Analoge Kommunikation hingegen ist ungenauer, vergleichsweise vieldeutig und in der Regel vielschichtig interpretierbar. Meist erfolgt sie non-verbal. Begleitet A seinen obigen Satz mit einem gequälten Gesichtsausdruck, so kann dies vielerlei bedeuten: „Mist, und ich muß mit dem Fahrrad nach Hause." oder „Mir kommt dieser ewige Regen schon zu den Ohren raus." oder „Und ich hatte mich schon so aufs Wochenende gefreut." oder alles zusammen. Immerhin wird der analoge Aspekt aber durch den digitalen Anteil von As Aussage erst in bestimmtem Maße interpretierbar. Ohne diese digitale Kommunikation wäre es unmöglich, die Gestik zu deuten.
Jeder Mensch kommuniziert sowohl in digitaler als auch gleichzeitig in analoger Form.

5. Die Interaktion zwischen Menschen kann auf Gleichheit oder Ungleichheit beruhen. Bei einer symmetrischen, also auf Gleichheit basierenden Beziehung, ist das Verhalten der Interaktionspartner spiegelbildlich und tendiert entsprechend zu einer Nivellierung der Unterschiede. Beide Partner können gleich hart, nachgiebig, gütig, stark ... sein.

Bei einer komplementären, also auf Ungleichheit beruhenden Beziehung, ergänzt das Verhalten des einen Partners das des anderen. Die Dominanz des einen Partners zum Beispiel korrespondiert mit der Unterwürfigkeit des anderen und umgekehrt.

Das Verhältnis der Interaktionspartner darf jedoch in diesem Fall nicht mit „gut" und „schlecht" oder „stark" und „schwach" gleichgesetzt werden - oft beruhen komplementäre Beziehungen auf gesellschaftlichen oder kulturellen Gegebenheiten, wie zum Beispiel bei Mutter und Kind, Arzt und Patient usw.
Kommunikationsprozesse sind entweder symmetrisch oder komplementär strukturiert.

Das Nachrichtenquadrat
nach Schulz v. Thun

(nach: Schulz v. Thun 1989a, 30)

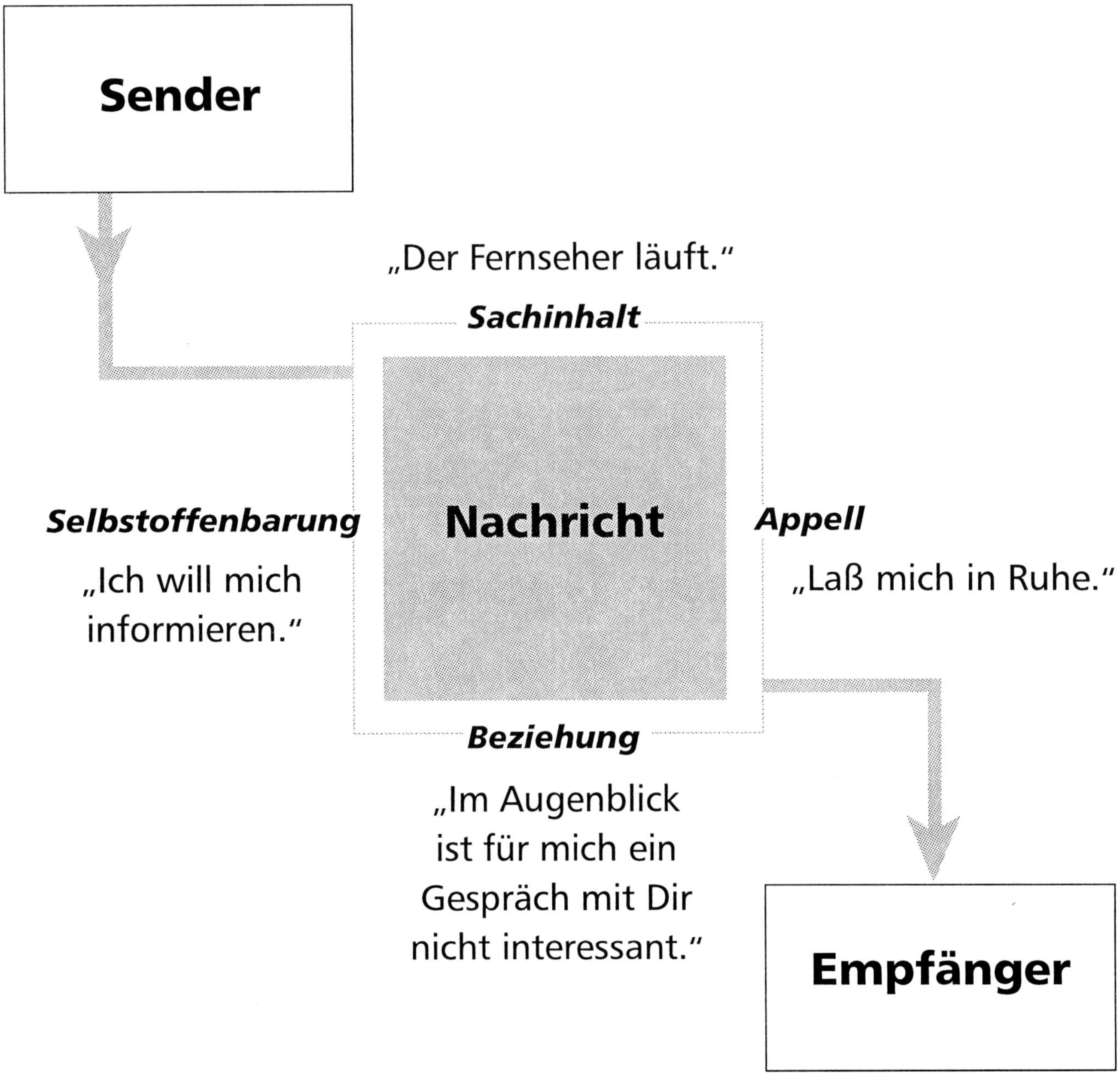

Sender

„Der Fernseher läuft."

Sachinhalt

Nachricht

Selbstoffenbarung

„Ich will mich informieren."

Appell

„Laß mich in Ruhe."

Beziehung

„Im Augenblick ist für mich ein Gespräch mit Dir nicht interessant."

Empfänger

Erklärung:

Jede Nachricht ist vom (Aus-)Sender an einen Empfänger gerichtet. Sie enthält dabei verschiedene Aspekte.

Für das obige Beispiel sieht die passende Ausgangssituation vermutlich wie folgt aus: Ein Mensch, Person A, sitzt vor dem Fernseher. Ein anderer Mensch, Person B, betritt den Raum. A verhält sich gegenüber B sehr wortkarg und desinteressiert. Aus seiner Äußerung „Der

Fernseher läuft!" lassen sich die vier verschiedenen Aspekte des Nachrichtenquadrats von Schulz v. Thun ableiten:

1. Sachinhalt: Der Fernseher läuft.
2. Selbstoffenbarung: Ich will mich informieren.
3. Appell: Laß mich also bitte in Ruhe.
4. Beziehungsaspekt: Im Augenblick ist für mich ein Gespräch mit Dir nicht interessant.

Kommunikation und Selbstsicherheit - © Verlag an der Ruhr, Postfach 10 22 51, 45422 Mülheim an der Ruhr

Kommunikation als System
unter Verwendung des Nachrichtenquadrats

(nach Schulz v. Thun 1989a, 25ff.)

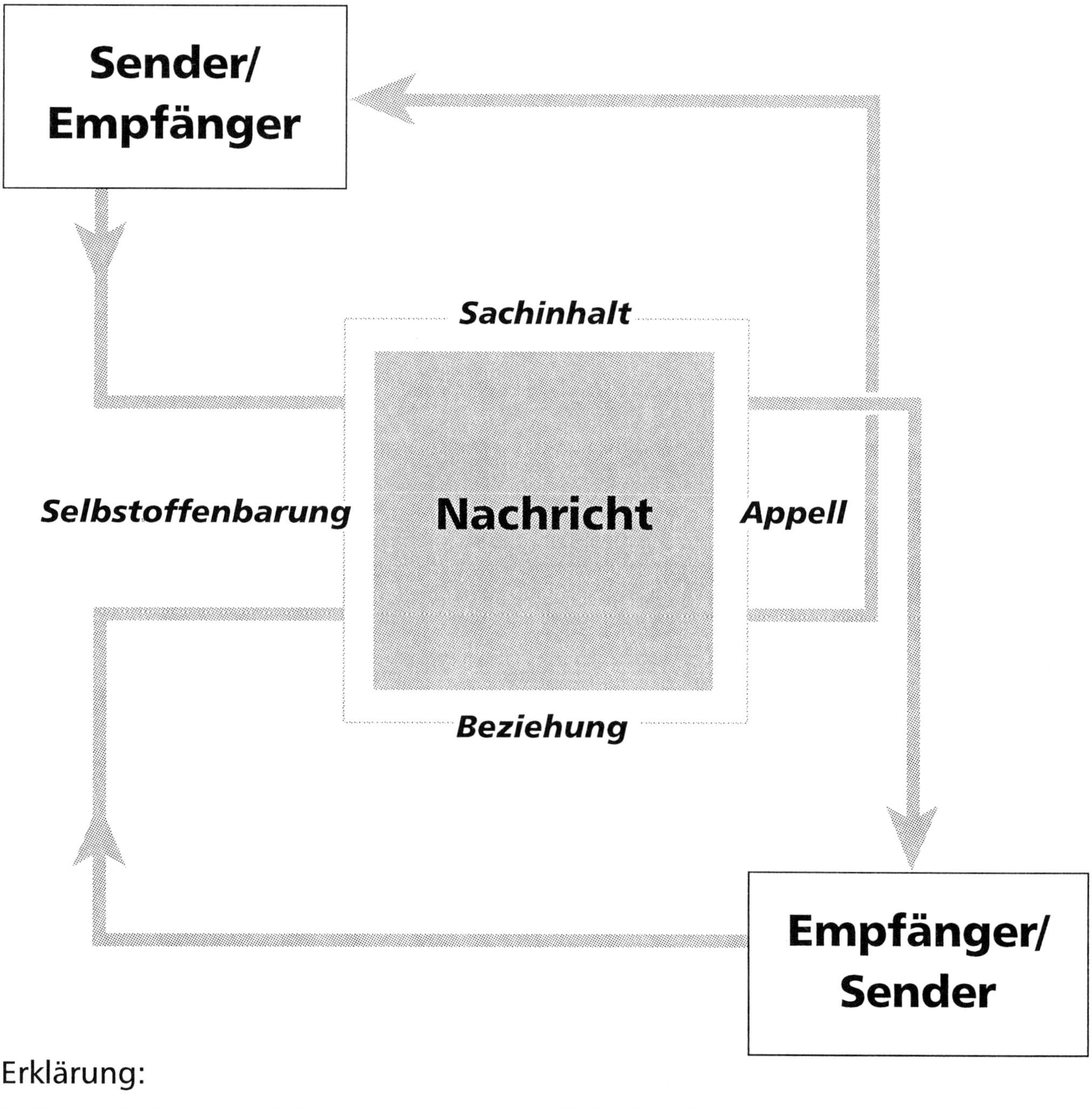

Sender/ Empfänger

Sachinhalt

Selbstoffenbarung **Nachricht** *Appell*

Beziehung

Empfänger/ Sender

Erklärung:

Da Kommunikation immer als System funktioniert, also auf jede Nachricht, von Seiten des Senders an den Empfänger gerichtet, auch immer eine „Rückmeldung" vom ursprünglichen Empfänger an den ursprünglichen Sender erfolgt, die natürlich auch alle Aspekte des Nachrichtenquadrats enthält, ergibt sich ein Wechselspiel mit wechselnden Rollenverteilungen: Sender wird zu Empfänger und umgekehrt.

 Findet Beispiele für andere Ausgangssituationen, und beschreibt jeweils die dabei wirkenden Aspekte des Nachrichtenquadrats. Ihr könnt daraus auch ein Spiel machen: Gruppe A überlegt sich verschiedene kommunikative Situationen, Gruppe B muß daraus die vier Beziehungsaspekte ableiten. Oder andersrum: Gruppe A benennt die vier Aspekte einer Situation, und Gruppe B soll sich die passende Ausgangssituation dazu ausdenken.

 Mit dem folgenden Fragebogen zur Selbstsicherheit können die Teilnehmer grundsätzlich überprüfen, ob sie über Souveränität und Überzeugungskraft verfügen. Dazu gehört auch, Probleme auf dem Gebiet der Selbstsicherheit zu erkennen und die Gründe für einen Mangel an Selbstbewußtsein zu erfahren. Insofern bietet der Fragebogen zugleich auch Möglichkeiten, Selbstunsicherheit zu überwinden.

 ab 12 Jahren

 bis ca. 20 Personen

 a) ca. 40 Minuten für die Übung
b) ca. 40 Minuten für die Auswertung

 Jeder Teilnehmer erhält den als M 1 abgedruckten Fragebogen zum Thema „Selbstsicherheit" und bearbeitet ihn für sich allein (ca. 20 Minuten).
Verteilen Sie anschließend den als M 2 angefügten Auswertungsbogen, in den alle Teilnehmer Ihre Ergebnisse eintragen, um anschließend in Vierergruppen ihre Testantworten und sonstigen Beobachtungen zu besprechen (ca. 20 Minuten).

 Grundsätzliches s. S. 8, Einleitung 6 a.

* Was habe ich bei der Bearbeitung des Fragebogens über meine Selbstsicherheit erfahren?

* Welche Rolle spielt nach meiner Einschätzung und Erfahrung der Faktor Selbstsicherheit im alltäglichen Leben?

* Welche Bedeutung hat Souveränität für mein Leben?

* Welche Hinweise habe ich durch die Übung in Richtung auf einen möglichen Mangel an Souveränität erhalten?

* Wie macht sich ein solcher Mangel an Selbstsicherheit bei mir bemerkbar?

* Welche Ursachen gibt es nach meiner Einschätzung für diesen Mangel an Souveränität?

* Wie bin ich bisher mit meiner Selbstunsicherheit umgegangen?

* Wie kann ich die Ergebnisse des Tests in Zukunft für meinen Alltag nutzen?

 Die Teilnehmer können zunächst reihum zu den ersten beiden Fragen Stellung nehmen; dazu werden die Auswertungsbögen genutzt; anschließend findet ein Kreisgespräch statt.

 Im Fragebogen werden an verschiedenen Stellen Alternativfragen angeboten. Dies geschieht, um ihn sowohl für Jugendliche (ab 12 Jahren) als auch für Erwachsene handhabbar zu machen. Sie sollten hierauf hinweisen oder dem Alter der Teilnehmer entsprechende Streichungen bei den jeweiligen Fragen vornehmen.
Vermeiden Sie es bitte unbedingt, bei der Auswertung tiefsinnige psychologische Interpretationen zu entwickeln. Es reicht vollkommen, wenn die Teilnehmer erkennen, daß und wann sie ihre Selbstsicherheit verlieren und daß und wie diese Erfahrung auf ihre Gedanken, Gefühle und Empfindungen Einfluß nimmt.
Wichtiger ist es, über geeignete Maßnahmen der Vermeidung von Selbstunsicherheit zu sprechen.
Der Fragebogen zur „Selbstsicherheit" kann sehr gut als diagnostisches Element im Vorfeld weiterer Übungen aus dem Themenbereich „Selbstsicherheit" eingesetzt werden (s. Kap. 3).

 Kliebisch 1995a; Schelp u.a. 1990;
Brenner 1982; Lehner 1992;
Ellis 1962a u. 1984b;
Knaus 1983; Schwartz 1987;
Vester 1980b; Lauster 1989

1.2 Fragebogen: Selbstsicherheit

 Die Übung kann Anlaß sein aufzuzeigen, wie Menschen äußere Ereignisse verarbeiten: Der interne Interpretationsprozeß externer Geschehnisse vollzieht sich dabei gleichzeitig auf rationaler, physiologischer und emotionaler Ebene. Aufgrund der engen Verknüpfung von Gedanken, Gefühlen und Empfindungen beim Menschen ist es dieser interne Verarbeitungsprozeß als ganzer, welcher dem Individuum schließlich eine Sicht auf die Wirklichkeit verschafft, die auch zur Selbstunsicherheit führen kann. Hierzu haben wir auf den Seiten 31-33 vertiefende Arbeitsblätter und Folienvorlagen angefügt.

Das Ergebnis einer vertiefenden Auswertung, die Sie erst mit Teilnehmern ab 16 Jahren durchführen sollten, könnte vor allem verdeutlichen, inwieweit der Einzelne, der unter einem Mangel an Souveränität leidet, selbst, bedingt durch seine eigenen Interpretationsmuster, für dieses Defizit verantwortlich ist. Hier bietet es sich an, zu diskutieren, inwieweit auch soziale, politische und gesellschaftliche Faktoren bei der Entwicklung von Selbstsicherheit eine Rolle spielen.

Interessant ist zweifellos ebenfalls die Beziehung zwischen Selbstunsicherheit und Streßerfahrung genauer in den Blick zu nehmen. Geschieht dies, sollte nicht versäumt werden, in geeigneter Weise auf die Möglichkeit der Streßreduzierung durch das Erlernen von Entspannungstechniken hinzuweisen. Weitere Hinweise dazu finden Sie auf dem Arbeitsblatt „Mit sich selbst reden" (s. Seite 109).

- M 1 - Fragebogen zur Selbstsicherheit
- M 2 - Auswertungsbogen

Zusätzliches Material:
Die folgenden Materialien können als illustrierte Unterstützung im Rahmen einer vertiefenden Auswertung genutzt werden.

- Folienvorlage und Infoblatt: „Der Prozeß der internen Verarbeitung"

- Folienvorlage und Infoblatt: „Vernetzte interne Verarbeitung"

- Folienvorlage und Infoblatt: „Konkretes Beispiel eines internen Verarbeitungsprozesses"

Fragebogen zur Selbstsicherheit

Auf den folgenden Seiten sind 35 Testfragen abgedruckt, mit deren Hilfe Du herausfinden kannst, wie groß Deine Selbstsicherheit im einzelnen einzuschätzen ist, wann Du unsicher bist bzw. wirst, wie und wodurch diese Unsicherheit zustandekommt und welche Wirkungen die dabei auftretenden Belastungen auf Deinen Organismus haben.

Die Antwort auf jede Frage kann auf einer Punkteskala von „+5" bis „-5" angekreuzt werden. Je mehr der angekreuzte Wert im Plusbereich liegt, desto mehr stimmst Du der vorgegebenen Aussage zu; je mehr der angekreuzte Wert im negativen Bereich der Skala liegt, desto weniger trifft die jeweilige Textaussage auf Dich zu.

1. Beispiel

Wenn ich an einem Tag eine besondere Arbeit leisten muß, kann ich bereits morgens nichts mehr essen.

stimmt nicht — stimmt zum Teil — stimmt genau

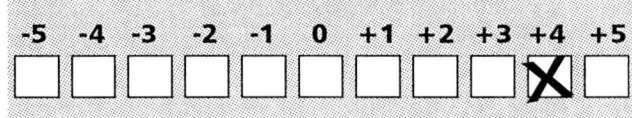

Die Antwort „+4" besagt: Ja, fast immer, wenn ich eine besondere Arbeit erledigen muß, kann ich an dem Tag bereits morgens nichts mehr essen.

2. Beispiel

Wenn ich vor einer Gruppe längere Zeit reden soll, empfinde ich das schon vorher körperlich als sehr unangenehm.

stimmt nicht — stimmt zum Teil — stimmt genau

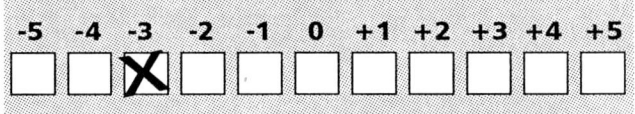

Die Antwort „-3" bedeutet: Nein, nur manchmal empfinde ich es bereits vorher körperlich als unangenehm, wenn ich vor einer Gruppe längere Zeit reden soll.

Kommunikation und Selbstsicherheit - © Verlag an der Ruhr, Postfach 10 22 51, 45422 Mülheim an der Ruhr

1. Ich habe stets große Angst davor, daß ich einmal unvorbereitet an meinem Arbeitsplatz/beim Erledigen meiner Hausaufgaben kontrolliert werde.

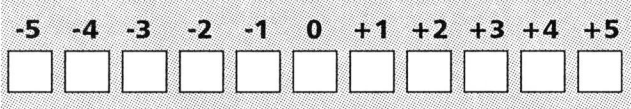

2. Älteren Menschen gegenüber verhalte ich mich immer freundlich und zuvorkommend, obwohl mir dies manchmal ziemlich schwer fällt.

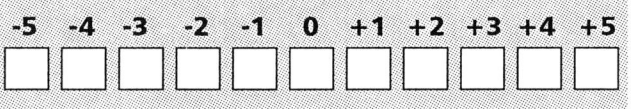

3. Meinen Eltern widerspreche ich nie, auch dann nicht, wenn sie offensichtlich im Unrecht sind. Ich bin dann lieber still und denke mir meinen Teil.

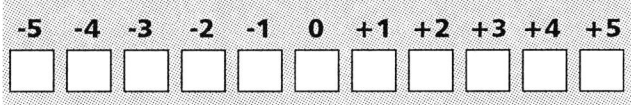

4. Ich bemerke in den verschiedensten Situationen, daß ich oft ohne jeden erkennbaren Grund ganz unruhig und nervös werde.

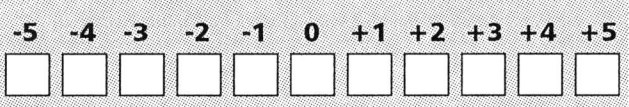

5. Wenn ich einmal mit meinem Partner/Freund/Klassenkameraden Streit habe, fühle ich mich dabei immer ziemlich klein und unterlegen.

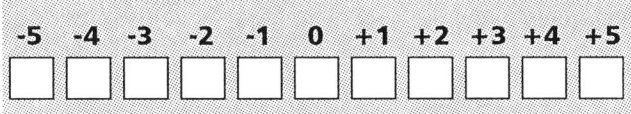

6. Manchmal wünschte ich mir schon, daß mich keiner kennt. Dann könnte ich endlich einmal unbeobachtet tun, was ich wirklich möchte.

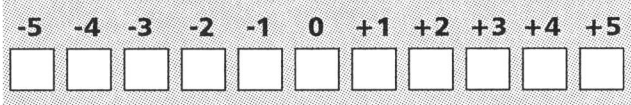

7. Wenn ich in Problemsituationen stecke, die ich nicht auf Anhieb lösen kann, neige ich dazu, mehr Alkohol zu trinken und/oder mehr zu rauchen als sonst.

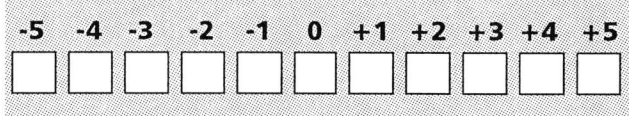

8. Wenn ich einen Fehler gemacht habe, ist mir das immer ziemlich peinlich. Ich versuche dann, den Fehler nach Möglichkeit rasch wieder auszubügeln, und zwar bevor jemand etwas davon bemerkt.

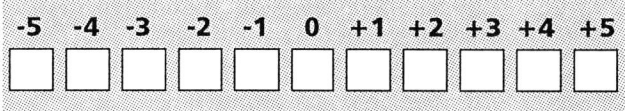

9. Mir ist ganz besonders wichtig, was mein Chef/mein Lehrer/meine Eltern von meiner Arbeit hält (halten).

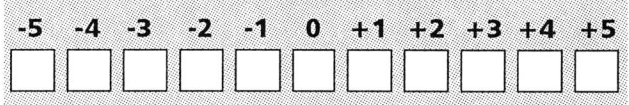

10. Wenn mir jemand einen Vorwurf macht, belastet mich das sehr stark. Ich bemühe mich dann immer, diesen Vorwurf, so gut es geht, zu entkräften.

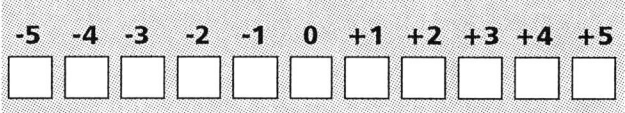

11. Wenn mich mein Lehrer/mein Vorgesetzter anspricht, fängt mein Herz oft plötzlich an zu rasen.

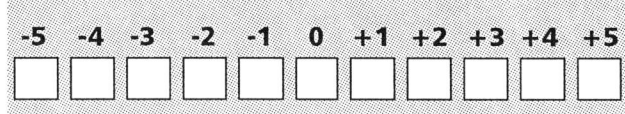

12. Wenn ich mit meinem Lehrer/meinem Vorgesetzten spreche, habe ich fast immer feuchte Hände.

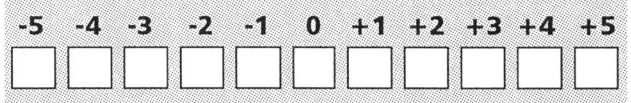

13. Am liebsten wäre es mir, wenn ich mit allen Menschen in Frieden leben könnte. Deshalb gehe ich Auseinandersetzungen so weit wie möglich aus dem Wege.

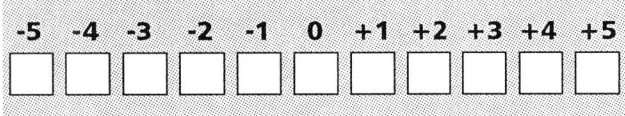

14. Wenn ich eine Entscheidung treffen muß, dauert es oft sehr lange, bis ich mich dazu durchringen kann.

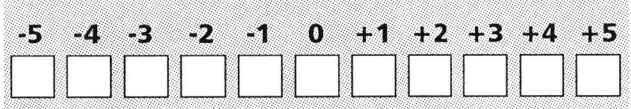

15. Ich habe fast ständig das Gefühl, daß ich meine Fähigkeiten anderen Menschen beweisen muß, um von ihnen wirklich anerkannt zu werden.

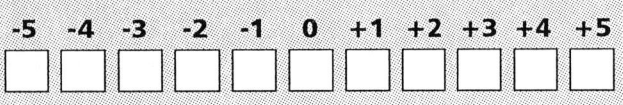

16. Wenn mich andere Menschen um etwas bitten, fällt es mir ziemlich schwer, ihnen einen Wunsch abzuschlagen. Hinterher ärgert mich mein Verhalten dann.

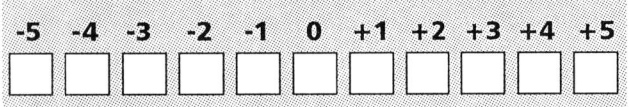

17. Wenn ich an meine Zukunft denke, habe ich ständig Sorgen darum, ob ich meine gesteckten Ziele auch tatsächlich erreichen kann.

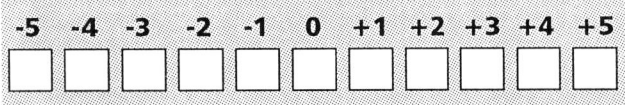

18. Manchmal habe ich den Eindruck, daß das Leben für mich im Grunde leer und sinnlos ist.

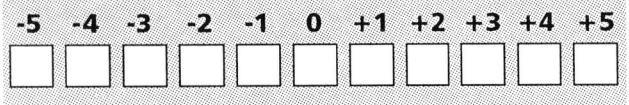

19. Wenn ich in einer schwierigen Situation stecke und nach den Ursachen dafür gefragt werde, benutze ich anderen Menschen gegenüber meistens eine Ausrede, die mir hilft, mich mit ihnen nicht über meine Probleme unterhalten zu müssen.

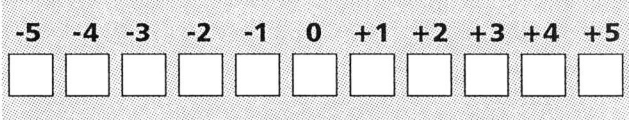

20. Wenn ich manchmal über mein bisheriges Leben nachdenke, habe ich ein unsicheres Gefühl, ob ich immer das Richtige getan habe. Die Gedanken daran, etwas Falsches getan zu haben, beschäftigen mich dann oft sehr lange.

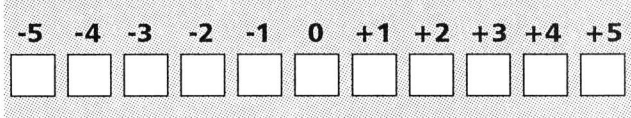

21. Ich wünschte mir manchmal, daß ich mir nicht auch noch in der Freizeit so viele Gedanken über meine Arbeit/die Schule machen würde.

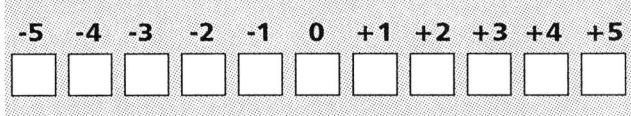

22. Manchmal habe ich den Eindruck, daß sich die ganze Welt gegen mich verschworen hat und ich ziemlich ungerecht behandelt werde.

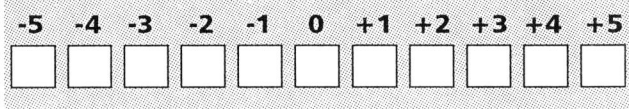

23. Wenn ich genauer darüber nachdenke, so möchte ich eigentlich anders sein, als ich mich nach außen gebe. Doch irgendwie spiele ich vor den anderen immer wieder dieselbe Rolle.

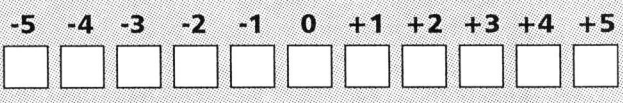

Kommunikation und Selbstsicherheit - © Verlag an der Ruhr, Postfach 10 22 51, 45422 Mülheim an der Ruhr

24. Wenn andere Menschen mehr besitzen oder offensichtlich mehr können als ich, bin ich meistens neidisch auf sie. Ich versuche dann, meine Anstrengungen zu erhöhen, um mit ihnen gleichzuziehen.

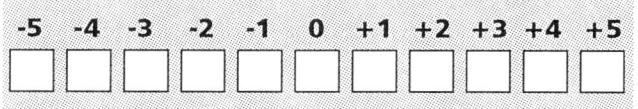

25. Wenn ich nach einem Einkauf merke, daß ich eine fehlerhafte Ware erhalten habe, verzichte ich meistens darauf, sie umzutauschen.

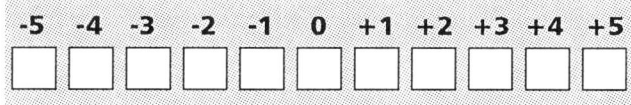

26. Ich kann nur sehr schwer ertragen, wenn ich in einer Gesprächssituation nicht im Mittelpunkt stehe. Meistens verlasse ich dann den Ort des Geschehens.

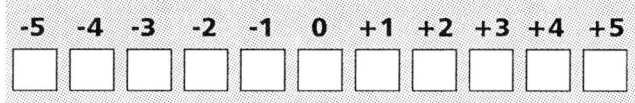

27. Ich habe oft den Eindruck, daß meine Kollegen/Mitschüler viele Dinge besser können als ich.

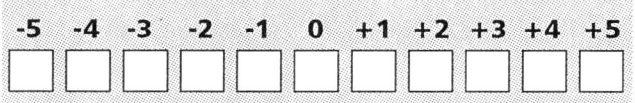

28. Ich habe oft Angst davor, daß ich bei anderen Menschen einen schlechten Eindruck hinterlassen könnte. Deshalb verwende ich viel Aufmerksamkeit darauf, mich anderen gegenüber korrekt zu verhalten.

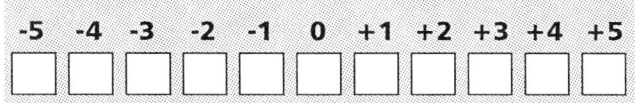

29. In Diskussionen fällt es mir ziemlich schwer, meine Meinung zu sagen und durchzusetzen.

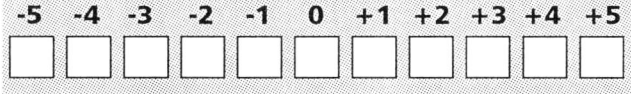

30. Wenn ich einmal genauer darüber nachdenke, komme ich zu dem Schluß, daß ich in meinem Leben bisher noch nichts Wesentliches geleistet habe.

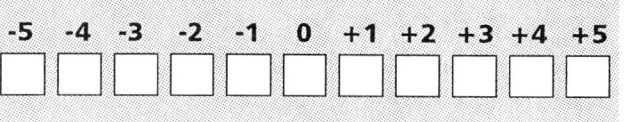

31. Wenn ich höre, daß andere über mich sprechen, bekomme ich sofort ein ziemlich unangenehmes Gefühl und möchte wissen, was über mich gesagt wird.

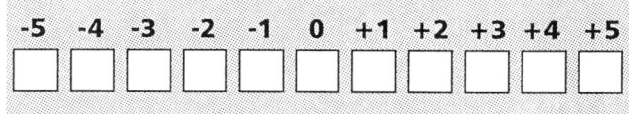

32. Ich habe stets das Bedürfnis, von anderen Menschen geliebt und geschätzt zu werden. Wenn dies einmal nicht so ist, wende ich mich meistens von diesen Menschen ab.

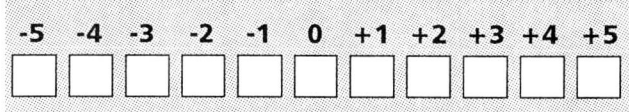

33. Ich habe die Erfahrung gemacht, daß es oft viel besser ist, wenn man Schwierigkeiten aus dem Weg geht, als unbedingt zu versuchen, mit ihnen fertig zu werden. Viele Dinge klären sich auf diese Weise von selbst.

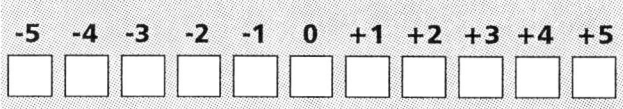

34. Schon der bloße Gedanke an meine Arbeitsstelle/an die Schule löst bei mir ziemlich unangenehme körperliche Reaktionen aus.

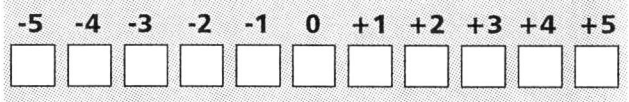

35. Ich bin der festen Überzeugung, jeder braucht mindestens einen anderen Menschen, an dem er sich orientieren kann und der in vielen Dingen stärker ist als er selbst.

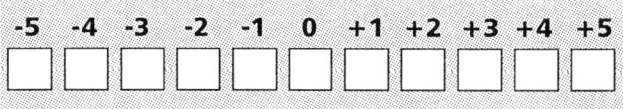

Auswertungsbogen

Trage jetzt Deine im Fragebogen angekreuzten Punktwerte für jede Frage in das unten stehende Diagramm ein. Verbinde anschließend die einzelnen Punkte durch eine Linie miteinander.

	-5	-4	-3	-2	-1-	0	+1	+2	+3	+4	+5
1											
2											
3											
4											
5											
6											
7											
8											
9											
10											
11											
12											
13											
14											
15											
16											
17											
18											
19											
20											
21											
22											
23											
24											
25											
26											
27											
28											
29											
30											
31											
32											
33											
34											
35											

Zu Eurer Information:

Je weiter sich Deine „Selbstsicherheitslinie" im rechten, positiven Bereich des Diagramms aufhält, desto unsicherer bist Du vermutlich. Du kannst etwas dagegen tun! Umgekehrt: Je weiter links Deine Linie verläuft, um so mehr Souveränität scheinst Du zu besitzen.

Kommunikation und Selbstsicherheit - © Verlag an der Ruhr, Postfach 10 22 51, 45422 Mülheim an der Ruhr

Der Prozeß
der internen Verarbeitung

(nach: Kliebisch 1995a)

A = Ereignis

Interne Verarbeitung

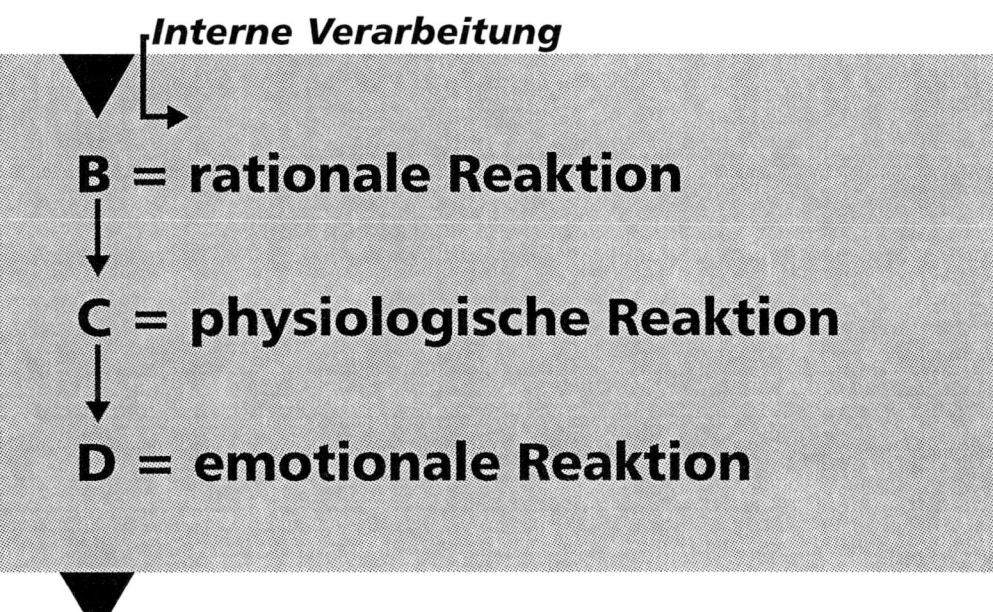

B = rationale Reaktion

C = physiologische Reaktion

D = emotionale Reaktion

E = Handlung (verbal / nonverbal)

Erklärung:

Jedes Ereignis setzt eine interne Verarbeitung in Gang, die aus einer rationalen, einer physiologischen (körperlichen) und einer emotionalen Reaktion besteht. Die interne Verarbeitung mündet in eine – verbale oder nonverbale – Handlung.

So klar und einfach wie in diesem Schema verläuft der Prozeß der internen Verarbeitung aber nur im Modell. In der Regel wirken die verschiedenen Aspekte wechselseitig aufeinander ein.

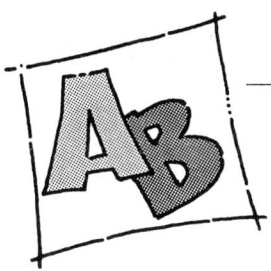

Vernetzte
interne Verarbeitung

(nach: Kliebisch 1995a)

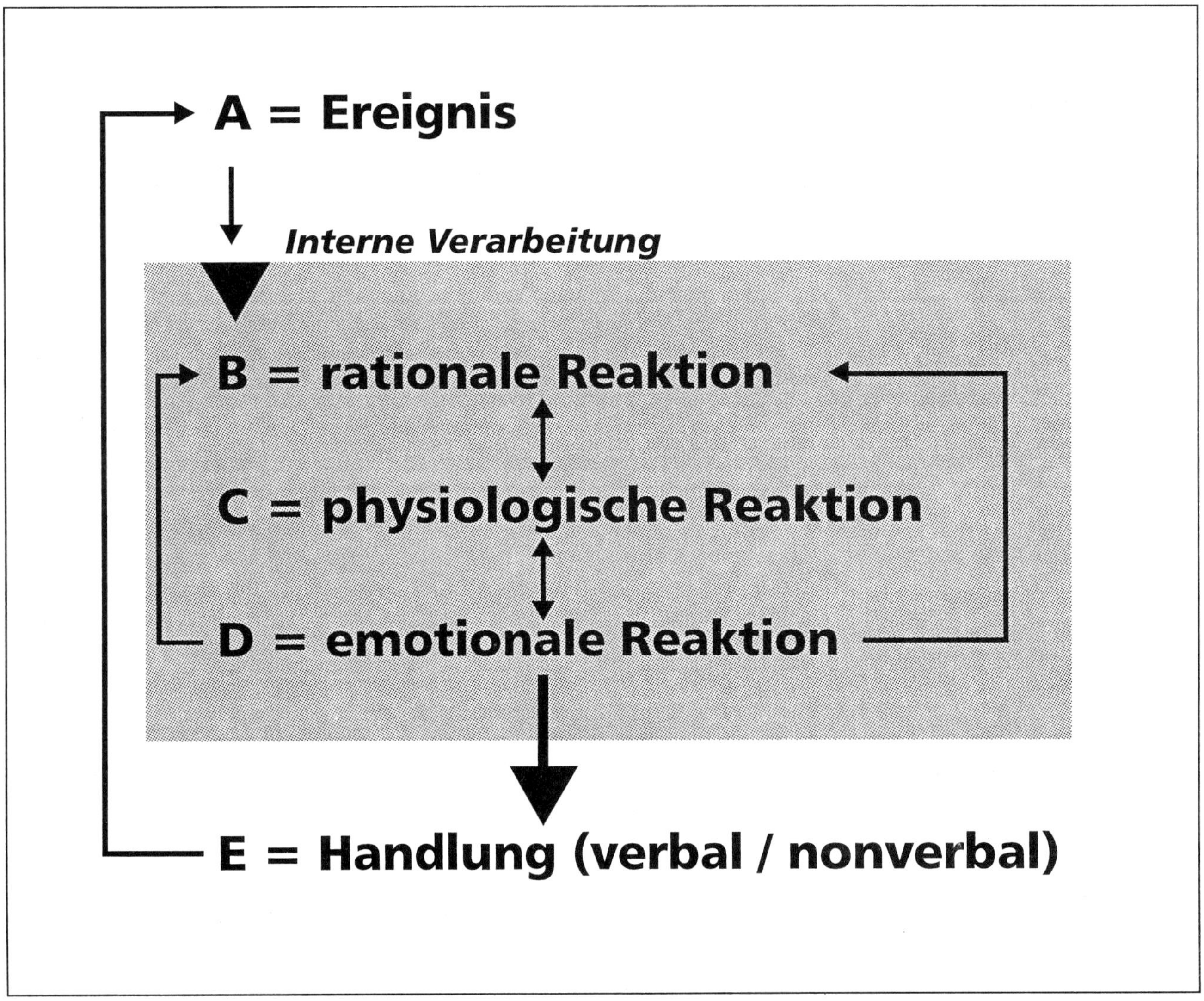

A = Ereignis

Interne Verarbeitung

B = rationale Reaktion

C = physiologische Reaktion

D = emotionale Reaktion

E = Handlung (verbal / nonverbal)

Erklärung:

Die von einem Ereignis in Gang gesetzte interne Verarbeitung besteht aus verschiedenen, sich gegenseitig beeinflussenden Reaktionen, die synchron, gewissermaßen chaotisch verlaufen und nicht kausal und in einer bestimmten logischen Abfolge.

Sie mündet in einer Handlung, welche ihrerseits wieder das Ereignis (den Auslöser der internen Verarbeitung) beeinflussen und verändern kann, was seinerseits wieder eine interne Verarbeitung in Gang setzt ... .

Findet ein konkretes Beispiel für die vernetzte interne Verarbeitung.

Konkretes Beispiel eines internen Verarbeitungsprozesses

(in Anlehnung an: Kliebisch 1995a)

A = Ereignis — Ankündigung einer Leistungskontrolle

Interne Verarbeitung

B = rationale Reaktion — „Das wird peinlich!" „Das schaffe ich nicht!"

C = physiologische Reaktion — Blutdrucksteigerung, Herzrasen etc.

D = emotionale Reaktion — Unbehagen, Unsicherheit, Angst

E = Handlung (verbal / nonverbal) — Flucht, Versagen

 Erklärt den Prozeß der vernetzten internen Verarbeitung anhand dieses oder eines anderen selbstgewählten Beispiels.

„Gemäß unserer alltäglichen Sichtweise (...) suchen und finden wir die Bestimmungsstücke des Verhaltens im Individuum selbst. Jemand sei hochnäsig, sagen wir, ein anderer kooperativ, Ernst sei ein Dauerredner, Waltraut sei dominant, Mimi dagegen hilflos und abhängig. (...) Die moderne Kommunikationspsychologie geht einen Schritt weiter:
Sie erklärt persönliche Eigenarten als Ausdruck der derzeitigen kommunikativen Verhältnisse.
Sie sagt: Es gehören immer mindestens zwei dazu, wenn sich einer in zwischenmenschlicher Beziehung so oder so verhält. Wenn Mimi sich hilflos und abhängig gibt, dann wird sie es mit einem Partner zu tun haben, der dieses Spiel mitspielt - der sich kompetent und beschützend, vielleicht väterlich verhält.“

(Schulz v. Thun 1989a, 82)

Kommunikation und Selbstsicherheit - © Verlag an der Ruhr, Postfach 10 22 51, 45422 Mülheim an der Ruhr

2.0 Einführung

Unsere Zeit bietet eine Vielzahl ausgesprochen rasch umsetzbarer Möglichkeiten, mit anderen Menschen in Kontakt zu kommen und mit ihnen zu sprechen: Sei es nun, daß wir zu diesem Zweck ein Telefon, Telefaxgerät oder Modem nutzen, sei es, daß wir im Eiltempo mit dem Flugzeug, der Bahn oder dem Auto von einem Ort zum anderen reisen, um mit unseren Gesprächspartnern in direkten Kontakt zu treten. Der so beschleunigte Nachrichtentransport macht vor keinerlei geographischen Grenzen halt, dehnt sich in den Weltraum aus und versetzt uns mit Hilfe der modernen Medien in die Lage, in Sekundenschnelle über fast jedes Ereignis auf der Erde informiert zu sein.

So positiv diese Entwicklung auf den ersten Blick auch zu bewerten ist, so problematisch stellt sie sich bei genauerem Zusehen dar: Kommunikation verkommt nicht selten zur bloßen Informationsaufnahme und -verarbeitung, die Beteiligten geraten in eine eher rezeptive Rolle, als daß sie sich als produktive Partner im Rahmen eines durch sie selbst initiierten Gesprächsprozesses begreifen (können). Trotz vermehrter, vor allen Dingen aber besonders effektiver Möglichkeiten der Kommunikation ist nicht selten ein erhebliches Defizit an wirklicher kommunikativer Kompetenz zu beklagen, die sich besonders in einem Mangel an intensiven Gesprächen artikuliert. (An dieser Stelle können Sie auch bei Bedarf das Arbeitsblatt „Alle Infos, aber keine Raffe" (Seite 105) einsetzen, um in Ihrer Lerngruppe ein Gespräch darüber in Gang zu setzen, inwieweit sich jeder einzelne dieser Problematik bewußt ist.)

Aus dieser Perspektive erscheint es ein Gebot der Stunde, Menschen dabei zu helfen, besser mit solchen Schwierigkeiten in ihrem persönlichen Gesprächsverhalten und den daraus nicht selten resultierenden Streßerfahrungen, beispielsweise in Form von Konflikten und Mißverständnissen, umzugehen. Das Durchführen von Kommunikationsübungen stellt in diesem Zusammenhang eine geeignete und vergleichsweise einfache Methode dar, unterstützend einzugreifen und den Betroffenen Mittel in die Hand zu geben, den Kommunikationsprozeß bewußter zu steuern.

Die in diesem Kapitel zusammengestellten Kommunikationsübungen lassen sich problemlos selbst mit sehr jungen Gruppenmitgliedern umsetzen. Allerdings sollten Sie den Teilnehmern gegenüber von Anfang an keinen Zweifel daran lassen, daß sich ihr Kommunikationsverhalten nicht von heute auf morgen grundlegend ändern kann. Für alle sollte ganz klar werden, daß es einer Vielzahl bewußter, reflektierter Kommunikationssituationen bedarf, gelernte Muster zu überwinden.

Unabhängig davon wird ein behutsamer Leiter dennoch durch konsequentes Einhalten der Spielregeln durchaus in der Lage sein, bei den meisten Gruppenmitgliedern sozusagen schon beim ersten Anlauf beachtliche Erfolge im Blick auf eine Verbesserung der kommunikativen Kompetenz zu erzielen.

Um für die Teilnehmer stets die ganzheitliche Wirkung der Kommunikationsübungen deutlich zu machen, sollte auf eine Auswertung der Übungen besonderer Wert gelegt und in keinem Falle verzichtet werden. Sie kann garantieren, daß sowohl intellektuelle als auch emotionale Aspekte thematisiert werden. Inwieweit Sie bei dieser Gelegenheit auf weiterführende psychologische Aspekte einzelner Übungen eingehen, bleibt davon freilich unberührt und im wesentlichen ihrem Einfühlungsvermögen überlassen.

Wenn Sie bei der Durchführung einzelner Übungen beachtliche Konzentrationsschwächen der Gruppenmitglieder oder nur sehr geringe Übungseffekte feststellen, könnte es sinnvoll sein, auf die Fragebögen zurückzugreifen. Durch ihren Einsatz lassen sich im diagnostischen Sinne Fragen klären, die möglicherweise im Rahmen von Auswertungsgesprächen nur angedeutet werden oder unter Umständen gar nicht zur Sprache kommen.

Ferner ist daran zu denken, daß die eine oder andere der Übungen dieses Kapitels ohne weiteres auch während eines Selbstsicherheitsprogramms eingesetzt werden kann. Im Rahmen der „Hinweise" wird eine solche Möglichkeit bei der jeweiligen Übung gesondert vermerkt.

Bevor Sie mit einem der Interaktionsspiele beginnen - vielleicht auch nach Erarbeitung und Diskussion des Fragebogens „Kommunikation" - können Sie mit dem nachfolgenden Arbeitsblatt „Kommunikation: Wozu?" mit der Lerngruppe erkunden, welchen Sinn Kommunikation hat und unter welchen Bedingungen sie nur gedeihen kann.

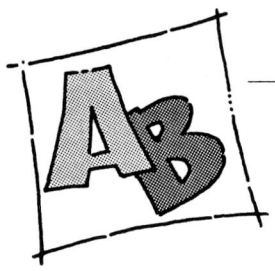

Kommunikation: Wozu?

Kommunizieren heißt: **(sich) wahrnehmen**
Kommunizieren heißt: **sich verhalten**
Kommunizieren heißt: **leben**
Was heißt kommunizieren noch?

Ganz alltäglich, selbstverständlich, unreflektiert gehen wir mit unserer Kommunikation um: Wir äußern uns, wir teilen uns mit, wir leben, wir erleben und schaffen Gemeinsamkeit, wir haben Teil an der Welt.

Was Kommunikation bedeutet, spürt man erst, wenn die Möglichkeiten, sich ihrer zu bedienen, eingeschränkt sind. Kommunikation ist eine durch und durch sinnliche Erfahrung.

Ab wann ist Kommunikation unmöglich? Wenn man nicht sprechen kann? Wenn man zudem nicht sehen kann? Wenn man zudem nicht hören kann? Wenn man zudem nicht fühlen kann? Wenn man ....

Wie ist es mit autistischen Kindern, die über alle Instrumente zur Kommunikation verfügen, aber trotzdem nur auf sich beschränkt sind und keinen Kontakt zur Außenwelt aufnehmen können?

In Kalifornien wurde 1970 ein Mädchen entdeckt, das in der Wissenschaft unter dem Namen „Genie" bekannt wurde. Genie war seit ihrem zwanzigsten Lebensmonat gefesselt und von allen Menschen isoliert auf einem Klosettstuhl gefangen gehalten worden. Sie hatte keinerlei sprachliche Kontakte gehabt – ihr Vater und ihr älterer Bruder hatten sie, wenn sie ihr einen Essensnapf hinstellten, höchstens angebellt, und alle ihre Lautäußerungen waren vom Vater bestraft worden. Als sie mit dreizehn Jahren befreit wurde, sprach sie keine Sprache und verstand keine. Und trotz aller Bemühung ihrer Erzieher lernte sie in der Folge viel langsamer als ein Kleinkind.

Soweit überhaupt von Fortschritten berichtet werden konnte, brachte sie es in acht Jahren nur zu „telegrafischen" Kurzsätzen, denen die Funktionswörter fehlten, lernte also nicht, grammatikalisch zu sprechen.

Helen Keller wurde im Alter von neunzehn Monaten durch eine Meningitis blind und taub. Sie wuchs ohne Sprache auf. Sie kannte nur zwei Gesten: eine für „Essen", eine für „Trinken". Mit sieben Jahren geriet sie an eine geniale Hauslehrerin, Anne Sullivan, welche sofort begann, ihr Wörter in die Hand zu schreiben. Helens Spracherwerb war wie eine Implosion: Nach zwei Monaten beherrschte sie schon zweihundert Wörter, nach drei Monaten begann sie, erste Briefe zu schreiben, und nach wenigen Jahren war ihre Sprache reicher und differenzierter als die der meisten Gleichaltrigen. Helen Keller wurde eine bekannte Schriftstellerin.

 Stell Dir vor, Du wärest ganz alleine auf der Welt. Um Dich besser einzufinden, kannst Du mal versuchen, eine begrenzte Zeit, etwa eine halbe Stunde, möglichst nicht mit anderen zu kommunizieren, sie also nicht wahrzunehmen und nicht anzusprechen. Sprich anschließend mit Deinem Tischnachbarn darüber, wie das wohl wäre, ob und wie man weiterleben wollte und könnte. Versuche, einen Tagesablauf dieses „letzten Menschen" aufzuschreiben.

 Gibt es Wege, am Leben teilzuhaben, auch wenn ganz wesentliche Sinne zur Aufnahme und zum Erlernen von Kommunikation fehlen?

Kommunikation und Selbstsicherheit - © Verlag an der Ruhr, Postfach 10 22 51, 45422 Mülheim an der Ruhr

2.1 Parcours

 Bei „Parcours" sind die wesentlichen Lernziele Empathie und Präzision:

- Lernen, genau zuzuhören;
- fähig werden, sich in andere hineinzuversetzen;
- Geben präziser Anweisungen;
- Erleben von Zeit- und Konkurrenzdruck;
- Entwicklung von Vertrauen;
- Sensibilisierung für verantwortliches Handeln;
- Problematisierung des Verhältnisses von „Führen" und „Geführt werden".

 ab 12 Jahren

 bis 12 Personen

 a) ca. 20 - 30 Minuten für die Übung
b) ca. 20 - 30 Minuten für die Auswertung

 Im Übungsraum wird mit Hilfe des zur Verfügung stehenden und ggf. herbeigeholten Mobiliars ein Parcours aufgebaut (s. M1). Die Gruppe teilt sich in Paare auf. Die Paare konkurrieren während des Spiels miteinander.
Bei jedem Paar ist ein Partner der Instrukteur, der andere der Läufer. Dem Läufer werden die Augen verbunden; er darf während des Experiments nicht sprechen, auch keine Rückfragen stellen. Der Instrukteur steht am Punkt 0 des Raumes (s. M1) und führt den Läufer mit Hilfe klarer sprachlicher Anweisungen so schnell wie möglich durch den Parcours. Der Läufer darf keinen Gegenstand des Parcours berühren. Die benötigte Zeit wird gestoppt.
Die Reihenfolge, in der die Paare antreten, kann durch Losverfahren bestimmt werden.
Die Zuschauer verhalten sich ebenfalls still; sie notieren für jedes Paar die Anzahl der Kontakte, die der Läufer mit Gegenständen im Parcours hat.

 Grundsätzliches s. S. 8, Einleitung 6 a.

- Welche Gedanken sind mir als Läufer durch den Kopf gegangen?
- Wie schwer bzw. leicht ist es mir als Instrukteur gefallen, angemessene Anweisungen zu geben?

- Wie belastend habe ich die Übung empfunden?
- Wie gut konnte ich als Läufer den gegebenen Anweisungen folgen?
- Welche Schwierigkeiten sind beim Geben bzw. Empfangen der Anweisungen aufgetreten?
- Wie habe ich erlebt, daß die Aufgabe besonders schnell zu erfüllen war?
- Welche allgemeinen Schlüsse lassen sich aus den Erfahrungen mit dieser Übung ziehen?
- Wie lassen sich die im Zusammenhang mit dieser Übung gewonnenen Erkenntnisse im Alltag nutzen?

 Zunächst werden die Übungsergebnisse mit Hilfe des Auswertungsbogens (M 2) ermittelt; dann erfolgt das weitere Auswertungsgespräch im Plenum.

 Der Übungsraum sollte möglichst groß sein. Nur so läßt sich ein ausreichend langer (und komplizierter) Parcours aufbauen. Ggf. kann die Übung auch auf einem geeigneten Platz im Freien durchgeführt werden.
Die Gestaltung des Parcours sollte dem Alter der Teilnehmer angepaßt werden. Insbesondere bei jüngeren Gruppenmitgliedern sollte auf das Besteigen von Tischen und Stühlen aus Sicherheitsgründen verzichtet werden.
Das Experiment kann man auch in zwei Runden durchführen, so daß jeder Spielpartner einmal die Rolle des Instrukteurs und einmal die des Läufers übernimmt.
Die Durchführung der Übung kann durch verschiedene Variationen für die Teilnehmer erleichtert werden:

a) Man kann auf die Zeitmessung verzichten.
b) Man kann auf die Zählung der Fehler (= Berühren von Gegenständen) verzichten.
c) Instrukteur und Läufer dürfen sich anfassen.
d) Der Läufer darf Rückfragen stellen.

Eine Erschwerung der Übung besteht darin, den Läufer rückwärts durch den Parcours gehen zu lassen (nur für ältere und sportliche Teilnehmer geeignet).

Grom 1976; Molcho 1990;
Gudjons 1990; Vopel 1986a

Die Übung ist geeignet, eine Reihe von Aspekten näher in den Blick zu rücken: Im Rahmen einer vertiefenden Auswertung sollte vor allen Dingen geklärt werden, wie Anweisungen formuliert sein sollten, um zu präzisem Handeln zu führen; ferner sollte überlegt werden, welche Fähigkeiten in unserem Falle Läufer und Instrukteur besitzen müssen, um gemeinsam zu einer optimalen Kooperation zu gelangen.

Unter kommunikationstheoretischen Gesichtspunkten bietet es sich für eine weiterführende Auswertung zudem an, die Bedeutung von Vertrauen für die Beziehungsebene des Gesprächs deutlich herauszuarbeiten. Daß solches Vertrauen erst durch überzeugende Informationen (= Instruktionen) und damit verantwortliches Handeln geschaffen und unterhalten wird, sollte dabei ebenfalls zur Sprache gebracht werden.

Eine weitere wichtige Aufgabe einer detaillierten Auswertung sollte darin gesehen werden, die im Kontext dieser Übung gewonnenen Erfahrungen auf die Alltagswirklichkeit der Gruppenmitglieder zu übertragen. Erfahrungsgemäß steht wohl jeder von uns in irgendwelchen Abhängigkeitsverhältnissen (Beruf; Ausbildung; Partnerschaft) und ist von daher mal „Führer" und mal „Geführter". Man könnte also darüber sprechen, welche Konsequenzen für einzelne Lebensbereiche aus den Beobachtungen im Zusammenhang mit dieser Übung zu ziehen sind.

Im Spiel „Parcours" kommt es auf Vertrauen und auf die präzise sprachliche Umschreibung einer auszuführenden Handlung an. Beide Aspekte können Sie mit den nachfolgend beschriebenen Spielen in Partnerübungen trainieren.

• Blindes Führen

Gehen Sie mit der Lerngruppe in einen großen Garten oder Park. Die Mitspieler sollen sich zu Paaren zusammenfinden. Jeweils einem der beiden Spielpartner werden die Augen verbunden. Der andere Partner führt nun seinen „blinden" Mitspieler an der Hand durch den Park.

Wenn genügend Vertrauen zwischen den Partnern vorhanden ist, kann der „blinde" Spieler auch nur mit Worten angeleitet werden, um über Hindernisse zu steigen, Bäume zu ertasten, an Blumen zu riechen usw.

Nach einer Weile werden dann die Rollen getauscht und der „Leiter" wird zum „Geleiteten".

• Geleitetes Zeichnen

Sie benötigen je einen Stift und einen Zeichenblock pro Mitspieler.

Die Lerngruppe soll sich zu Paaren zusammenfinden. Spieler A zeichnet, für Spieler B verdeckt, ein möglichst abstraktes Bild. Anschließend beschreibt er Spieler B in möglichst präzisen Anleitungen seine Illustration, so daß dieser imstande ist, sie nachzuzeichnen. Zuletzt werden Original und Kopie miteinander verglichen. Wo liegen die Unterschiede? Was war der Grund dafür: eine unpräzise Schilderung oder mangelnde Konzentration beim Nachzeichnen?

• M 1 - Vorschlag für einen relativ leicht zu begehenden Parcours.

• M 2 - Auswertungsbogen, mit dessen Hilfe das Spielerpaar ermittelt wird, das die Übung am besten gelöst hat.

Zusätzliches Arbeitsblatt:

• „Was kann Sprache" konfrontiert die Teilnehmer mit verschiedenen Formen von Sprache; mit Sprache, die unterschiedliche Funktionen erfüllt. Sie können die auf dem Arbeitsblatt gegebene Anweisung noch vertiefen, indem Sie danach fragen, in welchem der Beispiele Sprache am funktionabelsten ist, in welchem sie ihre größte Freiheit zeigt, wo sie präzise ist, ob die Sprache jeweils eng oder weit ist...

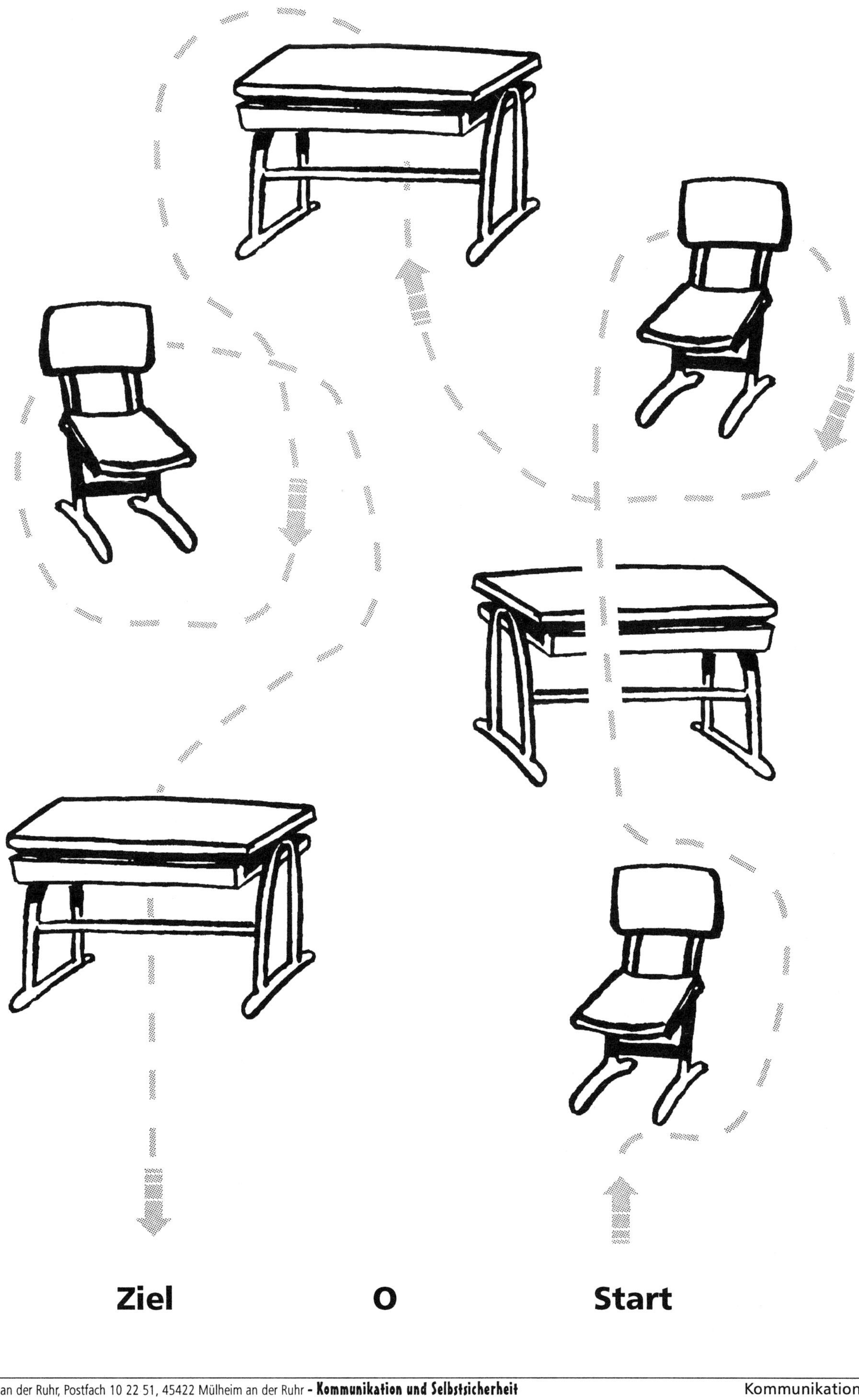

Ziel   **O**   **Start**

Auswertungsbogen

Jedes Paar erhält für jede gebrauchte Übungsminute 1 Punkt. Für jede Berührung mit einem Gegenstand im Parcours werden 5 Punkte hinzugezählt. Gewonnen hat das Paar mit den wenigsten Punkten.

Paar 1

1. ....

2. ....

Zeit: .... Minuten = [   ] Punkte

Berührungen: .... mal = [   ] Punkte

Gesamt: [   ] **Punkte**

Paar 5

1. ....

2. ....

Zeit: .... Minuten = [   ] Punkte

Berührungen: .... mal = [   ] Punkte

Gesamt: [   ] **Punkte**

Paar 2

1. ....

2. ....

Zeit: .... Minuten = [   ] Punkte

Berührungen: .... mal = [   ] Punkte

Gesamt: [   ] **Punkte**

Paar 6

1. ....

2. ....

Zeit: .... Minuten = [   ] Punkte

Berührungen: .... mal = [   ] Punkte

Gesamt: [   ] **Punkte**

Paar 3

1. ....

2. ....

Zeit: .... Minuten = [   ] Punkte

Berührungen: .... mal = [   ] Punkte

Gesamt: [   ] **Punkte**

Paar 7

1. ....

2. ....

Zeit: .... Minuten = [   ] Punkte

Berührungen: .... mal = [   ] Punkte

Gesamt: [   ] **Punkte**

Paar 4

1. ....

2. ....

Zeit: .... Minuten = [   ] Punkte

Berührungen: .... mal = [   ] Punkte

Gesamt: [   ] **Punkte**

Paar 8

1. ....

2. ....

Zeit: .... Minuten = [   ] Punkte

Berührungen: .... mal = [   ] Punkte

Gesamt: [   ] **Punkte**

Was kann Sprache?

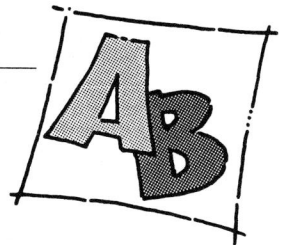

A

Einwahl konfigurieren
Klicken Sie in das Menü „Kommandos" und wählen Sie dort den Menüpunkt „Konfiguration" aus.
Wählen Sie im dann erscheinenden Untermenü den Menüpunkt „Einwahl" aus. Nach kurzer Zeit erscheint ein Fenster.
Klicken Sie in das Feld „Anschlußkennung".
Geben Sie die 12-stellige Anschlußkennung ein, die Ihnen von der Telekom übersandt wurde.
Das Feld „Datex-J-Nr." bleibt frei.
Tragen Sie in das Feld „Mitbenutzerzusatz" eine „1" ein.
Persönliches Kennwort:
Ihr Paßwort für das Datex-J-System, das aus mindestens vier und höchstens acht Zeichen (auch Buchstaben sind erlaubt) bestehen kann.
Klicken Sie in „OK" um fortzufahren.

aus der Installationsanleitung
für eine Netzwerk-Software

C

baubo sbugi ninga gloffa
siwi faffa
ôkofa
fafâmo
faufo halja finj

sirgi ninga banja sbugi
halja hanja gloja biddin

mâ mâ
piaûpa
mjâma

pâwapa
baungo
sbugi
ninga
gloffâlor

Hugo Ball

B

Vor den Mauern treibt die Sonne Maskenball.
Wunde Füße alter Nebelratten
tanzen Ziegeltanz. Pfiff und Doppelpfiff, Krawall
Früher Stürme in den Kasematten.

Vor den Mauern läßt ein tätowiertes Kind,
vor den Kellern, wenn die Ratten schweigen,
hoch im vielgeplagten Wind
heute seinen Drachen steigen.

Günter Bruno Fuchs

René Magritte, Çeci n'est pas une pipe, 1928-29

 Sprache kann beschreiben, Sprache kann malen, Sprache kann ausflippen. Was kann Sprache noch? Sucht Beispiele und klebt sie auf ein eigenes Blatt. Oder, noch besser: Schreibt sie selber!

Hand-Gespräch ist der Einstieg in eine Reihe von Spielen zu nonverbaler Kommunikation. Wichtige Ziele dabei sind:

- Erleben von Körperkontakt;
- Sensibilisierung für nonverbale Kommunikation;
- Klärung der Bewertung von nonverbaler Kommunikation im Alltag;
- Ermöglichung von Vertrauenserfahrungen.

 ab 14 Jahren

 bis 20 Personen

 a) ca. 6 bis 8 Minuten für die Übung
b) ca 15 Minuten für die Auswertung

 Das Plenum wird in Paare aufgeteilt; die Partner setzen sich einander gegenüber im Schneidersitz auf den Boden, so daß jeder die Hände des anderen problemlos greifen kann. Während der Übung wird nicht gesprochen. Partner A erhält vom Spielleiter verdeckt ein Kärtchen mit den Bezeichnungen für drei Emotionen, z.B. „Freude", „Trauer", „Angst" (s.a. M 1).
Partner B schließt dann die Augen, A ergreift mit beiden Händen die linke Hand seines Gegenübers und versucht, nacheinander (jeweils für ca. 30 - 60 Sekunden) seinem Partner die auf der Karte stehenden Gefühlsäußerungen allein durch Handberührungen zu vermitteln. Anschließend schreibt B auf ein leeres Kärtchen (s. M 2), welche Gefühle er seiner Meinung nach wahrgenommen hat.
Im Anschluß daran werden die Rollen getauscht und das Spiel wird mit drei anderen Gefühlsbegriffen („Glück", „Einsamkeit", „Ärger") wiederholt (s. M 3 u. M 4).

 Grundsätzliches s. S. 8, Einleitung 6 a.

- Wie genau habe ich den Körperkontakt empfunden?
- Welche Rolle hat mir besser gefallen: die eher aktive oder die mehr passive?
- Welche Rolle war für mich leichter bzw. schwieriger zu bewältigen?

- Welche Formen der Berührung habe ich gewählt?
- Wodurch glaube ich, die zu übermittelnde Gefühlsäußerung verstanden zu haben?
- Welches Verhältnis habe ich allgemein zu Körperkontakt mit mir nur oberflächlich bekannten Personen?
- Welche allgemeinen Schlüsse kann ich für mich aus den Erfahrungen mit dieser Übung ziehen?
- Wie lassen sich diese Überlegungen in Zukunft in meinem Alltag nutzbar machen?

 Die Paare werten zunächst aus, wie viele der Gefühlsinformationen verstanden worden sind. Anschließend kann das weitere Gespräch anhand der Auswertungsfragen im Plenum durchgeführt werden.

 Der Raum sollte Teppichboden haben; andernfalls können sich die Teilnehmer auch auf Stühlen gegenübersitzen.
Sie sollten bei der Durchführung der Übung vor allem auch das Alter der Gruppenmitglieder im Blick haben. Sind die Teilnehmer zu jung, müssen Sie mit starken Reaktionen der Peinlichkeit und Lächerlichkeit rechnen, die das Ergebnis der Übung ungünstig beeinflussen können.
Erfahrungsgemäß eignet sich die Übung vor allem für Gruppen, deren Mitglieder sich bereits etwas kennen und relativ experimentierfreudig sind. Ansonsten müssen Sie wegen des bei dem Spiel erforderlichen Körperkontakts mit Schwierigkeiten bei der Durchführung rechnen.
Die Übung kann, je nachdem wie viele Gefühlselemente Sie hinzufügen oder weglassen, sehr vielseitig gestaltet werden.

 Vopel 1984a u. 1990;
Gudjons 1990; Streitfeld/Lewis 1977;
Molcho 1990; Lauster 1988

2.2 Hand-Gespräch

 Die Übung ist geeignet, explizit auf die Bedeutung der nonverbalen Kommunikation einzugehen. Hierbei könnte vor allem thematisiert werden, ob und in welchem Maße Menschen in der Regel die Fähigkeit verloren haben, ihre Gefühle ausschließlich auf nonverbale Weise zum Ausdruck zu bringen. Gleichzeitig kann bei dieser Gelegenheit der Umstand in den Blick genommen werden, daß in unserer Kultur Körperkontakt zwischen Menschen, die sich nicht besonders intensiv kennen, im allgemeinen als Problem angesehen wird. Die Besprechung könnte auf die hinter diesem Verhalten stehenden moralischen Regelungen eingehen und diese kritisch auf ihre Sinnhaftigkeit hin überprüfen. Dabei wäre auch denkbar, das Prinzip der Internalisierung moralischer Regeln zu besprechen, wie es sich beispielsweise aus der Sicht der Psychoanalyse Freuds darstellt. Benutzen Sie hierzu das Arbeitsblatt auf Seite 46.

 Verbale und nonverbale Kommunikation unterscheiden sich grundlegend in bezug auf ihre Tauglichkeit für die Vermittlung bestimmter Informationen. Welche Informationen lassen sich besser verbal, welche besser nonverbal darstellen? Machen Sie eine Auflistung der besser nonverbal und der besser verbal zu übermittelnden Sachverhalte/Empfindungen/Inhalte an der Tafel.

Daraus können Sie auch ein kleines Spiel entwickeln. Die Gruppenteilnehmer sollen versuchen, einen besser verbal darzustellenden Inhalt, also zum Beispiel eine Tätigkeit, gänzlich pantomimisch darzustellen und einen besser nonverbal darzustellenden, wie zum Beispiel ein Gefühl, rein verbal, also völlig emotionslos, ohne Gestik, ohne Betonung.

- M 1 & M 3 - 2 Kärtchen mit Gefühlsbegriffen
- M 2 & M 4 - 2 Auswertungskärtchen

Zusätzliche Arbeitsblätter:
„Die Struktur der menschlichen Psyche nach Freud" verdeutlicht die Abhängigkeit des Ich von inneren und äußeren Normen und Einflüssen. Die drei folgenden Arbeitsblätter verdeutlichen drei unterschiedliche Formen nonverbaler Kommunikation: die Sprache der Hände, des Gesichts und des Körpers.

- „Mit den Händen reden" zeigt die Vielfältigkeit der Handsprachen in den verschieden Kulturen.

- „Maske und Mimik" fokussiert das neben unseren Händen wichtigste Ausdrucksmittel: das Gesicht. Vertiefend zu diesem Arbeitsblatt können Sie thematisieren, wie sich Maske und Mimik unterscheiden; ob es Mimiken gibt, die universell sind, also von allen Völkern verstanden werden.

- „Körpersprache" thematisiert ein Sprachorgan, das zu nutzen die wenigsten von uns gelernt haben. Es ist die oft unverstellteste, weil unkontrollierbarste Sprache. Dabei bietet gerade unser Körper ein vielfältiges und schier unerschöpfliches Reservoir an Ausdrucksformen; man denke nur an Tanz in jeder Form, vom rituellen über den freien Tanz bis hin zu Formen des modernen Tanztheaters.

- „Alphabete" lenkt den Blick auf eine Art Paradoxon: daß man mittels analoger Zeichen digital zu kommunizieren imstande ist. (Siehe dazu auch das Arbeitsblatt „Digital und analog" auf Seite 78.) Dies kann sogar zu so abseitigen kreativen Experimenten wie dem Schriftzeichensatz „F Alphabet" des FontShop Berlin führen. Vertiefend können Sie erörtern, welche Kriterien ein Alphabet, also ein Zeichensatz, erfüllen muß, um (möglichst allgemein) verständlich zu sein. Auch hier finden sich sehr viele anregende Beispiele in den experimentellen „FUSE"-Schriften des FontShop.

M1

1. Freude
2. Trauer
3. Angst

M2

Ich habe erkannt:

1. ....

2. ....

3. ....

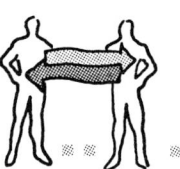

M3

1. Glück
2. Einsamkeit
3. Ärger

M4

Ich habe erkannt:

1. ....

2. ....

3. ....

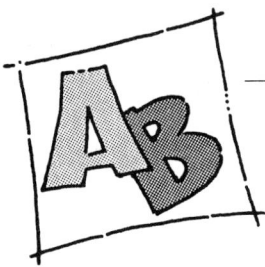

Die Struktur der menschlichen Psyche nach Freud

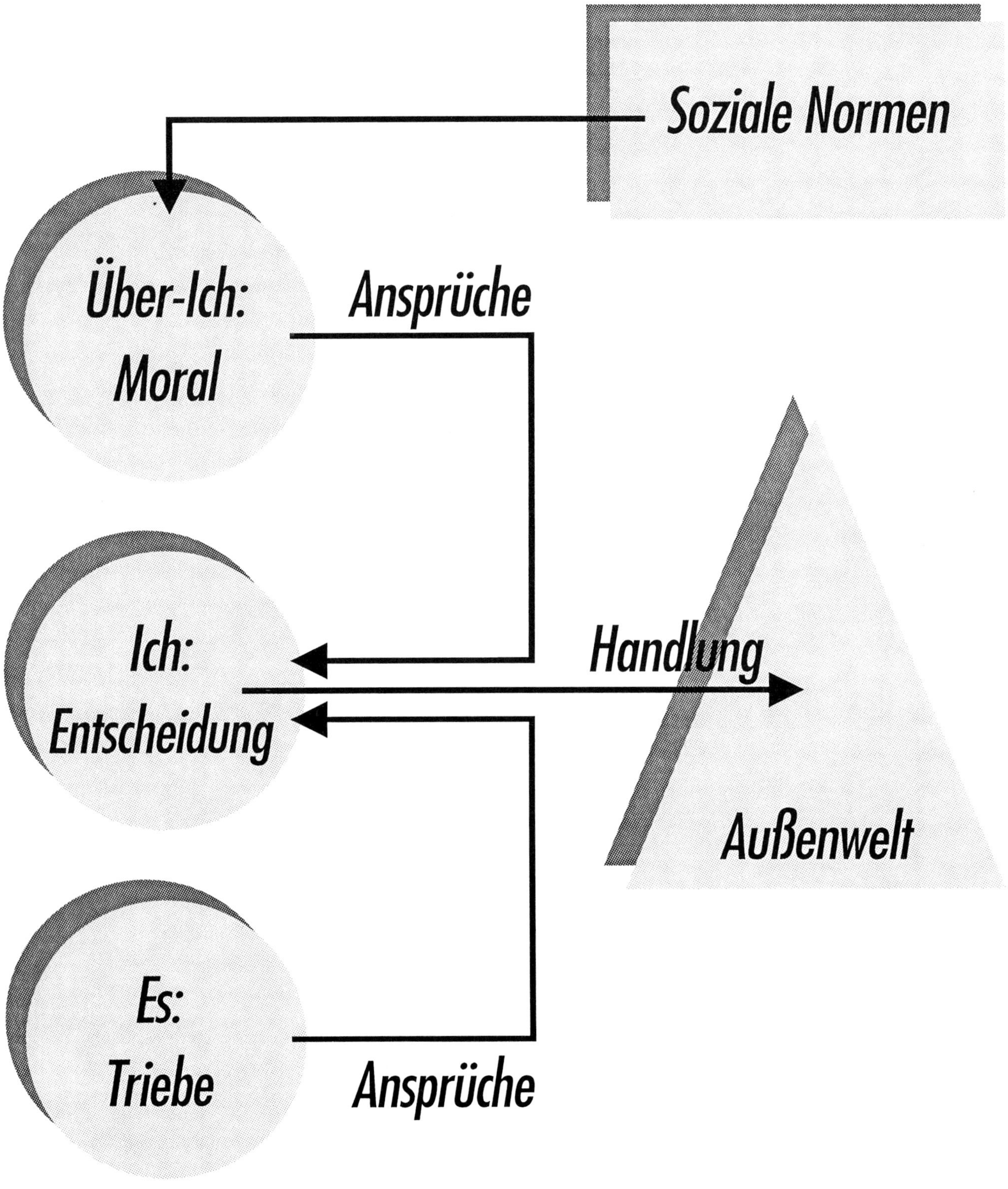

Soziale Normen

Über-Ich: Moral

Ansprüche

Ich: Entscheidung

Es: Triebe

Ansprüche

Handlung

Außenwelt

Kommunikation und Selbstsicherheit - © Verlag an der Ruhr, Postfach 10 22 51, 45422 Mülheim an der Ruhr

Mit den Händen reden

Eins der wichtigsten universellen Kommunikationsmittel sind unsere Hände. Die Handzeichensprache ist in jedem Falle einfacher zu erlernen und verstehen als eine fremde Lautsprache. Dennoch haben sich in unterschiedlichen Kulturen auch unterschiedliche Handzeichensprachen entwickelt.

1. Mudras, die heiligen Gesten Buddhas

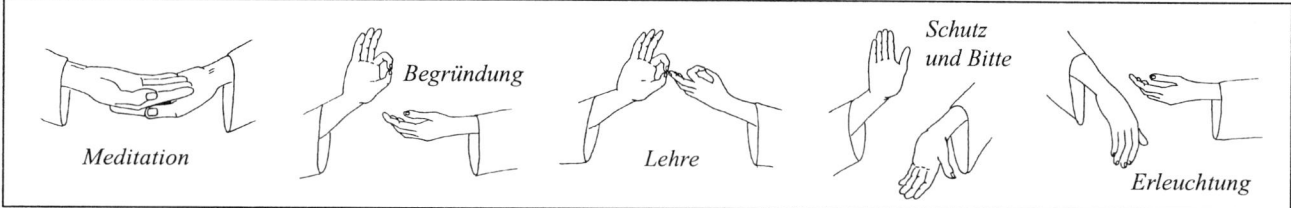

Meditation — Begründung — Lehre — Schutz und Bitte — Erleuchtung

2. Indianische Zeichensprache

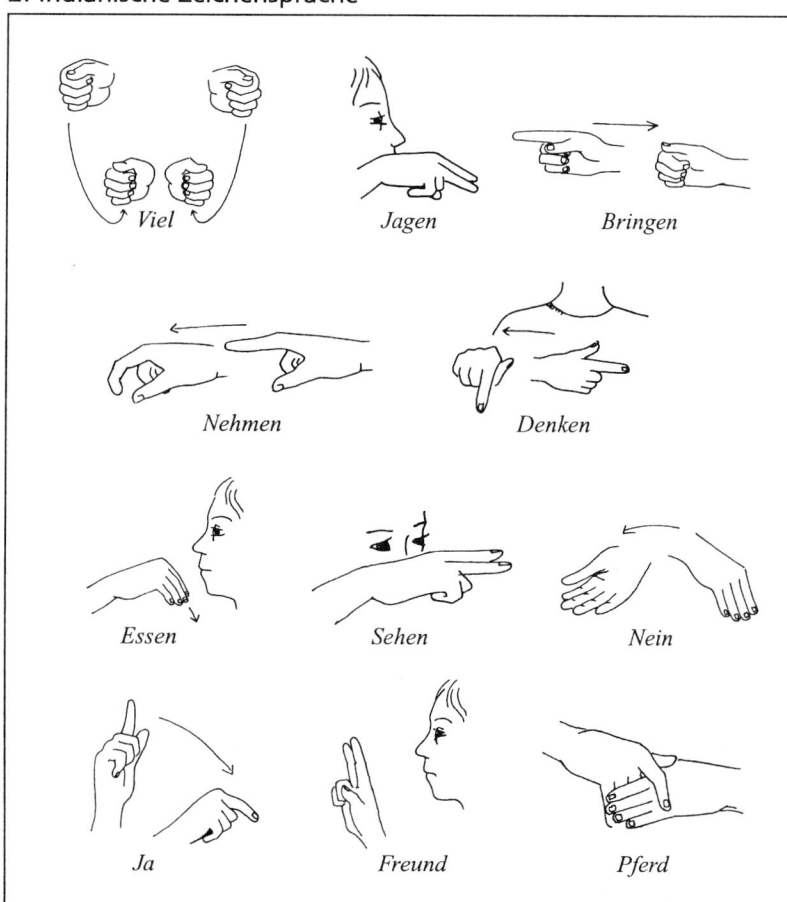

Viel — Jagen — Bringen — Nehmen — Denken — Essen — Sehen — Nein — Ja — Freund — Pferd

3. alltägliche universelle Zeichen

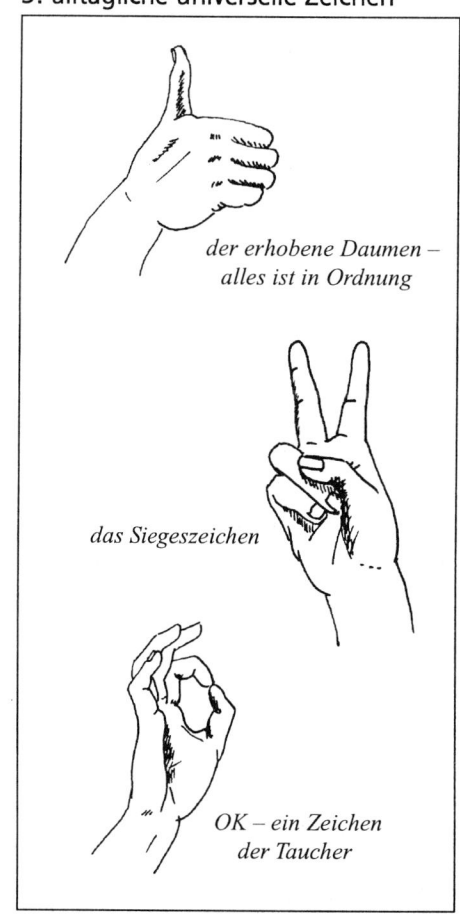

der erhobene Daumen – alles ist in Ordnung

das Siegeszeichen

OK – ein Zeichen der Taucher

 Einige Kulturen haben eine besondere Vorliebe für Handzeichensprache. So haben im allgemeinen Italiener eine viel ausgeprägtere Ausdrucksform entwickelt als wir Mitteleuropäer. Kennt Ihr noch andere Handzeichen, die nicht auf dieser Seite vorgestellt sind? Macht sie der übrigen Gruppe zuerst als Zeichen vor, und laßt sie dann raten, was die jeweilige Bedeutung sein könnte.

 Wer kennt die Zeichen der Sprache, die für taube Menschen entwickelt wurde?
Jedem Buchstaben entspricht eine bestimmte Fingerstellung. Auf diese Art und Weise können sich die Tauben oder Taubstummen unterhalten, ohne miteinander zu reden. Kennt jemand aus der Gruppe diese Sprache und kann sie den übrigen beibringen? Vielleicht ist ja so eine komplette Diskussion möglich?

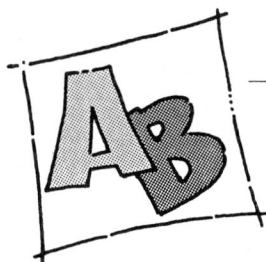

Maske und Mimik

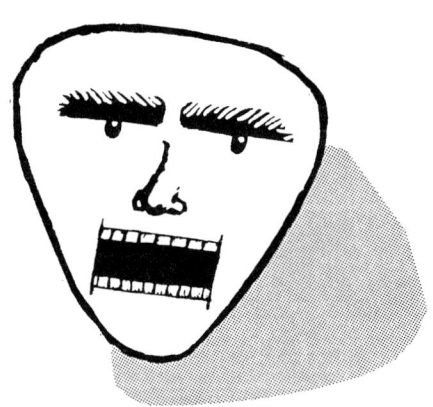

„Ich bin genau, was du siehst",
sagte die Maske,
„und alles, was du fürchtest, dahinter."

Elias Canetti

In gewisser Hinsicht und insofern
die Maske die Vorstellung repräsentiert,
die wir von uns selbst haben, das heißt also die Rolle,
die wir nach außen spielen,
ist diese Maske unser eigentliches Ich,
das Ich, das wir gerne wären.
Wir kommen als Individuen in diese Welt,
entwickeln einen bestimmten Charakter und
werden zu eigenständigen Menschen.

Robert Park, Race and Culture

 Versucht, die oben abgebildeten Mimiken zu interpretieren. Ist das in jedem Fall einfach? Gibt es mehrdeutige Mimiken?

 Kennt Ihr noch andere Mimiken, die nicht hier abgebildet sind? Malt sie ähnlich schematisch auf ein eigenes Blatt Papier. Unterhaltet Euch mit einem anderen Gruppenmitglied darüber, was eine bestimmte Mimik so typisch macht und wie sich die Mimiken voneinander unterscheiden.

 Ihr könnt auch ein kleines Spiel daraus machen: Eine/r von Euch spielt den anderen eine Mimik vor und die anderen müssen raten.

 Gibt es bei anderen oder bei Euch selber Mimiken, die Euch sicher machen? Gibt es Gesichtsausdrükke, die Euch unsicher machen? Fühlt Ihr Euch mit einer Sonnenbrille anders als ohne? Habt Ihr schon mal eine Maske getragen? Könnt Ihr Euch erinnern, wie es sich darunter anfühlte und wie Ihr Euch gefühlt habt?

Kommunikation und Selbstsicherheit - © Verlag an der Ruhr, Postfach 10 22 51, 45422 Mülheim an der Ruhr

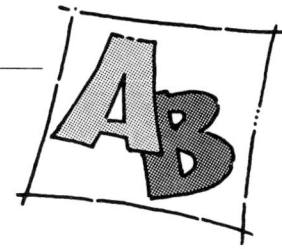

Körpersprache

Oft drückt der ganze Körper aus, wie ein Mensch gerade fühlt oder welcher Typus Mensch er generell ist. Die Sprache des Körpers ist eine universelle Sprache, mit deren Hilfe wir uns, wenn sie richtig trainiert ist, auch relativ differenziert unterhalten können. Das beste Training zur Wahrnehmung der Körpersprache ist zweifelsohne die Pantomime, mit deren Hilfe sich nicht nur Tätigkeiten, sondern auch Emotionen sehr präzise darstellen lassen.

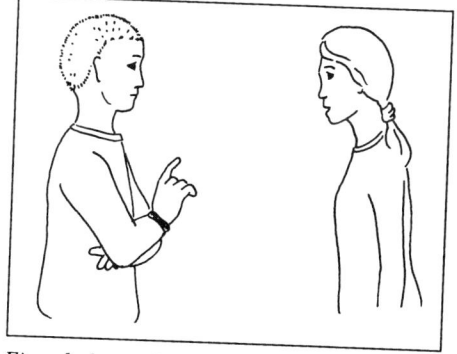

Bestimmte Gesten stellen körpersprachliche Signale dar, die man, sofern man geschult ist und bewußt darauf achtet, lesen und auf die man entsprechend reagieren kann. Manager und Politiker sind oft in der Ver- und Anwendung von Körpersprache trainiert: So können sie in – meist geschäftlichen – Kommunikationssituationen die Kontrolle behalten und die Situation entsprechend lenken.

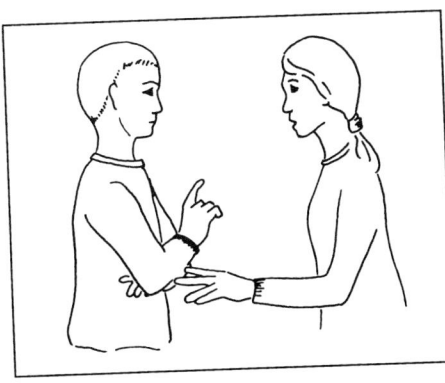

Ein erhobener Finger signalisiert den Wunsch, etwas zu sagen ...

... eine leichte Berührung am Arm zeigt an, daß der Sprecher weiterreden möchte.

 Stellt selbst unterschiedliche Gemütszustände nur mittels Eures Körperausdrucks dar, und laßt die übrige Gruppe raten.

 Welche anderen körpersprachlichen Signale kennt Ihr? Achtet bewußt auf die Haltung Eurer Arme und Beine im Gespräch und auf Eure Haltung im Stehen und Sitzen.

Alphabete

Ihr kennt unser Alphabet, sonst könntet Ihr diese Zeilen nicht lesen. Schwieriger wird es schon mit dem russischen, kyrillischen Alphabet, happig mit dem im Orient gebräuchlichen Zeichensystem und ganz kryptisch beim Lesen der japanischen oder chinesischen Zeichen.

Zeichen sind eine besonders abstrakte Form der Darstellung von Sprache, auf die sich die Völker der Welt unter Beachtung bestimmter Konventionen geeinigt haben. Es gibt aber auch Alphabete, die sich nonverbaler Zeichen bedienen und die nicht so allgemein gebräuchlich sind. Kennt Ihr zum Beispiel die Zeichen der Taubstummensprache?

Fingeralphabet

Besonders in der Schule beliebt ist die Handzeichensprache, bei der jedem Buchstaben eine bestimmte Fingerstellung entspricht. Kennt jemand aus der Gruppe diese Sprache und kann sie den anderen beibringen? Wenn nicht, überlegt Euch gemeinsam ein System, wie Ihr die jeweiligen Buchstaben mit Euren Fingern darstellen könnt.

Körperalphabet

Eine Aufgabe, die ein wenig Körpergefühl erfordert. Ihr braucht dazu eine Kamera. Versucht, mit Euren Körpern die einzelnen Buchstaben des Alphabets nachzustellen. Ein „C" zum Beipiel kann gut von einer Person dargestellt werden, für ein „M" müßt Ihr vielleicht zu viert „posieren". Wenn Ihr mit der Form eines Buchstabens zufrieden seid, macht Ihr ein Polaroidfoto davon und dokumentiert so Buchstabe für Buchstabe. Vergeßt nicht Punkt, Komma, Frage- und Ausrufezeichen.

Gesichtsalphabet

Das nebenstehende Alphabet ist eine experimentelle Schrift mit dem Namen „F Alphabet" aus der „FUSE 5"-Schriftensammlung des FontShop Berlin.

 Nicht alle der hier dargestellten Buchstaben erschließen sich auf den ersten Blick. Welche erscheinen Euch gelungen, welche nicht? Könnt Ihr selbst mit Hilfe einer Polaroidkamera ein solches Alphabet dar- und herstellen?

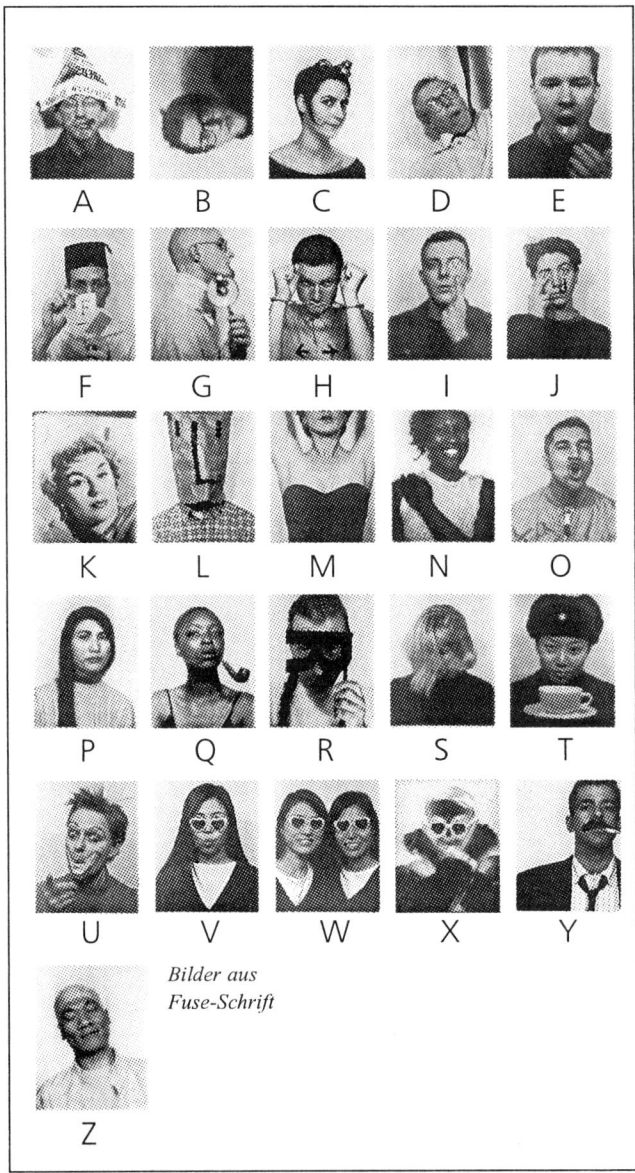

Bilder aus
Fuse-Schrift

**Was heißt das?
Ein kleines Rätsel:**

Lösung des Rätsels: „Was heißt das?"

2.3 Sprachlose Geschichte

 Sprachlose Geschichte beleuchtet die Möglichkeiten und Grenzen analoger Kommunikationsformen. Ziele sind dabei:

- Erkennen von Problemen und Chancen analoger Kommunikation;
- Lernen, sich in andere Menschen hineinzuversetzen;
- Beobachten und Interpretieren von körpersprachlichen Kommunikationssignalen;
- Ausdrücken von Gefühlen durch Körpersprache.

 ab 12 Jahren

 bis 12 Personen

 a) ca. 20 - 25 Minuten für die Übung
b) ca. 15 - 30 Minuten für die Auswertung

 Jeder Mitspieler notiert - nur für sich! - mit drei Hauptsätzen auf einem mit seinem Namen versehenen Karteikärtchen im Format DIN A 7 eine kleine Geschichte. Einer der Sätze sollte Ausdruck eines Gefühls sein (z.B.: „Ich sitze in der Schule. Ich erhalte eine schlechte Klassenarbeit zurück. Ich bin traurig.")
Das Plenum wird dann in zwei gleich große Gruppen geteilt, die während des Spiels miteinander konkurrieren.
Abwechselnd wird jeweils ein Mitglied der einen und dann der anderen Gruppe nach vorne gebeten.
Der jeweilige Akteur gibt Ihnen sein Kärtchen. Er hat nun die Aufgabe, seine kleine Geschichte pantomimisch darzustellen. Dafür bleibt ihm 1 Minute Zeit.
Die übrigen Mitspieler notieren während des Spiels auf dem vorbereiteten „Erkennungsblatt" wiederum in drei Sätzen oder stichwortartig (s. M1), was ihrer Meinung nach dargestellt worden ist.
Während des Spiels soll nicht gesprochen werden.

 Grundsätzliches s. S. 8, Einleitung 6 a.

 Wie leicht bzw. schwer ist es mir gefallen, die Geschichte darzustellen?

- Wie erkläre ich mir diese Schwierigkeiten?
- Wie habe ich mich während der Übung gefühlt?
- Wie leicht bzw. schwer ist es mir gefallen, die gespielten Geschichten zu verstehen?
- Woran liegt es, wenn die körpersprachliche Darstellung nicht sofort oder nur recht unvollkommen verstanden werden kann?
- Welche allgemeinen Schlüsse über die Bedeutung nonverbaler Sprache lassen sich aus dieser Übung ableiten?
- Wie lassen sich die im Zusammenhang mit dieser Übung gewonnenen Einsichten im Alltag nutzen?

 Die Teilnehmer werten zunächst ihre Ergebnisse aus; dann erfolgt die weitere Besprechung der Übung im Plenum.

 Sie können während der Darbietungen der ratenden Gruppe ggf. kleine Hinweise und Hilfen geben.
Bei ungeübten Gruppen kann es sinnvoll sein, wenn Sie im Vorfeld selbst kleine Geschichten erfinden und auf Karteikarten notieren.
Wichtig ist es, daß alle Gruppenmitglieder während der Vorführungen schweigen und sich nur auf die pantomimische Darbietung konzentrieren.

Vopel 1984d; Gudjons 1990;
Molcho 1988 u. 1990;
Watzlawick/Beavin/Jackson 1990;
Vopel/Kirsten 1974;
Lauster 1988; Fast 1984

Das Spiel eignet sich dafür, die Teilnehmer stärker für eigene und für fremde Körpersprache zu sensibilisieren. Von ihnen wird erwartet, sich in die Rolle des Pantomimen zu versetzen und aus seiner Sicht zu erleben, was er darstellt.

Im allgemeinen wird sich bei der Auswertung herausstellen, daß nur wenige Gruppenmitglieder die wesentlichen Züge der jeweiligen Vorführungen richtig interpretiert haben. Dies kann zum Anlaß genommen werden, auf die Vieldeutigkeit analoger Signale hinzuweisen. Gleichzeitig sollte die Besprechung deutlich machen, daß körpersprachliche Informationen von jedem Menschen durchgängig ausgesandt werden.

Eine weiterführende Auswertung kann sich grundsätzlicher mit dem Phänomen Körpersprache beschäftigen und darauf eingehen, wie wichtig es für jeden von uns sein kann, diese zumindest einigermaßen angemessen zu verstehen.

Zu diesem Spiel gibt es einige mögliche Varianten. So kann man Teams bilden, in denen abwechselnd ein Spieler, der reihum wechselt, seinem eigenen Team einen vom anderen Team vorgegebenen Begriff pantomimisch vorspielt, bis er von den Mitspielern erraten wird.

• Sprachlose Geschichte
Der Spieler aus Gruppe A bekommt die 3-Satz-Geschichte von Gruppe B vorgegeben und muß diese nun seinem eigenen Team vorspielen, bis sie erraten wird. Anschließend spielt ein Spieler von B eine von Gruppe A erdachte 3-Satz-Geschichte usw.

• Film-Lied-Buchtitel
Die beiden Teams ziehen sich zurück und überlegen, jedes für sich, so viele Titel von Filmen, Liedern oder Büchern, daß jeder Spieler aus dem anderen Team zweimal an die Reihe kommt. Voraussetzung bei der Auswahl der Titel: Alle Mitglieder des eigenen Teams müssen ihn kennen, und es dürfen keine Eigennamen oder ausländischen Wörter vorkommen.

Dann geht's los: Ein Spieler von Team A zieht bei Team B einen der auf kleinen Zettelchen aufgeschriebenen und gefalteten Begriffe. Er darf seinen Mitstreitern pantomimisch zeigen, ob es sich um einen Film-, Lied- oder Buchtitel handelt und aus wie vielen Wörtern er besteht. Weiterhin darf er per Fingerzeig andeuten, welches der Wörter er nun darzustellen gedenkt, und per Körpersprache vermitteln, ob die von seinem Team geäußerten Begriffe annähernd oder sogar ganz richtig sind. Dann geht es solange ans Darstellen, bis der Titel geraten ist. Anschließend zieht ein Spieler von B bei A und so weiter. Anstelle der Film-, Lied- oder Buchtitel können Sie auch „zusammengesetzte Hauptwörter" ausdenken und diese raten lassen. Einzige Bedingung: Alle Bestandteile des zusammengesetzten Wortes müssen für sich stehen können und tatsächlich Nomen sein. Viel Spaß!

• M 1 - Erkennungsbogen

Zusätzliche Arbeitsblätter:

• „Uga! Uga!" verdeutlicht die Möglichkeiten verbaler und nonverbaler Kommunikation und lenkt den Blick auf die Unterschiede zwischen ihnen in bezug auf ihre Tauglichkeit für bestimmte Kommunikationssituationen.

• „Wenn Schimpansen sprechen könnten ..." zeigt Ansätze von Sprachwissenschaftlern zur Erklärung der Sprachentwicklung beim Menschen.

Kommunikation und Selbstsicherheit - © Verlag an der Ruhr, Postfach 10 22 51, 45422 Mülheim an der Ruhr

2.3 Sprachlose Geschichte — M1

Erkennungsbogen

Notiere zu jedem Spieler in 3 Sätzen, ggf. auch nur in Stichworten, was er Deiner Meinung nach dargestellt hat. Denke daran, daß mindestens eine Information ein Gefühl sein muß.

Spieler: .... hat dargestellt:

....

....

....

Spieler: .... hat dargestellt:

....

....

....

Spieler: .... hat dargestellt:

....

....

....

Spieler: .... hat dargestellt:

....

....

....

Spieler: .... hat dargestellt:

....

....

....

Spieler: .... hat dargestellt:

....

....

....

Uga! Uga!

Verbale und nonverbale Kommunikation unterscheiden sich ganz grundlegend in bezug auf ihre Tauglichkeit für die Vermittlung bestimmter Informationen. Einige lassen sich besser verbal darstellen, andere eignen sich eher für eine nonverbale Vermittlung. Ein paar Spiele und Übungen sollen das verdeutlichen.

Das „Uga-Spiel"

Immer zwei aus Eurer Gruppe führen gemeinsam ein kleines Rollenspiel vor. Ihr sprecht nur die „Uga"-Sprache, könnt Euch also nur steinzeitmäßig mit der Lautsilbe „uga" verständigen und müßt ansonsten auf die Betonung und Euren Körper als Instrument für den Ausdruck Eurer Mitteilungen vertrauen. Die Spielsituation kann und soll zuerst ganz einfach sein: Jemand will ein Viertel Pfund Leberwurst kaufen oder seinem Gegenüber vom Besuch des letzten Batman-Films erzählen oder dem/der anderen eine Liebeserklärung machen oder ... Nach und nach werdet Ihr Euer körpersprachliches Repertoire vielleicht erweitern und könnt Euch an schwierigere Aufgaben wagen, wie zum Beispiel eine Fernsehdiskussion über die Verlängerung der Ladenöffnungszeiten ...

Columbus

Eine Variante zum „Uga"-Spiel, die man getrost als Historienspiel bezeichnen kann: Columbus, der große Seefahrer und Entdecker, begegnet den ersten eingeborenen Indianern. Was kann er tun, um seine friedlichen Absichten deutlich zu machen? Was werden auf der anderen Seite die Indianer tun, um ihre Friedfertigkeit unter Beweis zu stellen? Wie kann eine erste, einfache Verständigung – verbaler wie nonverbaler Art – aussehen?

Bildet Viererruppen und besprecht für Euch jeweils, wie Ihr Euch als Columbus bzw. Indianer verhalten würdet. Überlegt Euch kurze Spielszenen, um Eure Ergebnisse vorzustellen.

Nach einer bestimmten Zeit kommt Ihr mit allen Gruppen im Plenum zusammen und stellt nacheinander Eure Ergebnisse vor. Wenn alle Gruppen ihre Szenen gezeigt haben, könnt Ihr Euch über die Vor- und Nachteile der einzelnen Lösungen austauschen.

Verkehrte Kommunikation

Ein „gemeines" Spiel für zwei Gruppen. Jede Gruppe überlegt sich vor Beginn a) einfache Tätigkeiten, welche die SpielerInnen der anderen Gruppe pantomimisch darstellen sollen und b) Emotionen oder Zustände, die rein sprachlich dargestellt werden sollen – am besten je eine pro „Gegenspieler" – und schreibt diese auf kleine Zettelchen, die zusammengefaltet und auf einen Haufen gelegt werden. Beide Gruppen nehmen einander gegenüber Platz. Dann tritt ein Spieler der Gruppe A in die Mitte, zieht eine der Aufgaben von Gruppe B und spielt oder trägt diese seiner Gruppe vor: Im Falle einer darzustellenden Tätigkeit ganz ohne Worte, nur mittels des Körpers, im Falle einer zu beschreibenden Emotion nur mit Sprache, völlig ausdruckslos, ohne körperliche Regung und ohne den entsprechenden Begriff selbst direkt zu benennen. Wenn die Gruppe die gespielte Tätigkeit bzw. den umschriebenen Begriff erraten hat, ist ein Spieler der anderen Gruppe an der Reihe.

Stich von Theodor de Bry, 16. Jh.

Kommunikation und Selbstsicherheit - © Verlag an der Ruhr, Postfach 10 22 51, 45422 Mülheim an der Ruhr

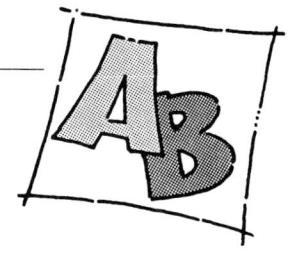

Wenn Schimpansen
sprechen könnten ...

Vergleich der Stimmapparate und der Gehirngröße von Menschenaffe und Mensch

beteiligte Hirngebiete beim Aussprechen eines

- geschriebenen

- - - - - - →

- gehörten

―――――→

Wortes

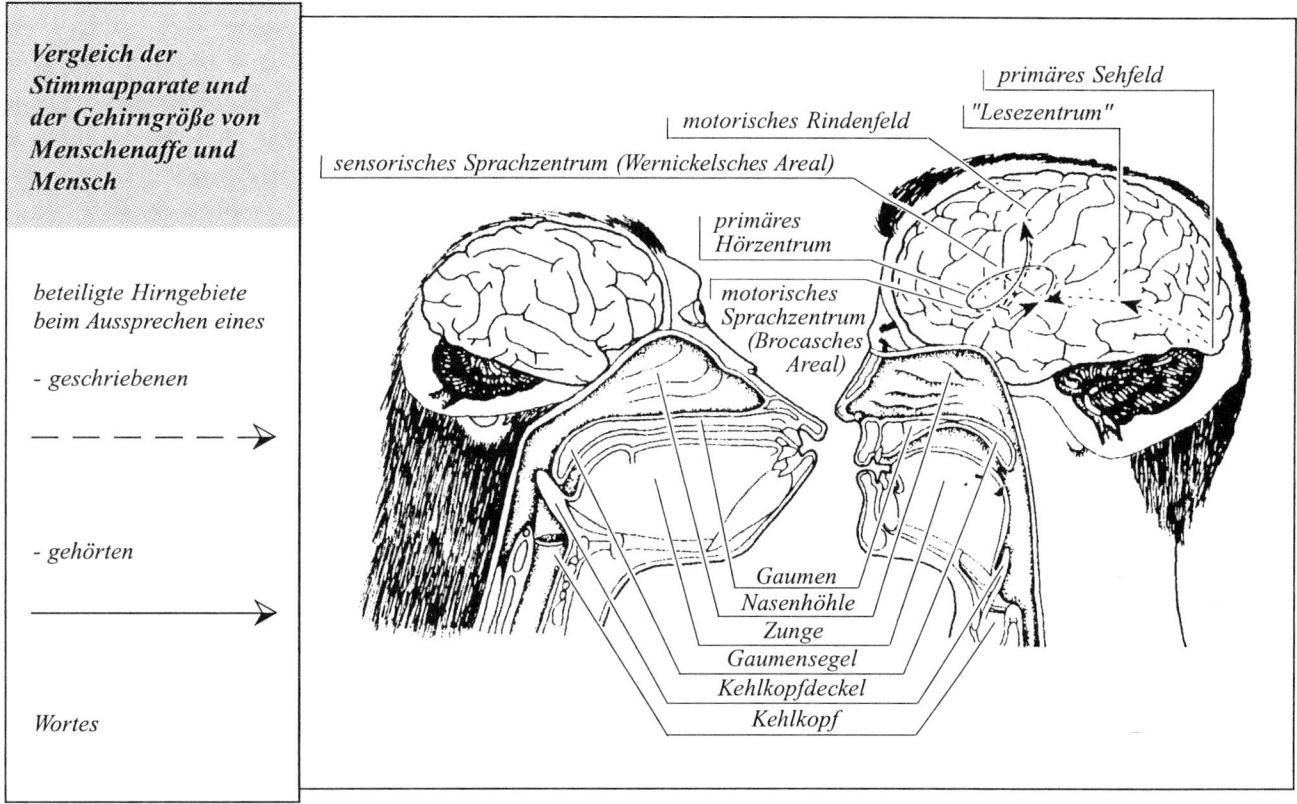

motorisches Rindenfeld

sensorisches Sprachzentrum (Wernickelsches Areal)

primäres Sehfeld

"Lesezentrum"

primäres Hörzentrum

motorisches Sprachzentrum (Brocasches Areal)

Gaumen
Nasenhöhle
Zunge
Gaumensegel
Kehlkopfdeckel
Kehlkopf

Ist Sprache ein Nebenprodukt der Entwicklung des Gehirns? Der amerikanische Wissenschaftler Bickerton glaubt, daß es unseren Urururahnen möglich war, aus ihren Sinneseindrücken eine innere Vorstellung der Welt aufzubauen, weil die Zahl der Nervenverbindungen zunahm. Dadurch wurde ihre Fähigkeit zur Anpassung an die Umwelt erhöht. So gelang es ihnen im Laufe der Zeit, Gebärden und Lauten eine gewisse Bedeutung zuzuordnen und eine primitive Sprache zu entwickeln, die zunächst vor allem aus bedeutungstragenden Worten ohne eine regelhafte Verknüpfung bestand.

Der Sprachwissenschaftler Chomsky hat dazu ergänzt, daß der Wechsel von der Ursprache in eine „geregelte" Sprache relativ schnell vonstatten gegangen sein muß. Frühe Worte seien vermutlich durch Lautnachahmung oder emotionale Ausrufe entstanden.

Eine weitere Theorie geht davon aus, daß der Mensch sprechen gelernt hat, weil er so differenzierte Handwerkzeuge hat – somit hätten wir, nicht nur im übertragenen Sinne, durch Be-Greifen sprechen gelernt. Da die Hände des Menschen so vielfältig und variabel einsetzbar sind, wurde der Mund als Werkzeug zum Halten

und Reißen der Beute entlastet und der Mensch war, begünstigt vielleicht durch eine der oben beschriebenen neuronalen Ursachen, in der Lage seinen Mund und die Stimmorgane auszuprägen.

Während Hunde immer bellen, wenn sie entsprechender Stimmung sind, können Schimpansen unzweckmäßige Laute unterdrücken – zum Beispiel, wenn sie Artgenossen nicht auf eine Futterquelle aufmerksam machen wollen. Aber nur der Mensch kann bewußt entscheiden, wann und was er redet – und nur der Mensch kann bewußt und geplant lügen.

Das menschliche Hirn ist besonders dafür ausgebildet, lautliche Unterschiede und Klänge zu unterscheiden und zu verarbeiten. Ein wesentlicher Grund dafür ist auch die besondere Form des menschlichen Stimmapparats. Man hat den Stimmapparat des Neandertalers aus den Knochenfunden rekonstruiert und festgestellt, daß sein Stimmapparat eher dem von Affen ähnelt als dem der Menschen. Demnach wäre der Neandertaler sprachlos gewesen – was vielleicht auch ein Grund für sein Aussterben gewesen sein könnte.

„These und Antithese" übt das selbstsichere Auftreten vor einer Gruppe.
Dabei geht es um:

- spontane Stellungnahme zu einem selbstgewählten Thema;
- selbstsicheres Auftreten vor der Gruppe;
- spontane Reaktion auf vorgegebene Aussagen;
- Erfahrung mit Fremdbewertung.

ab 12 Jahren

bis 12 Personen

a) ca. 30 Minuten für die Übung
b) ca. 20 - 30 Minuten für die Auswertung

Jeder Teilnehmer notiert auf einem ausgeteilten Karteikärtchen (DIN A 7) eine wahre Aussage („These") zu einem Thema, das ihn persönlich interessiert. Sie sammeln die Karten ein und mischen sie gut durch.
Der Reihe nach soll nun jedes Gruppenmitglied zu einer fremden These spontan ein Kurzreferat halten. Ein anderes Gruppenmitglied formuliert sofort danach eine Gegenthese und begründet sie. Die Reihenfolge, in der die Teilnehmer zu Wort kommen, wird durch Losverfahren bestimmt. Jeder sollte am Ende einmal eine These und einmal eine Antithese vertreten haben.
Die Zuhörer erhalten die Aufgabe, die Redner zu beurteilen und ihre Bewertungen schriftlich festzuhalten.

Grundsätzliches s. S. 8, Einleitung 6 a.

- Welche Schwierigkeiten hatte ich, zu der These Stellung zu nehmen bzw. eine Gegenthese zu formulieren und zu begründen?
- Worin liegen die Ursachen für diese Schwierigkeiten?
- Welche Fähigkeiten braucht man, um diese Übung erfolgreich zu bestehen?
- Wie kann ich diese Fähigkeiten erwerben?
- Wo kann ich solche Fähigkeiten im Alltag nutzen?

- Welche Kriterien waren für mich im Blick auf die Beurteilung der Redner maßgebend?
- Welche Ratschläge würde ich mir bzw. den anderen Rednern geben?

Jeder Teilnehmer sollte zunächst reihum über seine Erfahrungen als Redner sprechen; dann erfolgt die weitere Auswertung unter Berücksichtigung der abgegebenen Fremdbewertungen im Kreisgespräch.

Wenn man die Übung mit recht jungen Teilnehmern durchführt, kann es hilfreich sein, Thesen und Bewertungskriterien vorzugeben und auch auf die Fremdbeurteilung zu verzichten.
Wollen Sie die Übungszeit verkürzen, bietet es sich an, die Gruppenmitglieder nur einmal zu Wort kommen zu lassen.

Kliebisch/Eichmann/Barten 1991

Die Übung zielt auf die spontane Sprachkompetenz der Teilnehmer ab. Sie sollten in der Gruppe thematisieren, daß Kommunikationssituationen grundsätzlich spontanes Reagieren auf unter Umständen bis dahin unbekannte Sachverhalte erforderlich macht. Diese Fähigkeit zu kultivieren, erscheint von daher als sinnvoll und nützlich. Es bietet sich an, mit den Teilnehmern genauer zu überlegen, wo in alltäglichen Lebenssituationen diese Fähigkeit zu spontaner, aber doch sachlich angemessener Rede von Bedeutung sein kann.

Zusätzliches Arbeitsblatt:
- „Individuelle Voraussetzungen für Kommunikation"verdeutlicht, daß gleiche Kommunikationssituationen zwischen gleichen Partnern nicht immer gleich ablaufen. Sie sind nämlich abhängig von den individuellen Voraussetzungen der Kommunikationspartner - und die sind eben nicht immer gleich: Launen, Projektionen und subjektive Wahrnehmung beeinflussen den Kommunikationsprozeß in ganz erheblichen Ausmaß.

Kommunikation und Selbstsicherheit - © Verlag an der Ruhr, Postfach 10 22 51, 45422 Mülheim an der Ruhr

Individuelle Voraussetzungen · für Kommunikation

Launen

Eine Klassenkameradin fragt Dich morgens in der Schule, ob sie von Dir die Matheaufgaben schnell abschreiben kann. „Mach Dein Zeug gefälligst alleine!!" schreist Du sie hysterisch an. – So bist Du nicht? Stell Dir mal folgende Situation vor: Morgens schon mit dem falschen Bein aufgestanden. Gerade stehst Du eingeseift unter der Dusche, da wird im Keller vom Installateur das Wasser abgestellt. Du findest kein zusammengehörendes Paar Socken. Daß die Milch für Dein Müsli schon schlecht ist, merkst Du erst nach dem Schlucken. Als Du zur Bahn hastest, siehst Du gerade vor Dir die Rücklichter entschwinden. Die nächste Bahn kommt wegen eines Unfalls erst eine halbe Stunde später. Gerade findest Du aufatmend Platz, da fällt Dir ein, daß Ihr heute morgen die Arbeit im Leistungskurs schreibt. Du sitzt in die Lektüre des Übungsblatts vertieft, da kommt der Kontrolleur...

Projektionen

Watzlawick hat in seinem Buch „Anleitung zum Unglücklichsein" ein besonders markantes Beispiel genannt: Ein Mann stürmt zur Tür seines Nachbarn, klingelt laut und durchdringend und schleudert dem völlig konsternierten Nachbarn ins Gesicht: „Behalten Sie Ihren Scheiß Hammer!" Was ist geschehen? Der Mann brauchte zum Anbringen eines Bildes einen Hammer. Nachdem er bei sich keinen gefunden hatte, kam ihm die Idee, es bei seinem Nachbarn zu versuchen. In Gedanken spielte er aber die möglichen Reaktionen seines Nachbarn durch, die auf anderen gemeinsam gemachten unliebsamen Erfahrungen beruhten. In seiner Vorstellung eskalierte die mögliche Reaktion des Nachbarn in steigendem Maße, was ihn so in Rage brachte, daß es zur oben beschriebenen Reaktion kam.

Wahrnehmung

Polizisten wissen ein Lied davon zu singen: Die Aussagen von Zeugen ein und derselben Straftat unterscheiden sich oft meilenweit voneinander. Das könnt Ihr ganz einfach im Selbstversuch testen, indem Ihr ein kleines Spiel durchführt, eine Art pantomimische „Stille Post". Dazu müssen vier Gruppenmitglieder vor die Tür treten. Einer spielt nun einem anderen Freiwilligen pantomimisch eine einfache Tätigkeit vor, zum Beispiel diese: Er öffnet imaginär eine Tür, geht zu einem Abstellhäuschen für Mülltonnen, öffnet es, zieht die Mülltonne raus und schiebt sie den Gehweg runter zur Straße. Er öffnet die Mülltonne kurz, schaut rein und nickt. Dann schließt er den Deckel wieder, geht zum Haus zurück und schließt die Tür. Nun wird einer der draußen stehenden hereingebeten. Dieser bekommt nun von dem vorigen Zeugen der Tätigkeit die Situation pantomimisch vorgespielt und muß sie anschließend dem nächsten von draußen Hereingebetenen vorspielen. So geht es weiter, bis der letzte Mitspieler dem Plenum seine Version vorführt. Zum Vergleich kann nun der Spieler der Ursprungsversion noch einmal „das Original" zeigen.

Eine ganze Reihe von individuellen Bedingungen können also eine Kommunikationssituation beeinflussen. Versucht in Vierergruppen weitere Faktoren zusammenzutragen. Überlegt Euch für jeden Faktor ein markantes Beispiel. Stellt anschließend Euer Ergebnis im Plenum vor und unterhaltet Euch darüber.

„Pacen" trainiert die Wahrnehmung eigenen und fremden Kommunikationsverhaltens. Dazu gehört:

- Beobachten und Wahrnehmen von Kommunikationsverhalten;
- Lernen, sich spontan in eine vorgegebene Rolle hineinzuversetzen;
- Spiegeln des Gesprächspartners im Rollenspiel;
- Erkennen der Bedeutung des Rapport;
- Transfer auf alltägliche Kommunikationssituationen.

ab 14 Jahren

bis 12 Personen

a) ca. 30 Minuten für die Übung
b) ca. 20 - 30 Minuten für die Auswertung

Ziel der Übung ist es, im Rahmen von Rollenspielen das Spiegeln eines Kommunikationspartners durchzuführen.

Das Plenum wird dazu in zwei gleich große Gruppen A und B aufgeteilt; jedes der Mitglieder der einen Gruppe erhält - im verschlossenen Umschlag - eine Rollenanweisung der Kategorie A (s. M 1); die Anweisung darf den übrigen Gruppenmitgliedern nicht bekannt gemacht werden.

Die Mitglieder der zweiten Gruppe bekommen in einem getrennten Raum - ebenfalls in verschlossenen Briefumschlägen - jeweils eine Rollenanweisung der Kategorie B (s. M 2), die auch vor den anderen Gruppenmitgliedern geheimgehalten wird. Geben Sie den Teilnehmern der zweiten Gruppe zusätzlich die Information, sie sollten bei dem anschließenden Rollenspiel mit ihrem Partner stets eine symmetrische Körperhaltung einnehmen.

Dann wird das Plenum in Paare aufgeteilt, wobei ein Paar jeweils aus einem Partner der Gruppe A und einem der Gruppe B zusammengesetzt wird. Sorgen Sie dafür, daß die aufeinander bezogenen Rollen (A 1 und B 1; A 2 und B 2 usw.) auch von einem Paar gespielt werden können.

Nacheinander setzen sich die Paare in die Mitte eines Stuhlkreises, öffnen die erhaltenen Umschläge und spielen gemäß der darin enthaltenen Regieanweisungen ein kleines Rollenspiel, wobei Partner B Partner A spiegelt.

Grundsätzliches s. S. 8, Einleitung 6 a.

- Wie leicht oder schwer ist es mir gefallen, mich aus dem Stegreif heraus in die vorgegebene Rollensituation hineinzuversetzen?
- Wie gut schätze ich nach dieser Übung meine kommunikative und meine schauspielerische Kompetenz ein?
- Wie genau konnte ich als Partner B auf die Körperaktionen meines Partners A achten?
- Wodurch wurde es mir erschwert bzw. erleichtert, auf die Körperhaltungen des Partners A zu achten?
- Wie leicht bzw. schwer ist es mir gefallen, während des Spiels meinen Partner zu pacen?
- Wie habe ich als Partner A das Verhalten von B erlebt?
- In welchem Maße habe ich als Partner A das Spiegeln durch B wahrgenommen?
- Was hat das Verhalten von B in mir als Partner A ausgelöst?
- Welche allgemeinen Erkenntnisse lassen sich über die Wirkung des Spiegelns aus dieser Übung ableiten?
- Wo lassen sich in Alltagsgesprächen die Möglichkeiten des Spiegelns nutzen?

Hilfreich ist es zunächst, reihum die Mitglieder der Gruppe A danach zu fragen, inwieweit sie die Bemühungen der Partner aus der Gruppe B bemerkt haben, die Technik des Spiegelns anzuwenden. Danach kann das weitere Auswertungsgespräch im Plenum durchgeführt werden.

2.5 Pacen

Insbesondere bei jüngeren Teilnehmern kann es nützlich sein, den Mitgliedern der Gruppe B vor dem Rollenspiel zusätzlich durch Beispiele theoretisch und praktisch zu veranschaulichen, welche Möglichkeiten des Spiegelns (Arme; Beine; Sitzen; Kopfhaltung usw.) im einzelnen zur Verfügung stehen.

Ungeübten Gruppen können Sie helfen, indem Sie ihnen nach dem Öffnen der Briefumschläge zusätzliche Zeit und Gelegenheit geben, sich in ihre Rollen hineinzuversetzen und diese vorzubereiten. In diesem Fall muß mit einer entsprechend verlängerten Übungszeit gerechnet werden.

Bei Gruppen mit vorwiegend jüngeren Teilnehmern bietet es sich an, die vorgegebenen Rollenanweisungen zu vereinfachen (s. M 1 u. M 2).

Sie können die Übung erheblich erschweren, wenn Sie die Rollen nicht gezielt paarweise vergeben. Auf diese Weise lassen sich für die Teilnehmer erfahrungsgemäß im nachfolgenden Spiel viel weniger rasch Gesprächsansätze finden.

Wenn Sie die Übungszeit verkürzen wollen, können Sie einige Paare durch Losverfahren bestimmen und ihr Rollenspiel vorführen lassen.

Die Übung kann auch gut im Rahmen eines Selbstsicherheitstrainings eingesetzt werden, insbesondere wenn die Rollen nicht gezielt paarweise vergeben werden.

Gudjons 1990; Grom 1976;
Kliebisch 1991a u. 1995b; Hall 1976;
Richardson 1992; Dilts u.a. 1987;
Bandler/Grinder 1981b u. 1991; Fries 1985;
Gordon 1980, 1981 u. 1989

Die Technik des Spiegelns verfolgt das Ziel herauszufinden, auf welcher gedanklichen und gefühlsmäßigen Ebene sich der Gesprächspartner befindet, um sich dann auf dem Hintergrund dieser Erkenntnis mit ihm übereinstimmend zu verhalten. Das Prinzip des Pacens macht sich die einfache psychologische Tatsache zunutze, daß wir im allgemeinen solche Menschen mögen und sympathisch finden, die so sind oder sich so verhalten, wie wir sind oder wie wir es selbst auch tun.

Das Pacen kann auf verschiedenen Ebenen geschehen: Man kann zum Beispiel die Körperhaltung, den Sprachduktus oder eine Meinung spiegeln. Entsprechend kann die pacende Person auch ihren Schwerpunkt setzen und betonen, was ihr wichtiger scheint: das Pacen selbst, die Rollenanweisung oder das Durchsetzen einer eigenen Position.

Eine vertiefende Besprechung der Übungsergebnisse sollte also darauf abstellen, daß das Einnehmen einer synchronen Körperhaltung nicht die einzige Möglichkeit darstellt, sein Gegenüber zu pacen. Aufmerksamkeitsreaktionen, das Spiegeln der Atmung des Gesprächspartners oder auch das Herstellen einer Übereinstimmung im paraverbalen Bereich sollten gleichfalls erwähnt werden.

Eine kritische Reflexion sollte freilich auch Grenzen des Pacens aufzeigen, aber ebenso nach konkreten und praxisnahen Anwendungsfeldern fragen, auf denen die Teilnehmer ihre Erfahrungen mit dieser Übung nutzen können.

- M 1 – 6 Rollenanweisungen für die Mitglieder der Gruppe A.

- M 2 – 6 Rollenanweisungen für die Mitglieder der Gruppe B einschließlich der Aufgabe, den Partner zu spiegeln.

Zusätzlich ist für jeden Spielteilnehmer ein Briefumschlag erforderlich.

Zusätzliche Arbeitsblätter:

- „Das Verhältnis der Kommunikationspartner zueinander" lenkt den Blick auf die Beziehung zwischen den Partnern: ob sie symmetrisch oder komplementär verläuft und wie sie den Kommunikationsprozeß ebenfalls ganz entscheidend prägt.

- „Komm mir nicht zu nah!" reflektiert die in unserer westlichen Gesellschaft üblichen, normierten körperlichen Abstände, die „mensch" je nach Kommunikationspartner noch als angenehm empfindet!

Rolle A 1

Du spielst einen 40jährigen Familienvater. Deine Auffassungen über die Welt und das Leben sind eher altmodisch. Vor allem ist Dir wichtig, daß möglichst viel Geld gespart wird, weil Du Dir bald ein neues Auto kaufen möchtest.

Rolle A 4

Du bist eine 70jährige Großmutter, die zwar noch ziemlich rüstig ist, aber doch in manchen Angelegenheiten bereits einen recht veralteten Standpunkt einnimmt.

Rolle A 2

Du spielst eine 30jährige Lehrerin, die einen sehr fortschrittlichen Unterricht macht und gerne die Zensurengebung abschaffen möchte. Deshalb erhalten bei ihr alle Schüler die Note „gut".

Rolle A 5

Du spielst einen 30jährigen Angestellten, dem seine Arbeit bisher recht viel Spaß gemacht hat. Jetzt aber hast Du genug von Deinem Job und willst nur noch Urlaub machen.

Rolle A 3

Du spielst einen 45jährigen Chef einer Möbelfirma. Du hast sehr klein angefangen und es jetzt zu einem beträchtlichen Vermögen gebracht. Du willst, daß Deine Kinder eine vernünftige Ausbildung bekommen und später in Deinem Betrieb arbeiten.

Rolle A 6

Du spielst eine 50jährige Tante, die immer wieder unverhofft ihre Verwandten besucht und diesen dabei ziemlich auf die Nerven geht, weil sie fast an allem, was die heutige Jugend so macht, etwas auszusetzen hat.

Rolle B 1

Du spielst eine 38jährige Mutter, die großen Wert auf Schmuck und Kleidung legt und dafür immer recht viel Geld ausgibt. Du möchtest unbedingt verhindern, daß Du Dich in Deinen Kaufinteressen einschränken mußt.
Achtung: Spiegele Deinen Partner!

Rolle B 4

Du spielst eine 15jährigen Enkelin, die gerne ihre Großmutter besucht. Seit einiger Zeit streitest Du Dich aber sehr mit Deiner Oma; sie will einfach nicht einsehen, daß Mädchen in Deinem Alter so rumlaufen wie Du.
Achtung: Spiegele Deinen Partner!

Rolle B 2

Du spielst einen 19jährigen Oberstufen-schüler, der sich von seiner Lehrerin ungerecht bewertet fühlt. Schließlich möchtest Du gerne Medizin studieren, und deshalb benötigst Du jeden Punkt, den Du bekommen kannst.
Achtung: Spiegele Deinen Partner!

Rolle B 5

Du spielst die Ehefrau eines Angestellten. Du bist sehr häuslich, umsorgst Deine Familie und wünschst Dir besonders, daß alle zusammen dieses Jahr in Urlaub fahren.
Achtung: Spiegele Deinen Partner!

Rolle B 3

Du spielst den Sohn des Besitzers einer Möbelfabrik. Deine Interessen liegen aber nicht im Möbelbereich; Du möchtest viel lieber Mathematik studieren und später bei einer Versicherung tätig sein.
Achtung: Spiegele Deinen Partner!

Rolle B 6

Du bist ein 12jähriger Junge und fühlst Dich schon mächtig erwachsen. Wenn Deine Familie von Verwandten besucht wird, langweilt Dich das maßlos, und Du möchtest dann immer am liebsten weglaufen.
Achtung: Spiegele Deinen Partner!

Das Verhältnis
der Kommunikationspartner
zueinander

Jeder der Kommunikationspartner bringt sich und seine individuellen Voraussetzungen in die Situation mit ein. Das macht Kommunikation oft genug zu einem schwierigen Prozeß. Was das Ganze aber noch wesentlich erweitert, ist das Einwirken der Beziehung zwischen den Kommunikationspartnern.

„Komm doch bitte mal her!"

Je nachdem, wer diesen Satz äußert, kann er als freundliche Aufforderung verstanden werden, als Befehl, als Drohung, als Verheißung ...

Damit wird auch deutlich, was Watzlawick gemeint hat, als er in seinen Kommunikationsaxiomen bemerkte, der Beziehungsaspekt einer Äußerung dominiere den Inhaltsaspekt.

 Versucht doch einmal in der Gruppe, diesen Satz in allen erdenkbaren Betonungen und Bedeutungen auszusprechen. Fallen Euch entsprechende Antworten ein?

Viele Mißverständnisse im alltäglichen Umgang miteinander beruhen auf der unterschiedlichen Interpretation von Äußerungen. Man sollte meinen, daß daher die Häufigkeit von Fehlinterpretationen abnimmt, je besser die Kommunikationspartner sich kennen. Dem ist aber nicht so, wie viele Streitereien zwischen Ehepartnern belegen: Mit zunehmender Vertrautheit verfestigt sich auch das Bild, das man sich vom jeweils anderen macht und man interpretiert folglich dessen Äußerungen dementsprechend. Was weiterhin eine Rolle spielt, ist, daß Äußerungen bei häufigerem Kontakt zwischen den Kommunikationspartnern nicht für sich genommen, sondern in einem größeren Kontext interpretiert werden. Obiger Satz könnte bei einem Ehepaar, in welchem ein Partner sich ständig von dem anderen gegängelt vorkommt, auch so beantwortet werden: „Von dir lasse ich mich nicht rumkommandieren!"

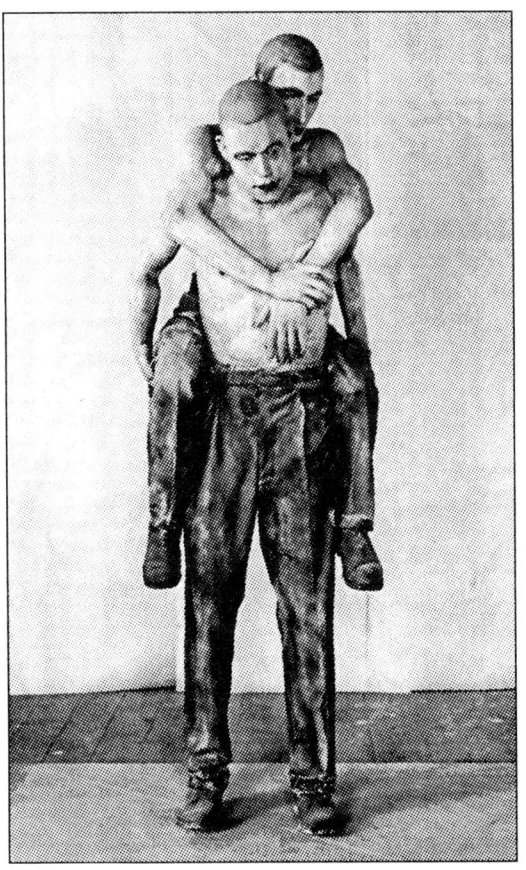

John Davies, Zwei Figuren (huckepack), 1977-80

 Überlegt Euch, welche unterschiedlichen Konstellationen es bei Kommunikationssituationen (der Einfachheit halber mit nur zwei Partnern) geben kann und wie die Beziehung jeweils die Situation beeinflussen könnte. Spielt kurze Szenen vor, in denen Ihr die jeweils typische Situation charakterisiert. Beispiele für Rollenspiele sind: Chef - Untergebener; zwei frisch Verliebte; eine Frau hilft einem alten Mann über die Straße; zwei Jungen wetteifern, wer den stärkeren Bruder hat; ein Lehrer weist einen Schüler wegen ständigen Störens zurecht; zwei Freundinnen schwärmen von ihrer Lieblingsgruppe; ein altes Ehepaar setzt sich darüber auseinander, welches Fernsehprogramm angeschaltet wird. Sprecht im Anschluß darüber, ob die Darstellung zutreffend war. Gelingt es Euch, die Bedingungen für die Beziehung der Kommunikationspartner (Charakter, Erwartungen, gesellschaftliche Konventionen ...) aufzuschlüsseln?

Kommunikation und Selbstsicherheit - © Verlag an der Ruhr, Postfach 10 22 51, 45422 Mülheim an der Ruhr

Komm mir nicht zu nah!

Jeder Mensch hat einen Schutzraum, innerhalb dessen er körperliche Nähe als unangenehm empfindet. Wie Du sicher selbst schon gemerkt hast, ist diese Zone, je nach Gesprächspartner und Kommunikationssituation, unterschiedlich weit ausgedehnt. Bei manchen Menschen kannst Du eine Nähe gut zulassen, bei anderen ist sie Dir unangenehm.

Der Anthropologe Edward Hall hat diese Zonen folgendermaßen unterschieden:

Die **enge Intimzone** von 15 cm oder weniger ist der Liebe und Umarmungen zu Schutz- oder Trostzwecken vorbehalten. Nur die uns am nächsten Stehenden dürfen uns so nahe stehen. Die wichtigsten Sinneseindrücke sammeln wir dabei mit dem Geruchs- und dem Tastsinn.

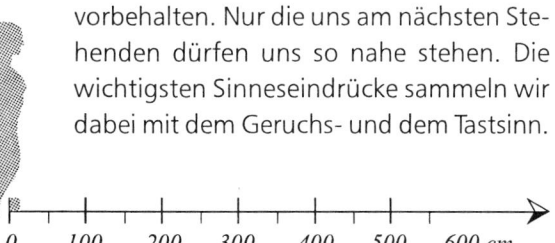

In die **weite Intimzone** von 15 cm bis zu einem halben Meter dürfen zudem Verwandte, Eltern, enge Freunde eindringen. Die Berührung ist sehr wichtig, die Bedeutung optischer Eindrücke nimmt zu. Da das Auge aber in solcher Entfernung nur verzerrt wahrnehmen kann und nur einen Teilbereich erfaßt, wird ein Eindringen in diese Zone durch Fremde als unangenehm wahrgenommen – „Geh' mir aus den Augen!"

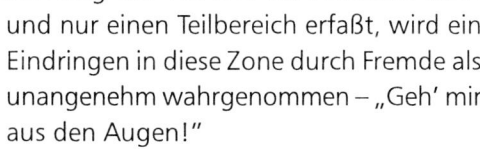

Die **enge persönliche Zone** in einem Abstand von einem halben bis zu einem Meter ist ebenfalls nur engen Freunden vorbehalten, ohne beim Partner Unbehagen zu verursachen. In öffentlichen Verkehrsmitteln oder Wartesälen, wo dieser Bereich notgedrungen beschnitten wird, werden Abwehrsignale wie übereinandergeschlagene Beine oder Handtaschen, Bücher, Mäntel genutzt, um Distanz zu schaffen.

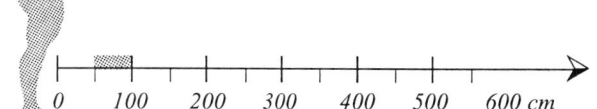

Die **weite persönliche Zone** (70 cm bis 120 cm) entspricht etwa der Länge eines ausgestreckten Armes. In unserem Kulturbereich ist diese Zone den Gesprächen zwischen oberflächlichen Bekannten, Geschäftsfreunden, Nachbarn oder netten Kollegen vorbehalten. Ein Eindringen in diesen Raum wird meist mit einem seitlichen Ausfallschritt beantwortet.

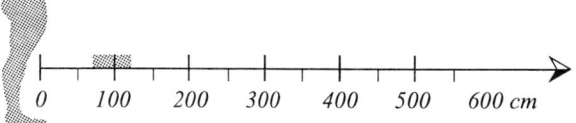

Abb. oben: John Davies, Zwei Figuren, 1974-77

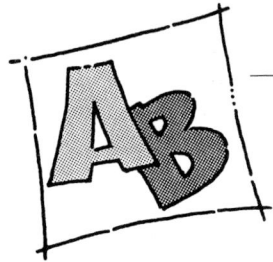

Komm mir nicht zu nah!

Die **enge gesellschaftliche Zone** beträgt zwischen 150 und 250 cm. Hier begegnen wir Fremden: Eine Berührung ist nicht mehr möglich.

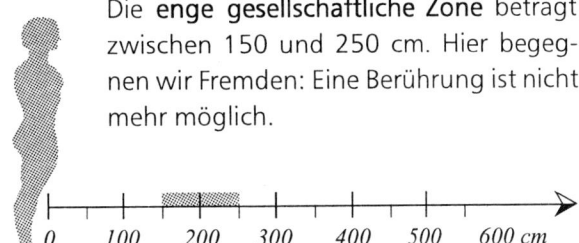

Die **weite gesellschaftliche Zone** eignet sich für Treffen, Diskussionen und andere unpersönliche, eher von Arbeit bestimmte Begegnungen.

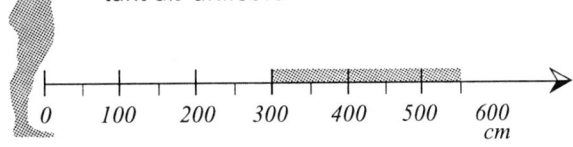

Der **enge öffentliche Raum** kann bis zu 5,50 Meter betragen. In solchem Abstand begegnen wir gerne Fremden, da er uns noch ein Ausweichen ermöglicht, sollte sich der Kontakt als unliebsam herausstellen.

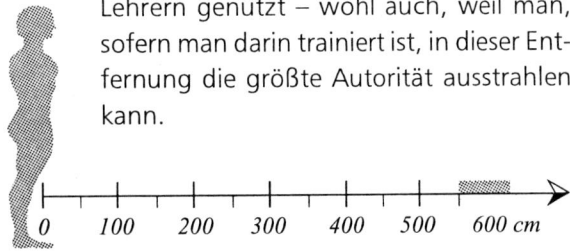

Der **weite öffentliche Raum** beträgt jede Entfernung über 5,50 Meter. Er wird am häufigsten von Rednern und Lehrern genützt – wohl auch, weil man, sofern man darin trainiert ist, in dieser Entfernung die größte Autorität ausstrahlen kann.

Diese Zonen sind allerdings von den verschiedensten Faktoren abhängig: Nationalität, Überlieferung, Stadt- oder Landbevölkerung, persönliche Veranlagung, Stimmung ...

Die Regeln des indischen Kastensystems veranschaulichen diesen Mechanismus noch drastischer; in einem Teil Indiens gelten folgende traditionelle und regional heute noch eingehaltene Abstandsvorschriften zwischen den Angehörigen verschiedener Kasten:

> *Brahmanen - Nayars:*
> *2 Meter*
> *Nayars - Iravans:*
> *8 Meter*
> *Iravans - Cherumans:*
> *10 Meter*
> *Cherumans - Nayadis:*
> *20 Meter*

Die Regeln haben additiven Charakter: Ein Nayadi darf also einem Brahmanen nicht näher als 40 Meter kommen.

A Eine kleine empirische Untersuchung: Achte einmal eine ganze Woche lang darauf, wie nahe Du Menschen, denen Du begegnest, an Dich heranläßt, ohne daß es Dir unangenehm ist. Führe darüber genau Buch, und werte Deine Ergebnisse in einer kleinen Statistik aus.

Kommunikation und Selbstsicherheit - © Verlag an der Ruhr, Postfach 10 22 51, 45422 Mülheim an der Ruhr

2.6 Bildinterpretation

Bei „Bildinterpretation" geht es um die Wahrnehmung des eigenen Kommunikationsverhaltens in der Gruppe und die damit verbundenen notwendigen Techniken wie:

- argumentatives Durchsetzen eigener Ideen;
- Planung von Gruppenentscheidungen;
- selbstsicheres Auftreten vor einer Gruppe;
- Üben freien Redens.

ab 12 Jahren

bis 20 Teilnehmer

a) 30 + 15 Minuten für die Übung
b) ca. 30 Minuten für die Auswertung

Das Plenum wird in Gruppen zu höchstens 5 Personen aufgeteilt; jede Gruppe erhält das als Material abgedruckte „Bild" (M 1). Die Aufgabe besteht für jede Gruppe zunächst darin, in gemeinsamer Arbeit das Bild ernsthaft zu interpretieren; dazu soll das beigefügte Aufgabenblatt (M 2) benutzt werden (Arbeitszeit: 30 Minuten).

Anschließend werden die Interpretationsergebnisse in der Gruppe stichwortartig auf einer Karteikarte im Format DIN A 6 zusammengefaßt. Die Gruppe bestimmt mehrheitlich ein Mitglied, das später die Resultate der Interpretation in Form eines freien Vortrags im Plenum vorstellen soll.

Danach kommen die Gruppen ins Plenum zurück und tragen ihre Ergebnisse nacheinander (Losverfahren) vor (15 Minuten). Anschließend werden die Interpretationsansätze in der Großgruppe diskutiert (15 Minuten).

Grundsätzliches s. S. 8, Einleitung 6 a.

- Wie ist der Arbeitsprozeß in meiner Gruppe abgelaufen?
- Welche Teilnehmer haben sich in meiner Gruppe dominant, welche eher zurückhaltend benommen, welche haben sich vom Gruppenprozeß ausgeschlossen?
- Wie gut konnte ich mich in den Gruppenprozeß einbringen?
- Wie erkläre ich mir meine Beobachtungen in bezug auf den Gruppenprozeß?
- Wie ist in meiner Gruppe die Entscheidung darüber zustandegekommen, wer später im Plenum die Gruppenergebnisse vorträgt?
- Wie habe ich mich gefühlt und verhalten, als es darum ging, den späteren Referenten zu bestimmen?
- Wie leicht bzw. schwer ist es mir gefallen, Interpretationsansätze für das vorgegebene Bild zu finden?
- Wie leicht bzw. schwer ist es mir als Referent gefallen, die Interpretationsergebnisse vor den anderen Teilnehmern darzustellen?
- Wie habe ich die Diskussion der Gruppenergebnisse erlebt?
- Wie gut konnte ich mich an dieser Diskussion beteiligen?
- Welche allgemeinen Schlüsse kann ich im Blick auf meine Souveränität und Kommunikationsfähigkeit aus dieser Übung ziehen?
- Wie lassen sich die Erkenntnisse aus dieser Übung in meinem Alltag nutzen?

Eine erste Reflexion der Übung erfolgt für ca. 15 Minuten in den gebildeten Gruppen mit Hilfe des beigefügten Auswertungsbogens (M 3); anschließend wird das weitere Auswertungsgespräch im Plenum durchgeführt.

Für diese Übung sollte kein „echtes" Kunstwerk verwendet werden, weil dabei in der Regel die Möglichkeit der Interpretation (ggf. auch durch Vorwissen der Teilnehmer bedingt) leichter ist als bei einem selbst produzierten Werk.

Besonders bei jüngeren Gruppenmitgliedern kann das Experiment auf Desinteresse stoßen, weil es möglicherweise zu stark etwa an schulische Aufgabenstellungen (z.B. im Deutschunterricht) erinnert. Berücksichtigen Sie dies und betonen Sie ausdrücklich, daß es bei diesem Spiel nicht so sehr darauf ankommt, was die Teilnehmer im einzelnen in bezug auf das Bild herausfinden, als vielmehr darauf, wie sie ihre Gedanken miteinander besprechen und anschließend vorstellen.

Grom 1976; Gudjons 1990;
Vopel 1986c;
Gordon 1980, 1981 u. 1993;
Neubauer 1988b; Sharan 1976;
Kliebisch 1981; Cohn 1991; Wittgenstein 1960

Die Übung zielt darauf ab, die Teilnehmer an eine Aufgabe heranzuführen, die kaum lösbar ist. Hier wird in besonderer Weise ihre Phantasie gefordert, um überhaupt Interpretationsansätze im Blick auf die Bildvorlage entwickeln zu können. Dieser Umstand ist eine ausgezeichnete Voraussetzung dafür, daß ein Kommunikationsprozeß in den Gruppen zustandekommt.

Im Rahmen einer vertiefenden Auswertung ist es interessant, die Erfahrungen der Gruppenmitglieder in Hinsicht auf das Verhalten einzelner Teilnehmer (dominant, zurückgezogen usw.) zu analysieren. In diesem Zusammenhang können dann Regeln für die effektive Gestaltung von Kommunikations- und Entscheidungsprozessen in Gruppen formuliert werden. Verwenden Sie hierzu die Arbeitsblätter der Seiten 69 und 70.

Als Variante können Sie kleinere Gruppen bilden lassen und jeder Gruppe das Legen eines schwierigen Tangram-Musters als Aufgabe stellen. Lassen Sie die Gruppen anschließend ihre Arbeit gemäß dem abgewandelten Auswertungsbogen (M3) analysieren.

Überlegen Sie gemeinsam, ob es Übungen oder Spiele gibt, die nur im Team zu bewältigen sind. Kennen Sie andersherum Spiele oder Übungen, die ein Einzelner besser alleine bewältigt, wo also die Gruppe nur stört?

• M 1 - Bild: Otto Unbekannt - „Was sonst?"

• M 2 - Interpretationsaufgaben

• M 3 - Auswertungsbogen

Zudem sind für jede Gruppe eine Karteikarte im Format DIN A 6 und Schreibzeug erforderlich.

Zusätzliche Arbeitsblätter:

• „Regeln für Gruppenarbeit" verdeutlicht in sechs Schritten den formalen Rahmen für das Gelingen einer Gruppenarbeit. Sie können dieses Blatt auch als Folienvorlage nutzen.

• „Regeln zur Entscheidungsfindung in Gruppen" zeigt stichwortartig 12 Regeln, die auch als Schrittfolge genommen werden können. Das Blatt eignet sich ebenfalls als Folienvorlage.

• „Form und Anlaß" befaßt sich mit der Zweckbestimmtheit und Zielgerichtetheit von Kommunikation. Ein Punkt, der in unserer lauten Welt voller nichtssagender Werbeslogans zu wenig ge- und beachtet wird. Im Zweifelsfalle sollte „mensch" es mit Wittgenstein halten und lieber schweigen, wenn er nichts zu sagen weiß.

• „Kontext" lenkt den Blick auf den Kommunikationsrahmen und -zusammenhang. Erst im Kontext wird Sprache interpretierbar und eindeutiger. Spannend: Was passiert, wenn der Kontext fehlt - wie im Internet, wo man einer Maschine gegenübersitzt?

Otto Unbekannt: „Was sonst?"

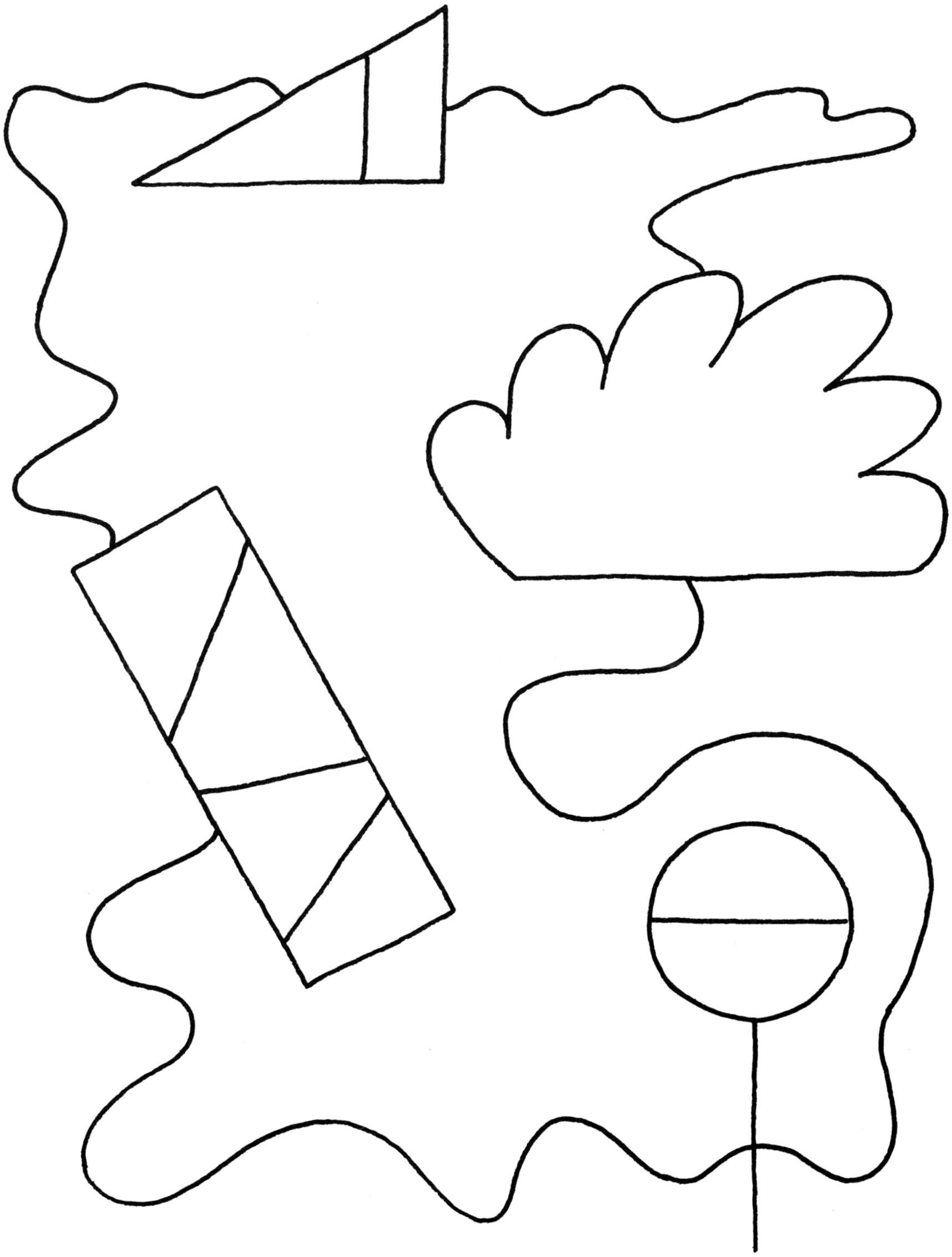

Interpretationsaufgaben

Interpretiert das Bild „Was sonst?" von Otto Unbekannt anhand der folgenden Fragen. Notiert Eure Ergebnisse stichwortartig in den dafür vorgesehenen Leerzeilen. Es dürfen nur solche Überlegungen aufgeschrieben werden, die von mehr als der Hälfte der Gruppenmitglieder akzeptiert werden.

Ihr habt für die Bewältigung dieser Aufgabe 30 Minuten Zeit.

1. Welche Bedeutung haben die vom Künstler verwendeten Formen?

_____

_____

_____

2. Welche Bedeutung haben die Verbindungen zwischen den Formen?

_____

_____

_____

3. Welche Bedeutung hat es, daß das Bild nicht farbig ist?

_____

_____

_____

4. Welche allgemeine Aussage will das Bild veranschaulichen?

_____

_____

_____

5. Wie gefällt Euch das Bild und warum?

_____

_____

_____

Kommunikation und Selbstsicherheit - © Verlag an der Ruhr, Postfach 10 22 51, 45422 Mülheim an der Ruhr

Auswertungsbogen

Besprecht in Eurer Gruppe die folgenden 5 Fragen; notiert Eure Antworten stichwortartig in den dafür vorgesehenen Leerzeilen. Es dürfen nur solche Aussagen aufgeschrieben werden, die von der Gruppe mehrheitlich als zutreffend angesehen werden.

Ihr habt für diese Arbeit 15 Minuten Zeit. Anschließend wird die Auswertung im Plenum fortgesetzt.

1. Wie beurteile ich die Aufgabe, das Bild von Otto Unbekannt zu interpretieren?

_____

_____

_____

_____

2. Wie hat in unserer Gruppe die Zusammenarbeit funktioniert?

_____

_____

_____

_____

3. Welche Schwierigkeiten hat es in unserer Gruppe bei der Bewältigung der Aufgabenstellung im einzelnen gegeben?

_____

_____

_____

_____

4. Welche Erklärungen gibt es für diese Schwierigkeiten, und wie lassen sie sich beseitigen?

_____

_____

_____

_____

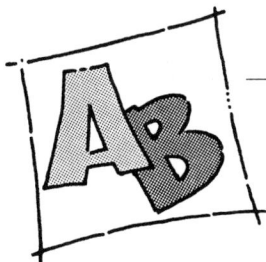

Regeln für Gruppenarbeit

1. **Beschreibung der Aufgabenstellung**
- Was genau soll geleistet werden?
- Welche Materialien können benutzt werden?

2. **Ernennung eines Diskussionsleiters**
- Wie soll die Diskussion geführt werden?
- Welche Rechte soll der Moderator haben?

3. **Bestimmung eines Schriftführers**
- Welche Aussagen sollen protokolliert werden?
- Wie sollen die Beiträge festgehalten werden?

4. **Verwendung von Ich-Aussagen**
- Was denkt und meint der Teilnehmer selbst?
- Wer versteckt sich hinter verallgemeinernden Aussagen?

5. **Beachtung der Lernatmosphäre**
- Welche Gefühle habe ich während der Diskussion?
- Wie fühlen sich die übrigen Kursmitglieder?

6. **Beherrschung von Konfliktsituationen**
- Wer hat welches Problem?
- Welche Lösungsmöglichkeiten bieten sich an?

(weiterentwickelt aus: Sharan 1976, Cohn 1991a u. Gordon 1980)

Kommunikation und Selbstsicherheit - © Verlag an der Ruhr, Postfach 10 22 51, 45422 Mülheim an der Ruhr

Regeln zur Entscheidungsfindung in Gruppen

1.	Definition der Entscheidungsfrage
2.	Suche nach möglichen Antworten, Lösungen usw.
3.	Auflistung aller formulierten Antworten, Lösungen usw.
4.	Kritische Diskussion der gefundenen Lösungsansätze
5.	Bewertung der Lösungsansätze
6.	Erstellung einer Rangfolge der Lösungen
7.	Abstimmung über die Lösungsvorschläge
8.	Akzeptanz von Mehrheitsentscheidungen
9.	Umsetzung der gefundenen Lösungen
10.	Erfolgskontrolle im Blick auf die ausgewählte(n) Lösung(en)
11.	Überprüfung der Entscheidung
12.	Ggf. Wiederholung des gesamten Prozesses

(weiterentwickelt aus: Gordon 1980 u. 1981)

Form und Anlaß

Kommunikation dient immer einem bestimmten Anlaß: Vermittlung eines Inhalts, Manifestierung einer Beziehung, Ausdruck von Emotionen, Zerstreuung und Unterhaltung … . Aber auch viel konkreter: ein Vorstellungsgespräch, eine Trauerrede, ein Rendezvous, ein Schlaflied, eine „Butterfahrt", ein wissenschaftlicher Vortrag: sie alle unterscheiden sich gemäß ihrem Anlaß – und entsprechend auch in ihrer Form. Natürlich wäre es denkbar, ein kleines Kind mit Hilfe statistischer Formeln einzuschläfern, aber die allgemein gebräuchliche Form ist nach wie vor das Schlaflied. Völlig unpassend hingegen wäre es sicherlich, wenn man als Trauerredner in Tonfall und Wortwahl von Harry Wijnwort bei „Der Preis ist heiß" verfallen würde.

 Fallen Euch noch andere komische oder peinliche Kombinationen von Kommunikationsanlaß und Kommunikationsform ein? Entwickelt daraus kleine Rollenspiele, die Ihr Euch gegenseitig vorspielt.

Sprachlos
Warum schreibst du
noch immer
Gedichte
obwohl du
mit dieser Methode
immer nur
Minderheiten erreichst

fragen mich Freunde
ungeduldig darüber
daß sie mit ihren Methoden
immer nur
Minderheiten erreichen

und ich weiß
keine Antwort
für sie

Erich Fried

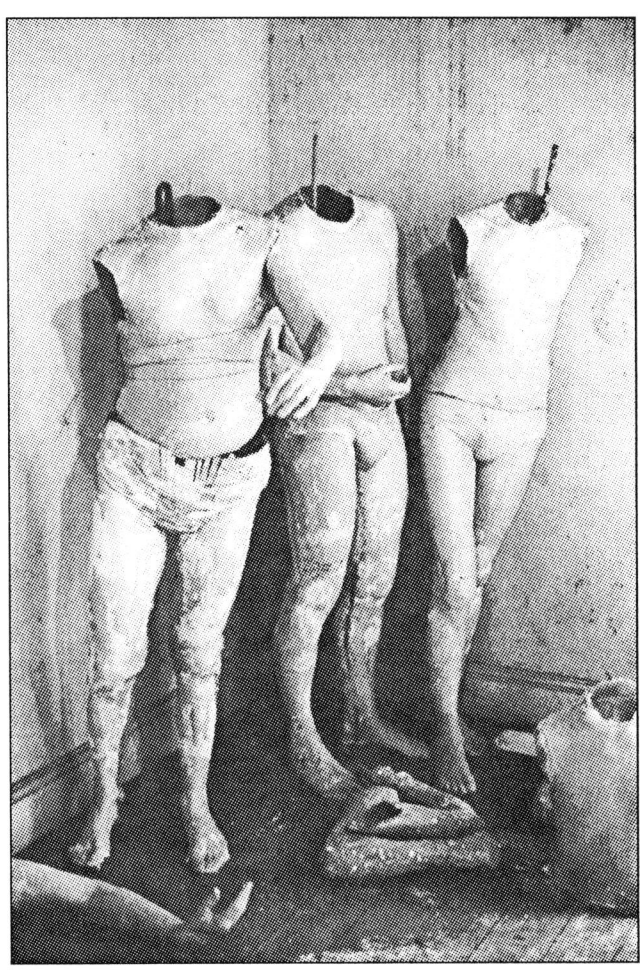

John Davies

B

Wovon man nicht sprechen kann,
darüber muß man schweigen

Ludwig Wittgenstein

Kommunikation und Selbstsicherheit - © Verlag an der Ruhr, Postfach 10 22 51, 45422 Mülheim an der Ruhr

Kontext

„Ja, du hast ja recht!"

Was fängst Du jetzt an, mit diesem Satz? Bist Du glücklich, weil ein Streit zu Deinen Gunsten beendet wurde? Oder bist Du besser ganz vorsichtig, weil Dein Gegenüber die Bemerkung so bissig gemeint hat, daß wahrscheinlich der Streit jetzt erst richtig losgeht?

So wie der Satz hier steht, kann man sich über seine Bedeutung nicht so recht klar werden. Man braucht etwas mehr Kontext, den Tonfall, die Körperhaltung der Sprechenden, vielleicht eine längere Vorgeschichte.

Schriftliche Kommunikation ist, zumal wenn wenig Platz für eine ausführlichere Erörterung ist, oftmals nicht eindeutig. Vor dieser Schwierigkeit stehen auch die Benutzer des Internet, die sich per Computer in „Diskussionsforen" einwählen und treffen. Alles, was Kommunikation so richtig lebendig und spaßig macht, also Witz, Ironie, Tonlage, Körpersprache, ist nur mittels Tastatur und Bildschirm – oftmals noch in einer fremden Sprache – schwer zu vermitteln. Aber Computeruser sind findig. Um die Zwischentöne in ihre Kommunikation zu bringen, wurden die Smilies erfunden. Sie werden einfach an den Beginn einer Botschaft gesetzt und geben den per Computer zugeschalteten Gesprächsteilnehmern eine Interpretationshilfe.

Ein paar Beispiele für gebräuchliche Smilies:

Grundlegende Smilies

Smilie	Bedeutung
:-)	War nicht so ernst gemeint.
;-9	Ich sage dies mit einem Augenzwinkern.
:-D	Ich muß lachen.
:-(	Ihre letzte Bemerkung hat mir überhaupt nicht gefallen. Oder: Ich bin traurig.
:-C	Ich bin sehr schlecht gelaunt.
:-I	Das ist mir egal.

Smilies für Fortgeschrittene

Smilie	Bedeutung
:*)	Ich bin betrunken.
#-(	Ich habe einen Kater.
8-)	Ich trage eine Sonnenbrille.
B-)	Ich bin cool.
:-P	Ich strecke meine Zunge raus.
:-O	Schlachtruf!
:-@	Ich schreie!
:-/	Ich bin baff.
:c	Ich schmolle.
:-~)	Ich sabbere.
:-~)	Ich bin erkältet.
:-#	Ich trage eine Zahnspange.
—:-)	Ich bin ein Punker.
—:-(	Echte Punker lächeln nicht.
:-X	Ich verrate nichts.
(-:	War nicht so ernst gemeint (für Linkshänder).
:->	Ich habe eben eine ironische Bemerkung gemacht. (Steigerung zu :-))
%-)	Ich habe zu lange auf den Bildschirm gestarrt.

Erfinde weitere Smilies. Es stehen nur die Zeichen einer normalen Computertastatur zur Verfügung.

„Begrüßung" beleuchtet einen Aspekt non-verbaler Kommunikation, der als „analoge Kommunikation" gekennzeichnet werden kann. Ziele sind unter anderem:

- Erkennen des Händeschüttelns als Ritual;
- Sensibilisierung für die Bedeutung non-verbaler Kommunikation;
- Wahrnehmung des Händeschüttelns als Quelle unterschiedlicher Informationen.

ab 12 Jahren

bis 20 Teilnehmer

a) ca. 8 bis 12 Minuten für die Übung
b) ca. 15 Minuten für die Auswertung

Das Plenum wird in Gruppen zu je fünf Personen (A bis E) aufgeteilt. Jede Gruppe verfährt dann folgendermaßen:
Teilnehmer A werden die Augen verbunden; die Gruppenmitglieder B bis D stellen sich dann in beliebiger Reihenfolge nebeneinander auf. Die Reihenfolge wird schriftlich festgehalten. Teilnehmer E führt danach A an den Gruppenmitgliedern B bis D vorbei, wobei A jedem der drei anderen die Hand geben soll. Während der Übung darf nicht gesprochen werden.
Anschließend muß A - noch mit verbundenen Augen - erraten, wem er in welcher Reihenfolge die Hand gegeben hat; E notiert die Antworten von A auf dem beigefügten Auswertungskärtchen (s. M 1).
Danach wird das Spiel viermal wiederholt, so daß jeder einmal die Rolle des „Blinden" und einmal die Rolle des Führers übernommen hat.

Grundsätzliches s. S. 8, Einleitung 6 a.

- Welche Eindrücke habe ich als „Blinder" erhalten?
- Woran habe ich als „Blinder" die Hände der anderen Gruppenmitglieder erkannt?
- Wie schwer bzw. leicht ist es mir gefallen, die anderen Personen an ihrem Handschlag zu erkennen?
- Welche allgemeinen Schlüsse kann ich aus den Ergebnissen dieser Übung ziehen?
- Wie lassen sich die Ergebnisse dieses Experiments im Alltag fruchtbar umsetzen?

Die Teilnehmer stellen zunächst in den Kleingruppen fest, wie viele Übereinstimmungen das einzelne Gruppenmitglied erzielt hat. Auf der Grundlage dieser Ergebnisse wird dann das weitere Auswertungsgespräch im Plenum durchgeführt.

Sie sollten unbedingt darauf achten, daß während der entscheidenden Phasen des Experiments nicht gesprochen wird, da sonst sehr rasch das Spielergebnis verfälscht werden kann.
Die Aussagefähigkeit der Übungsresultate läßt sich dadurch erhöhen, daß man die Spielanleitung variiert: Eine Person wird zunächst aus dem Raum geschickt; aus dem verbleibenden Plenum wird sodann eine Gruppe von vier (bis sechs) Personen ausgewählt, die sich nebeneinander aufstellen. Verbinden Sie der draußen wartenden Person die Augen und führen Sie sie wieder herein. Danach läuft das Spiel wie oben unter 5 beschrieben.
Das Experiment sollte nur in einer Gruppe durchgeführt werden, in der sich die Teilnehmer bereits recht gut kennen. Andernfalls gerät die Übung leicht zu einem bloßen Ratespiel.
Mitunter ist es auch eine Hilfe, wenn die Gruppenmitglieder sich vor dem eigentlichen Spiel zunächst einmal bewußt die Hände schütteln, um so Eigenarten des Handschlags einzelner Teilnehmer herauszufinden.

Vopel 1984a u. c; Streitfeld/Lewis 1977;
Kliebisch 1995b;
Kliebisch 1991a und 1995a;
Molcho 1988 u. 1990; Bichsel 1966;
Watzlawick/Beavin/Jackson 1990;
Bachmair u.a. 1989; Lewis 1989;
Schulz v. Thun 1989a

2.7 Begrüßung

Das Experiment bietet sich an, über die immense Bedeutung des digitalen Teils menschlicher Kommunikation zu reden. Hierbei ist es hilfreich, zu betonen, daß jede menschliche Kommunikation, wie Watzlawick herausstellt, grundsätzlich einen Beziehungs- und einen Inhaltsaspekt aufweist, wobei die Beziehungsdimension stets die inhaltliche Ebene determiniert, wie das Arbeitsblatt auf Seite 77 verdeutlicht.

Vor diesem Hintergrund kann es lohnend sein, über die Folgen dieses Zusammenhangs zu sprechen, insbesondere unter Berücksichtigung der Tatsache, daß Menschen, wie vermutlich auch dieses Experiment zeigen wird, nur selten in der Lage sind, körpersprachliche Signale adäquat aufzunehmen und zu entschlüsseln.

Zweckmäßig ist es ferner, für die Teilnehmer einen Transfer zu leisten: In dieser Hinsicht sollte es vor allem darum gehen, die praktischen Konsequenzen herauszuarbeiten, welche sich aus den vorangegangenen Überlegungen für den Alltag jedes Einzelnen ergeben könnten bzw. sollten. Sollten Sie an dieser Stelle bemerken, daß die Teilnehmer nur sehr unsensibel auf die Relevanz der körpersprachlichen Dimension reagieren, so können Sie zur weiteren Abklärung dieses Sachverhalts auf die entsprechenden Fragen aus dem Fragebogen „Kommunikationsfähigkeit" zurückgreifen und diese hier zum Einsatz bringen.

Ein Spiel, um die enorme Bedeutung unserer Hand- und Körpersprache zu verdeutlichen. Zwei Gruppen überlegen, jede für sich, neue Begriffe für bestimmte zentrale Dinge, zum Beispiel für Hand, Gesicht, Nase, Auge, Bein, Mann, Frau, aber auch Tisch, Stuhl, Haus, Freund, Sonne... Daraus wählen sie fünf markante Begriffe aus. Nun bestimmen sie einen aus ihrer Runde als Darsteller; der eine der beiden Darsteller ist Chinese, der andere ein Eskimo. Sie begegnen sich, und keiner spricht die Sprache des anderen. Jeder will dem anderen die fünf vorher bestimmten Begriffe „beibringen". Dazu kann sich jeder ein eigenes Kauderwelsch ausdenken, in dem aber die

vorher in der eigenen Gruppe vereinbarten Begriffe verbindlich sein sollen. Die beiden Gruppen dürfen ihren Spieler jeweils unterstützen, wenn er nicht weiterweiß, aber ebenfalls nur in Kauderwelsch.

Wenn es beiden gelungen ist, sich gegenseitig verständlich zu machen, können die Spieler sich darüber austauschen, wie schwierig die Kommunikation auf nonverbaler wie verbaler Ebene war. Was hat aber vor allem zum Verstehensprozeß geführt: die Sprache oder die erklärende Gestik und Mimik, also die digitale oder die analoge Kommunikation?

• M 1 - Auswertungsbogen

Zusätzliche Arbeitsblätter:

• „Der Zusammenhang von Beziehungs- und Inhaltsebene der Kommunikation" zeigt im Hinblick auf einen Kommunikationsprozeß an einem Beispiel den Zusammenhang zwischen der Beziehungs- und der Sach- bzw. Inhaltsebene auf.

• „Digital und analog" stellt Unterschiede zwischen analoger und digitaler Sprechweise dar.

• „Konventionen" verdeutlicht an einem markanten Beispiel, wie stark unsere Sicht der Welt und damit unsere Kommunikation, von erlernten und erlebten Konventionen abhängt.

• „Konversationsrituale" zeigt die Bedeutung von Ritualen für formelle Kommunikationssituationen wie Begrüßungen, Verabschiedungen etc.

• „Analyse einer Begegnung" zeigt den Normablauf einer Begegnung zwischen einander bekannten, aber nicht befreundeten Menschen.

• „Ein Wort ist ein Wort" lenkt den Blick auf die Beliebigkeit von sprachlichen Benennungen der Dinge. Sie sind alleine aus Konventionen entstanden.

Wenn sich aber jemand diesen Konventionen entzieht, wie der alte Mann in Peter Bichsel „Ein Tisch ist ein Tisch" ...

Auswertungsbogen

Für Teilnehmer: .... (Name)

Tatsächliche Reihenfolge: ....

....

Erratene Reihenfolge: ....

....

Übereinstimmungen: ....

Auswertungsbogen

Für Teilnehmer: .... (Name)

Tatsächliche Reihenfolge: ....

....

Erratene Reihenfolge: ....

....

Übereinstimmungen: ....

Der Zusammenhang von Beziehungs- und Inhaltsebene der Kommunikation

Inhaltsebene	Problemlösung (z.B. durch Vorgesetzte)	Problemlösung (z.B. durch Vorgesetzte)
Beziehungsebene	„Seien Sie ruhig! Ich weiß das besser!"	„Erzählen Sie mir, worum es geht. Ich möchte Ihnen helfen!"

Oder anders ausgedrückt:

Erklärung:

Ein wesentliches Merkmal jeder Kommunikationssituation ist, daß sie gleichzeitig einen Inhalts- und einen Beziehungsaspekt beinhaltet. So kann ein und derselbe Inhalt, nämlich hier das Lösen eines Problems durch einen Vorgesetzten, je nach Beziehungsebene zwischen Angestelltem und Vorgesetztem, völlig unterschiedlich verlaufen.

Digital und analog

Jede Kommunikation hat einen Inhalts- und einen Beziehungsaspekt (siehe die Kommunikationsaxiome nach Watzlawick, siehe Seite 20/21). Der Inhaltsaspekt wird digital übermittelt, der Beziehungsaspekt hingegen überwiegend analog. Digital bedeutet hier, daß zum Beispiel ein Objekt mit einem Namen belegt wird, der keinerlei Analogie zu dem Bezeichneten aufweist - so hat, wie Bateson und Jackson feststellten, „die Zahl fünf nichts besonders Fünfartiges an sich und das Wort Tisch nichts besonders Tischähnliches". Analog bedeutet auf dem Gebiet der menschlichen Kommunikation, daß der zur Kennzeichnung eines Dings verwendete Ausdruck, wie Watzlawick feststellt, „eine grundsätzliche Ähnlichkeitsbeziehung" zu dem Gegenstand hat, für den er steht. Watzlawick bringt ein einleuchtendes Beispiel, das den Unterschied zwischen analoger und digitaler Kommunikation verdeutlicht: Das bloße Hören einer unbekannten Sprache, z. B. im Radio, kann niemals zum Verstehen dieser Sprache führen, „während sich oft recht weitgehende Informationen relativ leicht aus der Beob-

achtung von Zeichensprachen und allgemeinen Ausdrucksgebärden ableiten lassen, selbst wenn die sie verwendende Person einer fremden Kultur angehört. Analoge Kommunikation hat ihre Wurzeln offensichtlich in viel archaischeren Entwicklungsperioden und besitzt daher eine weitaus allgemeinere Gültigkeit als die viel jüngere und abstraktere digitale Kommunikationsweise." Digitales Mitteilungsmaterial ist aber weitaus komplexer, vielseitiger und abstrakter als analoges, zum Beispiel lassen sich abstrakte Begrifflichkeiten und Sachverhalte analog so gut wie gar nicht darstellen, während die digitale Kommunikation über kein ausreichendes Vokabular zur klaren Definition von Beziehungen verfügt. In der alltäglichen Kommunikation ist es häufig erforderlich, von der analogen in die digitale Sprache zu übersetzen und umgekehrt, dabei entsteht ein „Datenverlust", der zu Mißverständnissen und Fehlinterpretationen führen kann – eine der häufigsten Ursachen von Kommunikationsproblemen.

1. digital

- präzise
- verbal
- vergleichsweise eindeutig
- nur begrenzt interpretierbar

2. analog

- ungenau
- nonverbal
- vergleichsweise vieldeutig
- vielschichtig interpretierbar

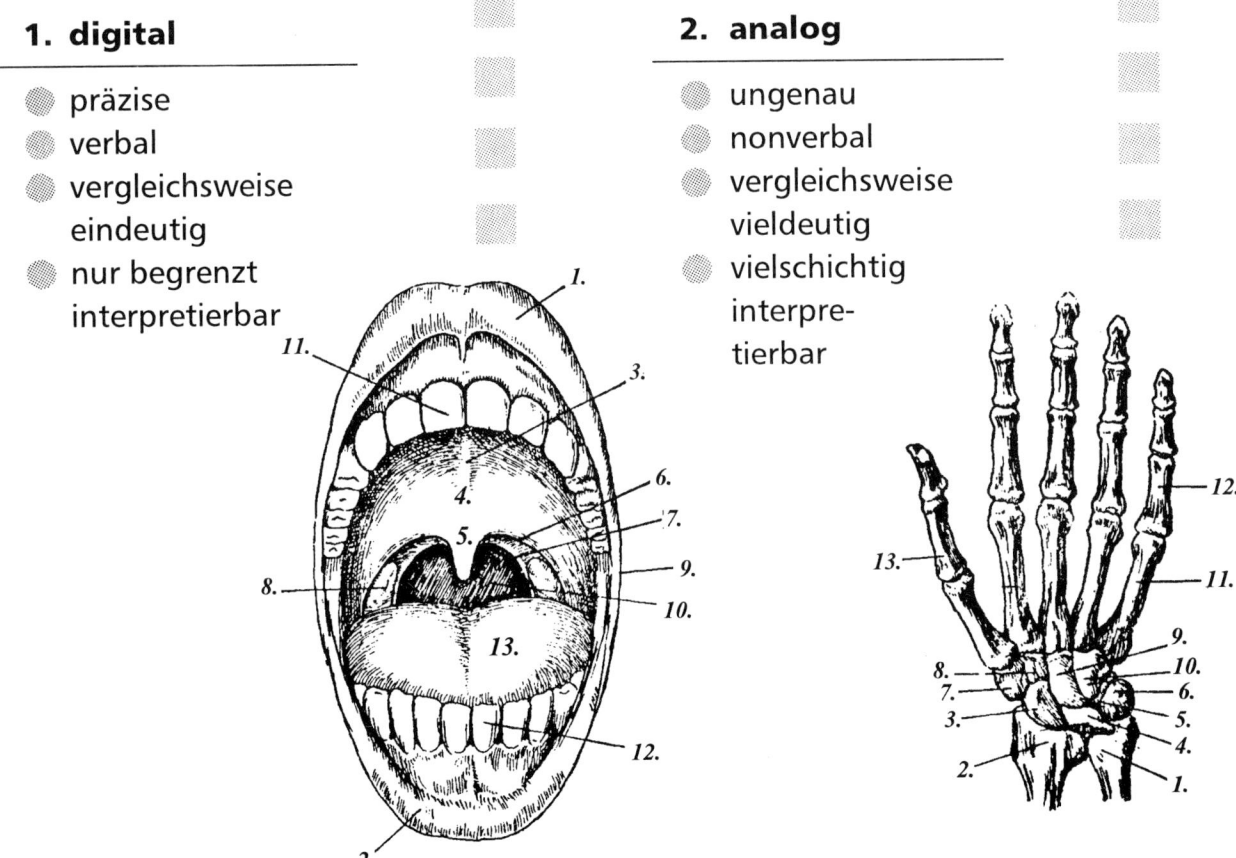

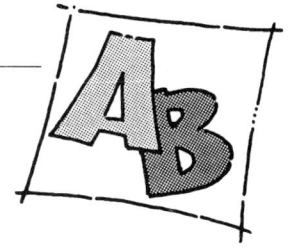

Konventionen

Vishnu Maya Gurung, genannt Aama, hat 84 Jahre ihres frommen, armen Lebens in einem Bergdorf in Nepal verbracht. Dann traf sie Broughton Coburn, einen Amerikaner, der in ihrem Dorf als Lehrer arbeitete. Eines Tages fragte er sie, ob sie mit ihm durch Amerika fahren wollte. Sie sagte einfach: Ja.

„... In der Wohnung meiner Freundin Ann Tori ging Aama wie eine Archäologin auf Entdeckungsreise. Ich zeigte ihr den elektrischen Herd, und Aama fuhr mit der Hand langsam über die Metalloberfläche. Ich drehte den Wasserhahn auf. Aama sah zu, wie das Wasser in das Spülbecken lief: „Habt Ihr oben am Berg eine Quelle, oder tragt ihr das Wasser zu einer Zisterne auf dem Dach?" – „Unter der Erde ist die ganze Stadt mit Wasserrohren durchzogen, und so fließt das Wasser von allein in die Wohnungen", antwortete ich, „aber die Leute müssen dafür bezahlen." – „Kommen dann alle Leute hierher, um ihre Wasserkrüge zu füllen?" (...)

Unsere Reise durch Amerika begann. Auf unserem Weg zum Mount Rainier National Park hatten wir in der Nähe von Buckley, Washington, haltgemacht, um noch in einem Supermarkt Lebensmittel zu kaufen. Aama nahm den Einkaufswagen in Besitz wie ein Teenager ein frisiertes Motorrad. „Meero Baajay – du liebe Güte, schau dir diesen Basar an, all diese Lebensmittel in Reih und Glied. Wird das nicht alles schlecht, bevor es die Leute überhaupt essen können? Und diese Mengen von Eiern! Aber ich sehe keine Hühner. Nehmen die Leute, denen das gehört, die Sachen mit nach Hause und legen sie am nächsten Tag wieder hin? Und wo sind all die Menschen, die das Ganze kaufen? Sie wissen vielleicht gar nicht, daß es hier einen Basar gibt; wenn es sich erst herumspricht, wird es hier ein Gedränge geben."

Am Ende eines Regals bot eine Frau kostenlose Probierhappen einer neuen Hähnchensorte an, die speziell für Mikrowelle aufbereitet war. Aama nahm sich ein

Häppchen: „Schmeckt gut – und ich brauche es kaum zu kauen." Aama nahm sich noch eines: „Wieviel müssen wir dafür zahlen?" – „Nichts, sie hat es uns gegeben, damit wir probieren." – „Warum sollte sie das einfach verschenken?" – „Sie will uns dazu bringen, dieses neue Lebensmittel zu kaufen." – „Seit wann ist Hühnchen ein neues Lebensmittel?"

Als wir wieder auf der Schnellstraße waren, deutete Aama auf den Gegenverkehr: „Schau dir all diese Autos an. Sie haben wahrscheinlich von dem Basar gehört und wollen möglichst schnell hinkommen."

Text und Bild von Broughton Coburn,
aus Süddeutsche Zeitung Magazin, 4.8.95

Konversationsrituale

Die Konversation zwischen (insbesondere einander nicht so vertrauten) Personen findet oft in einem gesellschaftlich und kulturell normierten Rahmen statt. Diese Rituale sind bei einigen Völkern ausgeprägter, bei anderen nur noch in Rudimenten vorhanden. Selbst in unserer so „weltoffenen", freien Gesellschaft finden sie sich, wenn wir uns ihrer auch nicht immer bewußt sind. Einige lassen sich sogar in vielen verschiedenen Kulturen gleichermaßen beobachten.

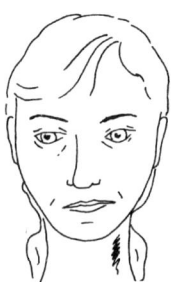  

Das kurze Heben der Augenbrauen ist in allen Kulturen bekannt.

Demutsgesten

China:	Verneigung mit über dem Kopf gefalteten Händen
Europa:	Ausstrecken oder Senken der Arme
Kongo:	Ausstrecken der Arme und Zusammenschlagen der Hände
Fidschi, Tahiti:	Kauern
Dahomey:	Kriechen, gehen auf Händen und Füßen
Samoa:	Tiefe Verbeugung
Türkei, Persien:	Verneigung, wobei der rechte Arm ausgestreckt, gesenkt, zum Kopf gehoben und wieder gesenkt wird
Tonga:	Der Unterwürfige läßt sich den Fuß eines anderen auf den Kopf stellen
Polynesien:	Der Unterwürfige wirft sich mit dem Gesicht nach unten zu Boden
Batokas:	Der Unterwürfige wirft sich auf den Rücken, wälzt sich hin und her und schlägt sich auf die Schenkel

Begrüßung

Mikrosekunden nach dem ersten Blickkontakt ziehen die Gesprächspartner die Augenbrauen kurz, für etwa eine sechstel Sekunde, in die Höhe. Ein Begrüßungssignal, das in vielen Kulturen der Welt verbreitet ist: Es wurde quer durch alle sozialen Schichten bei den Völkern Europas, Balis, Südamerikas, Samoas und Papuas gleichermaßen beobachtet. Außerdem ist dieses Signal mehreren Affenarten zueigen, was die Vermutung nahelegt, daß es angeboren ist und einem bestimmten evolutionären Zweck dient. Dieser Zweck scheint darin zu bestehen, die Aufmerksamkeit des Partners auf Gesicht und Augen zu lenken und zu signalisieren, daß beide sich wohlgesonnen sind.

Japaner hingegen heben bewußt die Augenbrauen zur Begrüßung nicht, weil dieses Zeichen für sie als unschicklich gilt.

Verabschiedungen

Im syrischen Arabisch besteht eine Verabschiedung in der Regel aus drei Teilen. Wird zuerst A gesagt, muß der Angesprochene mit B antworten, woraufhin der erste Sprecher C hinzufügen kann. Wird jedoch zuerst B geäußert, folgt C obligatorisch:

- A „Bei Deinem Weggehen"
- B „In Frieden"
- C „Gott schütze Dich"

Im Arabischen gibt es auch das Prinzip, auf Grüße zu antworten, indem der erste Gruß erweitert wird:

- A „Hallo"
- B „Zwei Hallos" oder „Hundert Hallos"

Kommunikation und Selbstsicherheit - © Verlag an der Ruhr, Postfach 10 22 51, 45422 Mülheim an der Ruhr

Analyse einer Begegnung

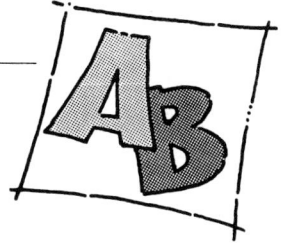

Stufe 1: Anbahnung

Sie beginnt, wenn Du noch ein ganzes Stück von der Person entfernt bist, mit der Du in Kontakt treten willst. Obwohl bei dieser ersten Stufe Dein ganzer Körper mitwirkt, ist doch das Zentrum der Kommunikation Dein Gesicht, besonders die Augen und der Mund.

Stufe 2: Orientierung

Du bewegst Dich auf die andere Person zu. Wesentlich sind dabei der Abstand, in dem Du stehenbleibst, und Deine Orientierung: stehst Du dem Partner frontal gegenüber, seitlich verschoben zu ihm oder neben ihm. Abstand und Stellung zum anderen sind wichtige Mittel, um Deinem Partner Deine Haltung ihm gegenüber zu vermitteln.

Stufe 3: Kontakt

Normalerweise folgt nun irgendeine Form des körperlichen Kontakts, ein Händedruck oder auch eine Umarmung. Wesentlich ist die Form des Kontaktes, die Du wählst. Sie wirkt, zusammen mit Deiner Körperhaltung, Deinem Gesichtsausdruck, dem Grad der Muskelspannung und der Blickrichtung. Die ganze Botschaft dieser Kontaktphase läßt sich durch einen Blick verändern, der nicht einmal eine ganze Sekunde lang andauert.

Stufe 4: Kommunikation

Auch während Ihr Euch unterhaltet, tauscht Ihr weitere nonverbale Signale aus. Sie dienen dazu, die Worte zu unterstreichen und ihre Bedeutung stärker herauszuarbeiten. Doch sie können auch unbeabsichtigt mit dem gesprochenen Wort konkurrieren, so daß beim Zuhörer Unbehagen oder Verwirrung entstehen.

Stufe 5: Lösung

Irgendwann beschließt einer der Gesprächspartner, vielleicht auch beide, daß er die Unterhaltung beenden möchte. Oft wird dieses Ende verbal eingeleitet durch Sätze wie: „Tja, schön mit Dir gesprochen zu haben. Vielleicht sehen wir uns ja mal wieder. Bis dann ..." Doch schon etwa eine halbe Minute vor dieser Verabschiedung haben nonverbale Signle angedeutet, daß der Wunsch besteht, das Gespräch zu beenden. Dieser Wunsch wird hauptsächlich durch Blicke und Körperposition ausgedrückt.

Stufe 6: Trennung

Ihr trennt Euch. Obwohl Du überzeugt bist, nur noch wenig an dem Eindruck verändern zu können, den Du gemacht hast, ist doch ein richtiger Abgang genauso wichtig wie die vorangegangenen fünf Stufen. Und weil wir uns meist am besten an das erinnern, was gerade erst passiert ist, kann ein mißlungener Abschied die ganze Begegnung negativ beeinflussen.

aus: David Lewis, Die geheime Sprache des Erfolgs, Heyne, München 1989

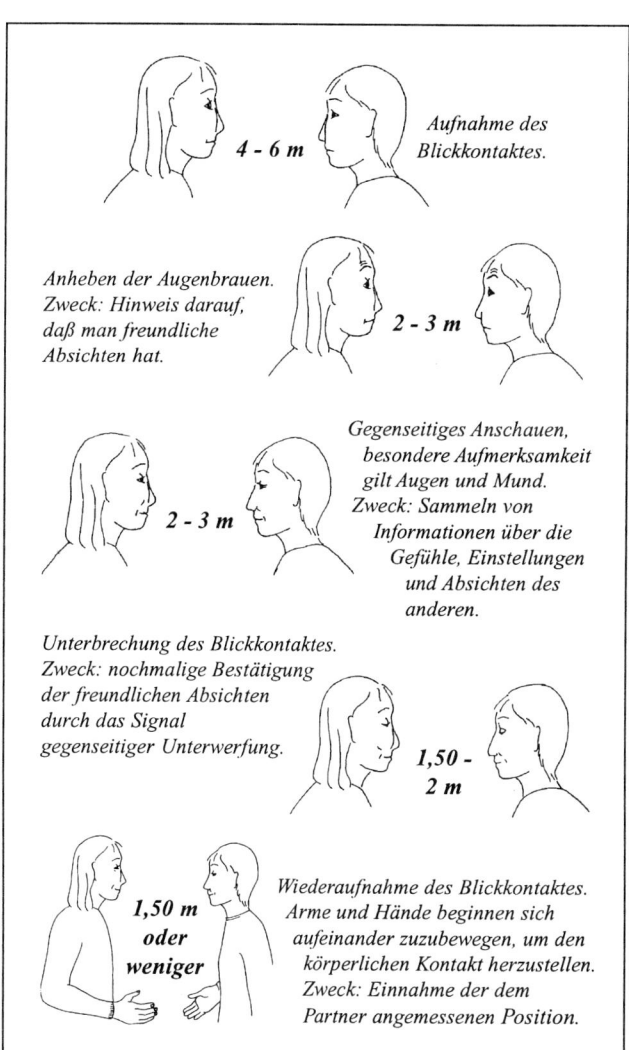

4 - 6 m — *Aufnahme des Blickkontaktes.*

Anheben der Augenbrauen. Zweck: Hinweis darauf, daß man freundliche Absichten hat. — *2 - 3 m*

2 - 3 m — *Gegenseitiges Anschauen, besondere Aufmerksamkeit gilt Augen und Mund. Zweck: Sammeln von Informationen über die Gefühle, Einstellungen und Absichten des anderen.*

Unterbrechung des Blickkontaktes. Zweck: nochmalige Bestätigung der freundlichen Absichten durch das Signal gegenseitiger Unterwerfung. — *1,50 - 2 m*

1,50 m oder weniger — *Wiederaufnahme des Blickkontaktes. Arme und Hände beginnen sich aufeinander zuzubewegen, um den körperlichen Kontakt herzustellen. Zweck: Einnahme der dem Partner angemessenen Position.*

 Verhaltet Ihr Euch bei Begegnungen mit anderen Menschen genauso? Gibt es Unterschiede, je nachdem, wem Ihr begegnet? Findet Ihr es gut, daß „mensch" sich so verhält wie von David Lewis beschrieben?

Ein Wort ist ein Wort

Wer garantiert uns eigentlich, daß die Farbe Blau, die wir sehen, für jeden Menschen die gleiche Farbe ist, von jedem gleich wahrgenommen wird? Wer kann mit Gewißheit sagen, daß die Welt, die er sieht, die gleiche ist, die sein Partner sieht? Was unser aller Sicht der Welt aber zusammenhält und somit auch *unsere* Welt, ist die Sprache. Sie ist eine Übereinkunft über die Benennung der Welt, aufgrund derer alle, die diese Übereinkunft, also die Sprache, kennen, sich miteinander austauschen können im relativen Bewußtsein, sich zu verstehen.

Was aber nun, wenn ein Mensch sich diesem System nicht eingliedern will oder sich, wie in Peter Bichsels berühmter Geschichte „Ein Tisch ist ein Tisch", bewußt aus der allgemein gültigen Vereinbarung ausklinkt?

(...) „Weshalb heißt das Bett nicht Bild", dachte der Mann und lächelte, dann lachte er lachte, bis die Nachbarn an die Wand klopften und „Ruhe" riefen. (...) „Ich bin müde, ich will ins Bild" sagte er, und morgens blieb er oft lange im Bild liegen und überlegte, wie er nun dem Stuhl sagen wolle, und er nannte den Stuhl „Wekker". Er stand also auf, zog sich an, setzte sich auf den Wecker und stützte die Arme auf den Tisch. Aber der Tisch hieß jetzt nicht mehr Tisch, er hieß jetzt Teppich. (...)

Dem Stuhl sagte er Wecker.

Der Zeitung sagte er Bett.

Dem Spiegel sagte er Stuhl.

Dem Wecker sagte er Fotoalbum.

Dem Schrank sagte er Zeitung.

Dem Teppich sagte er Schrank.

Dem Bild sagte er Tisch.

Und dem Fotoalbum sagte er Spiegel. (...)

läuten heißt stellen,

frieren heißt schauen,

liegen heißt läuten,

stehen heißt frieren,

stellen heißt blättern.

So daß es dann heißt:

Am Mann blieb der alte Fuß lange im Bild läuten, um neun stellte das Fotoalbum, der Fuß fror auf und blätterte sich auf den Schrank, damit er nicht an die Morgen schaute. (...)

Aber bald fiel ihm auch das Übersetzen schwer, er hatte seine alte Sprache fast vergessen (...) Und es machte ihm Angst, mit den Leuten zu sprechen. Er mußte lange nachdenken, wie die Leute den Dingen sagen. (...)

Und es kam soweit, daß der Mann lachen mußte, wenn er die Leute reden hörte. Er mußte lachen, wenn er hörte, wie jemand sagte: „Gehen Sie morgen auch zum Fußballspiel?" (...) Er mußte lachen, weil er all das nicht verstand.

Aber eine lustige Geschichte ist das nicht. (...) Der alte Mann im Mantel konnte die Leute nicht mehr verstehen, das war nicht so schlimm. Viel schlimmer war, sie konnten ihn nicht mehr verstehen. Und deshalb sagte er nichts mehr.
Er schwieg,
sprach nur noch mit sich selbst,
grüßte nicht einmal mehr.

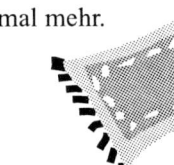

*aus: Peter Bichsel, „Ein Tisch ist ein Tisch",
in G. Loschütz (Hrsg.), „Das Einhorn sagt zum Zweihorn"
Middelhauve, Köln 1966*

 Mache ein Spiel. Überlege Dir wie in der Geschichte neue Wörter für die Dinge und Tätigkeiten, und schreibe eine kurze Geschichte damit. Wer aus Deiner Gruppe kann sie „in unsere Sprache" übersetzen?

Kommunikation und Selbstsicherheit - © Verlag an der Ruhr, Postfach 10 22 51, 45422 Mülheim an der Ruhr

2.8 Wohnungseinrichtung

 Wohnungseinrichtung ist eine Übung zur Erfahrung von Kommunikation und Kooperation in einer Gruppe.
Es geht dabei unter anderem um:

- Erkennen, Formulieren und Reflektieren von Wünschen, Bedürfnissen und Werten;
- Sensibilisierung für eigenes und fremdes Kommunikationsverhalten;
- Vermittlung von Konsensfähigkeit;
- Erweiterung der Fähigkeit zur kriterienorientierten Bewertung.

 ab 14 Jahren

 bis 25 Personen

 a) ca. 120 Minuten für die Übung
b) ca. 60 Minuten für die Auswertung

 Das Plenum wird in Gruppen zu je 4 oder 5 Personen aufgeteilt; jede Gruppe erhält einen vorbereiteten Wohnungsgrundriß (M 1), mindestens einen größeren Versandhauskatalog sowie eine fiktive Summe Geld in Höhe von DM 50.000,—.
Jede Gruppe hat die Aufgabe, die Wohnung mit Hilfe der ausgegebenen Kataloge nach ihren eigenen Wünschen und Bedürfnissen einzurichten; sie soll dabei davon ausgehen, daß in der Wohnung ein Elternpaar und zwei Kinder (bei Gruppen zu 5 Teilnehmern: zusätzlich Großvater oder Großmutter) Platz haben sollen. Das zur Verfügung stehende Geld soll möglichst sparsam eingesetzt werden.
Ein Einrichtungsgegenstand darf von der Gruppe nur dann „angeschafft" werden, wenn mindestens 3 (bei 5er-Gruppen: mindestens 4) Gruppenmitglieder dem zustimmen; in der gleichen Weise wird der Standort des Möbelstücks in der Wohnung bestimmt. Das gekaufte Inventar muß anschließend maßstabsgerecht in den Grundriß eingezeichnet werden.

Nachdem die Spielzeit abgelaufen ist, findet mit Hilfe des Beurteilungsbogens (M 2) eine Bewertung jedes Einrichtungsergebnisses durch die jeweils andere Gruppe statt. Dazu dürfen Punkte für die Kriterien „Originalität", „Schönheit", „Funktionalität" vergeben werden (siehe dazu die Anleitung auf dem Beurteilungsbogen M 2).

 Grundsätzliches s. S. 8, Einleitung 6 a.

- Welche Probleme gab es im Rahmen der Gruppenarbeit?
- Wie erkläre ich mir diese Schwierigkeiten?
- Welche Entscheidungsstrategien haben wir in unserer Gruppe angewandt?
- Wie haben wir uns auf eine Bewertung der anderen Gruppenergebnisse verständigt?
- Welche Schwierigkeiten sind dabei aufgetreten?
- Welche Ursachen gibt es nach meiner Meinung für diese Schwierigkeiten?
- Was genau veranschaulicht dieses Simulationsgespräch?
- Welche Konsequenzen lassen sich aus der Simulation für den Alltag ziehen?

 Nach Ablauf der Spielzeit werden die fertig eingerichteten Grundrisse an einer Pinwand ausgehängt. Jede Gruppe hat nun die Möglichkeit, sich die Resultate der anderen anzuschauen, und bewertet diese dann anhand der Anweisungen auf dem Beurteilungsbogen (M 2). Danach findet das weitere Auswertungsgespräch im Plenum statt.

 Die Durchführung des Spiels braucht recht viel Zeit; Sie sollten diesen Umstand im Hinblick auf das Alter der Gruppenmitglieder bedenken. Ggf. läßt sich auch die Aufgabenstellung dahingehend reduzieren, daß nur ein Raum, z.B. das Wohnzimmer, einzurichten ist.

Will man das Spiel noch aufwendiger gestalten (bei Erwachsenen-Gruppen ohne weiteres sinnvoll!), kann man auf die Ausgabe eines Versandhauskatalogs verzichten und die Teilnehmer bitten, ihre Informationen aus nahegelegenen Einrichtungshäusern selbst zu beschaffen.

Für die Auswertung ist es besonders wichtig, daß die Gruppenmitglieder ausdrücklich angewiesen werden, sich bei der Beurteilung der fremden Grundrisse genau an die Anleitungen des Beurteilungsbogens zu halten.

Gudjons 1990; Grom 1976;
Vopel 1989a; Laver 1986;
Huberich 1979; Cohn 1991a

Das Spiel ist geeignet, in vielfacher Hinsicht vertiefend ausgewertet zu werden: Sie können beispielsweise auf die dem Beurteilungsbogen zugrundeliegenden Bewertungskriterien („Originalität", „Schönheit" und „Funktionalität") zurückgreifen und von daher die sich hinter den jeweiligen Gruppenentscheidungen verbergenden Werthaltungen und ästhetischen Empfindungen thematisieren und problematisieren.

Ebenso ist es möglich, eine eher gruppenpsychologische Betrachtung anzuschließen: Hierbei empfiehlt es sich, genauer auf den tatsächlichen Verlauf der Entscheidungsprozesse innerhalb der einzelnen Gruppen einzugehen. Vor diesem Hintergrund lassen sich dann im allgemeinen leicht Schwächen der Entscheidungsfindung, etwa ein Mangel an Kriterien usw., ausfindig machen. Dies kann wiederum dazu genutzt werden, gemeinsam über Möglichkeiten der Optimierung solcher Entscheidungsprozesse nachzudenken.

Schließlich könnte sich ein weiterführendes Gespräch auch mit der Frage beschäftigen, wie gut die Kooperationsfähigkeit der Gruppenmitglieder entwickelt ist. Von da ausgehend können Probleme, die sich im Zusammenhang mit einer Gruppenarbeit zwangsläufig ergeben, besprochen und vielleicht auch in Richtung auf konkrete Handlungsanweisungen geklärt werden.

Folgendes Material sollten Sie für jede Gruppe zur Verfügung stellen:

- M 1 - Kopie eines Wohnungsgrundrisses

- M 2 - Hinweise zur Arbeit mit dem Beurteilungsbogen

- M 3 - Beurteilungsbogen

Dazu sollten Sie jeder Gruppe ein Lineal, mehrere Bleistifte und Radiergummis zur Verfügung stellen.

Zusätzliches Arbeitsblatt:

- „Kommunikationsraum" befaßt sich mit der allgemein wenig beachteten Frage, inwieweit private und öffentliche Räume Kommunikation strukturieren, also fördern oder eventuell sogar behindern.

Grundriß

Wohnzimmer

Elternschlafzimmer

Bad/Toilette

Kinderzimmer

Küche und Eßplatz

Kinderzimmer

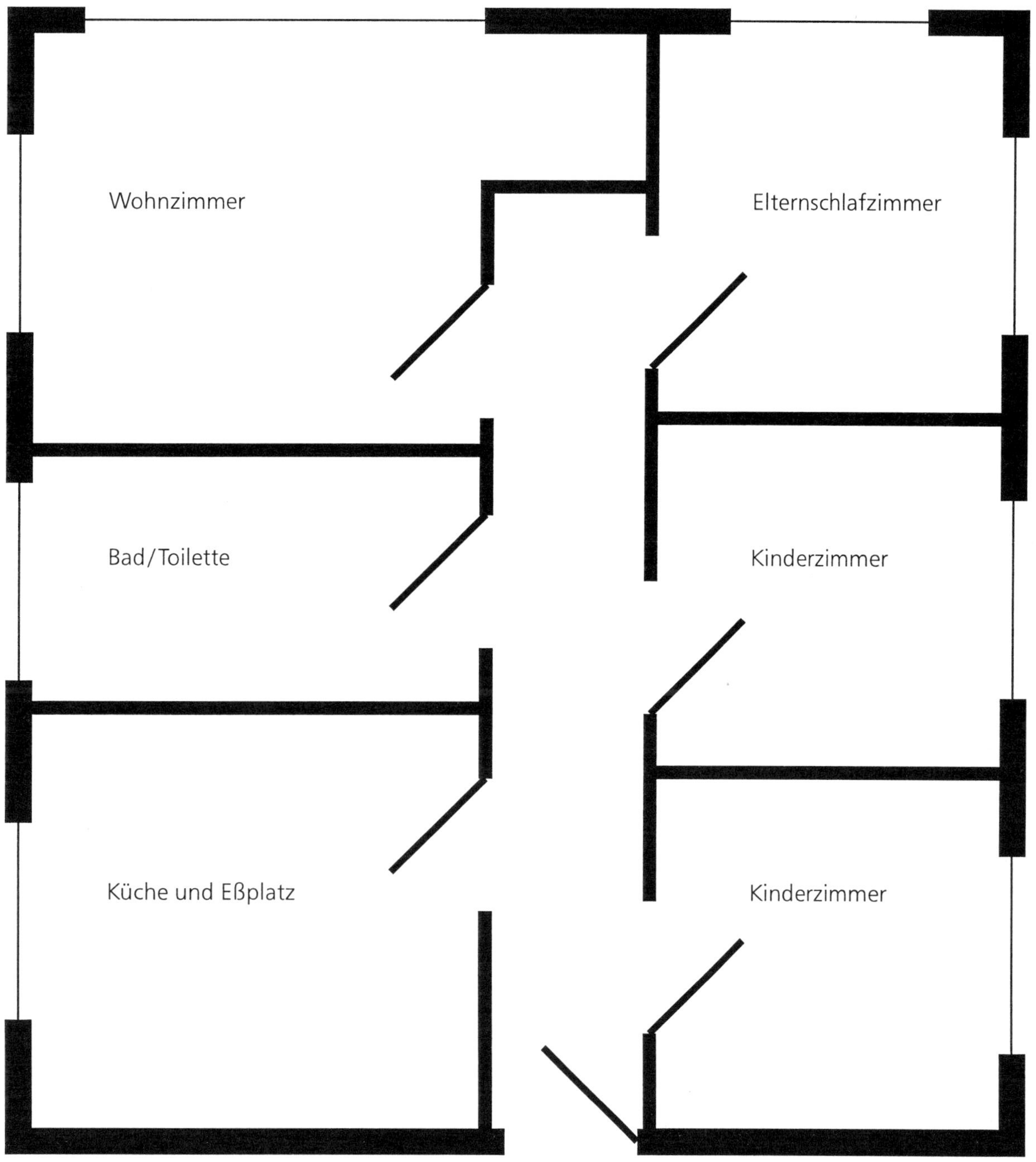

Maßstab: 1 cm ≙ 0,5 m

S

Zur Arbeit mit dem Beurteilungsbogen

Zur Beurteilung der fremden Wohnungseinrichtungen verfahrt bitte wie folgt:

1. Schaut Euch die Einrichtungsvorschläge der anderen Gruppen genau an.

2. Jedes Gruppenmitglied vergibt für jeden Einrichtungsvorschlag zunächst ohne Rücksprache mit den Mitgliedern der eigenen Gruppe Punkte für „Originalität", „Schönheit" und „Funktionalität". 5 Punkte bedeuten dabei „ausgezeichnet" und 0 Punkte „ganz schlecht".

3. Anschließend werden die Bewertungen in der eigenen Gruppe diskutiert.

4. Jede Gruppe ermittelt schließlich eine endgültige Bewertung der anderen Gruppenergebnisse unter gleichwertiger Berücksichtigung der drei Beurteilungskriterien und der Einzelwertungen aller beteiligten Gruppenmitglieder.

5. Schließlich wird von jeder Gruppe eine Rangfolge der Bewertungen der übrigen Gruppenergebnisse erstellt. Dazu werden die in der Endbewertung erreichten Punkte addiert und durch drei geteilt. Die Gruppe mit der dann ermittelten Höchstpunktzahl kommt auf den ersten Platz usw.

Kommunikation und Selbstsicherheit - © Verlag an der Ruhr, Postfach 10 22 51, 45422 Mülheim an der Ruhr

2.8 Wohnungseinrichtung — M2

Beurteilungsbogen

I: Einzelbewertungen

	Originalität	Schönheit	Funktionalität
Gruppe A	....	....	....
Gruppe B	....	....	....
Gruppe C	....	....	....
Gruppe D	....	....	....
Gruppe E	....	....	....

II: Endgültige Bewertung

	Originalität	Schönheit	Funktionalität
Gruppe A	....	....	....
Gruppe B	....	....	....
Gruppe C	....	....	....
Gruppe D	....	....	....
Gruppe E	....	....	....

III. Rangfolge

Platz 1: Gruppe ....

Platz 2: Gruppe ....

Platz 3: Gruppe ....

Platz 4: Gruppe ....

Platz 5: Gruppe ....

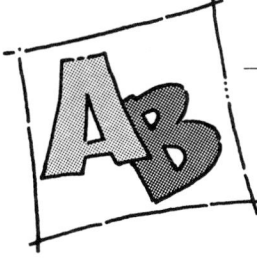

Kommunikationsraum

Die Zahl unserer Kommunikationsformen ist im Laufe der letzten Jahrzehnte stetig gestiegen: Wer hätte sich vor 20 Jahren träumen lassen, daß wir uns heute per Internet mit der ganzen Welt austauschen können?

Entsprechend haben sich auch die Räume verändert, in denen Kommunikation stattfindet.

Beispiele: Die Büros sind in der Regel auf den Computer als wesentlichstes Arbeitsmittel ausgerichtet. Unsere Wohnzimmer sind auf den Fernseher zentriert; die Sitzmöbel sind zu ihm hingewandt, er dominiert das Zimmer.

 Wie ist das bei Euch zu Hause? Untersucht Eure Wohnung daraufhin, ob und inwieweit sie Kommunikation fördert oder sogar behindert. Welche Art der Kommunikation wird jeweils erleichtert, welche be- oder verhindert?

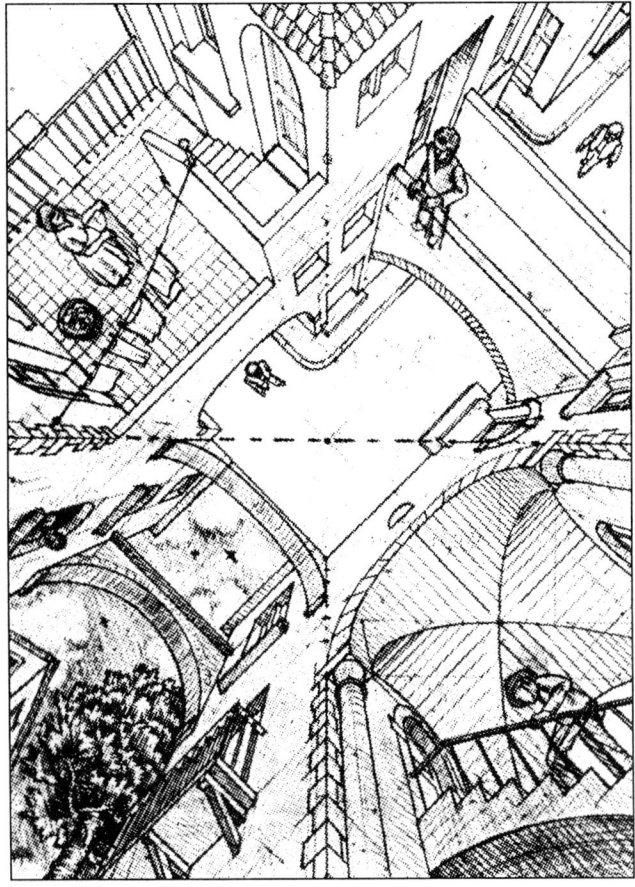

M.C. Escher, Second version of **High and Low**, 1947

Öffentliche Räume

Insbesondere öffentliche Räume sind in ihrer Funktionalität ganz stark auf Kommunikation ausgerichtet. Eine kleine Erkundungsaufgabe für die ganze Gruppe kann vielleicht klären helfen, inwieweit diese Räume selbst, durch ihre Form und Struktur, die Kommunikation lenken und bestimmen.

 Erarbeitet zuerst in der gesamten Gruppe einen Kriterienkatalog, der Euch einen Rahmen gibt, in dem die Erkundung durchgeführt wird. So bekommt Ihr vergleichbare Ergebnisse. Wichtige Kriterien sind zum Beispiel die Funktion des öffentlichen Raumes, seine Form, die Anordnung des Mobiliars, ob er eine gleichberechtigte Kommunikation ermöglicht usw.

 Teilt Eure Gruppe nun in vier Kleingruppen auf. Jede Kleingruppe nimmt sich einen öffentlichen Raum vor, beispielsweise einen Gerichtssaal, eine Kirche, eine Kneipe, eine Schule. Für die Aufgabe ist es relativ unumgänglich, vor Ort eine Begehung zu machen. Am besten ist es zweifellos, diesen Raum zweimal zu erkunden: Einmal während er in Gebrauch ist, einmal leer. Bei einer Kirche, Kneipe oder gar Schule dürfte dies hoffentlich kein Problem darstellen. Schwieriger wird es sicherlich bei einem Gerichtssaal; Ihr müßt herausfinden, wann ein der Öffentlichkeit zugänglicher Prozeß verhandelt wird und versuchen, daran teilzunehmen.

Vielleicht könnt Ihr anschließend mit dem Gerichtsdiener vereinbaren, daß er Euch unter Aufsicht noch kurz Eure Erkundung durchführen läßt.

Laßt den Raum erst einmal auf Euch wirken. Arbeitet anhand des Fragenkataloges heraus, ob und wie stark er Kommunikation lenkt, ob er bestimmte Formen von Kommunikation alleine durch seine Form und Aufteilung verhindert usw. (Es ist selbstredend, daß dies natürlich bei einer Gerichtsverhandlung oder einem Kirchenbesuch erst nach der Veranstaltung erfolgen darf.)

 Kommunikation und Selbstsicherheit - © Verlag an der Ruhr, Postfach 10 22 51, 45422 Mülheim an der Ruhr

Kommunikationsraum

 Macht wenn möglich kleine Skizzen oder gar Pola-roidfotos. Haltet Eure Ergebnisse schriftlich fest und tragt sie zu einem vorher vereinbarten Termin der gesamten Gruppe vor. Diskutiert Eure Ergebnisse und versucht, sie miteinander zu vergleichen. Seid Ihr mit der Gestaltung des jeweiligen Raumes einverstanden? Oder könnt Ihr Euch eine andere Lösung vorstellen, die zweckmäßiger, schöner, gerechter wäre?

 Vielleicht gibt die Erkundung Euch genügend Anregung, Euren eigenen Gruppenraum daraufhin zu untersuchen, inwieweit er seinem Zweck und den Bedürfnissen aller Beteiligten gerecht wird. Probiert verschiedene Sitzanordnungen aus – welche eignet sich für welchen Zweck?

Wenn Ihr jetzt so richtig Appetit auf Bau- und Städteplanung bekommen habt:
Gibt es in Eurem Ort ein altes/leerstehendes Gebäude, das sich als Jugendzentrum/Freizeitstätte/öffentlicher Raum nutzen ließe; eine Baulücke; ein anstehendes Bauprojekt ...? Ihr seid ein junges, aufstrebendes Architektenteam, das nun diesen Raum unter Berücksichtigung der Funktion gestalten soll. Baut möglichst ein kleines Modell, zeichnet Grundrisse usw. Präsentiert Euer Ergebnis im Rahmen einer kleinen „Vernissage" auch vor Freunden, Familie usw. Vielleicht läßt sich ja auch der Baudezernent oder ein anderer Lokalpolitiker blicken und von Euren Ideen inspirieren.

M.C. Escher,
Version of
High and Low
with curved lines
and two different
images, 1947

Bei „Straßenbau" geht es um die digitale Komponente der Kommunikation in Gruppen, hier vor allem um:

• Erkennen der Notwendigkeit argumentativer Kommunikation;

• Lernen, sinnvolle Entscheidungskriterien zu finden und anzuwenden;

• Erleben von Kooperation;

• Überprüfen von Werthaltungen;

• Problemlösen bei begrenztem Zeitvolumen;

• Berücksichtigen vernetzter Zusammenhänge;

• Einführung in kybernetische Denkweisen.

ab 12 Jahren

bis 20 Personen

a) ca. 30 Minuten für die Übung
b) ca. 30 - 40 Minuten für die Auswertung

Das Plenum wird in Gruppen zu je 4 Personen aufgeteilt; jede Gruppe erhält den Lageplan des fiktiven Städtchens X (M 1), weiterhin - ausgeschnitten - die 20 als M 2 abgedruckten Straßenbau-Einheiten sowie eine schriftliche Problemstellung M 3.

Jede Gruppe hat die Aufgabe, in der Stadt X die Punkte A und B durch eine Straße miteinander zu verbinden. Dazu stehen unterschiedlich teure Straßenbau-Einheiten zur Verfügung. Ziel ist es, in maximal 30 Minuten eine möglichst kostengünstige Verbindung von A nach B zu schaffen. Jeder Bauabschnitt (= Setzung eines Straßenbau-Elements) muß von allen Gruppenmitgliedern gebilligt und darf nicht zurückgenommen werden. Während des Spiels ist von den Gruppen ein Protokoll zu führen (M 4).

Sollten zum Bau der Verkehrsverbindung im Lageplan eingetragene Elemente ganz oder teilweise beseitigt werden (= in der Realität Abbau von Häusern, Rodung von Wäldern usw.), müssen dafür zusätzlich die im „Kostenplan" (M 5) an der jeweiligen Stelle angegebenen Beträge berücksichtigt werden. Nicht verbrauchte Spielzeit läßt demgegenüber die anfallenden Kosten sinken.

Gewonnen hat die Gruppe, die insgesamt am wenigsten Geld ausgegeben hat.

Grundsätzliches s. S. 8, Einleitung 6 a.

• Welche Schwierigkeiten sind in meiner Gruppe aufgetreten, und wie sind wir damit umgegangen?

• Wie sind in meiner Gruppe die Entscheidungen getroffen worden?

• Worin bestand für uns das größte Problem?

• Welche Wertmaßstäbe haben in unserer Gruppe Geltung beansprucht?

• Wie ist es gelungen, die konkurrierenden Werthaltungen miteinander zu versöhnen?

• Welche Schlüsse lassen sich aus diesem Situationsspiel für die Frage der Stadtplanung ziehen?

• Welche weiteren Einsichten im Blick auf Kommunikations- und Entscheidungssituationen vermittelt dieses Experiment?

• Wie kann ich diese Einsichten in meinem ganz konkreten Alltag für die Zukunft nutzen?

Die einzelnen Gruppen ermitteln nach abgelaufener Spielzeit - soweit nicht schon vorher geschehen - die für ihren Straßenbau anfallenden Kosten. Hierzu benutzen Sie das als M 6 abgedruckte Rechnungsformular. Danach sollte jede Gruppe zunächst über ihre ganz speziellen Erfahrungen mit dem Spiel berichten; zur Vorbereitung dieser Phase kann nochmals Gruppenarbeit angesetzt werden (ca. 5 - 10 Minuten). Danach sollte das weitere Auswertungsgespräch im Plenum stattfinden.

Es ist günstig, wenn die einzelnen Gruppen, die am Spiel beteiligt sind, sich während der Durchführung nicht im selben Raum befinden. So kann am ehesten vermieden werden, daß sich die Teilnehmer gegenseitig beeinflussen. Außerdem läßt sich auf diese Weise der fiktive Konkurrenzdruck erhöhen.

Sie sollten genau darauf achten, daß die Spielzeit nicht überschritten wird. Gruppen, die nach Ablauf der Spielzeit die Aufgabe nicht gelöst haben, kommen nicht in die Wertung. Wichtig ist auch, die Teilnehmer nochmals ausdrücklich darauf hinzuweisen, daß während der Durchführung in jedem Falle ein Spielprotokoll zu führen ist. Diese Protokolle sind erfahrungsgemäß bei der anschließenden Auswertung überaus hilfreich.

Kommunikation und Selbstsicherheit - © Verlag an der Ruhr, Postfach 10 22 51, 45422 Mülheim an der Ruhr

2.9 Straßenbau

Bei jüngeren Mitspielern kann es sinnvoll sein, die Spielanweisungen vor der eigentlichen Spielzeit ausführlicher zu erklären, um möglichen Rückfragen vorzubeugen. Dies ist bei älteren Teilnehmern in der Regel nicht erforderlich, zumal bei ihnen das Verstehen der Problemstellung mit zur Bewältigung der Aufgabe gehören sollte.

Grom 1976; Frör 1987; Gudjons 1990;
Vester 1984 u. 1985; Neubauer 1988a u. b;
Vopel 1986c und 1989b;
Kliebisch/Eichmann/Basten 1991

Mit Hilfe der Spielergebnisse läßt sich eine Reihe von Aspekten vertiefend behandeln: Sie können beispielsweise auf die Werthaltungen eingehen, die bei den Teilnehmern während des Spielverlaufs zutage getreten sind. (Wie legitim ist es, für einen billigen Straßenbau Wälder zu roden? usw.)

Ebenso interessant dürfte es sein, den in diesem Simulationsspiel verankerten Vernetzungsgedanken genauer in den Blick zu nehmen. (Wie billig wird es am Ende, wenn ich für eine kostengünstige Trasse vorhandene Baumasse vernichte? usw.)

Spannend könnte es schließlich auch sein, die gruppeninternen Gesprächs- und Entscheidungsprozesse intensiver zu thematisieren. (Wer hat sich in der Gruppe wie an der Lösungsfindung beteiligt? usw.)

In „Straßenbau" geht es im wesentlichen um das Erfahren von Gruppen-Entscheidungsprozessen und um vernetztes Denken (Kybernetik).

Entscheidungsprozesse in Gruppen

Ab welcher Gruppengröße werden Entscheidungsprozesse in Gruppen unsinnig oder undurchführbar? Es heißt ja, daß einige Indianerstämme bei Ratssitzungen erst dann eine wichtige Entscheidung fällten, wenn alle im Rat Sitzenden damit einverstanden waren – solange wurde der Sachverhalt ausdiskutiert. Ließe sich eine derartige „Streitkultur" in unserem Gesellschaftssystem ausüben? Was spräche dafür, was dagegen?

Kybernetische Systeme

Nicht nur im Spiel läßt sich ein Stück Wald schnell abholzen und zupflastern. Die Abschätzung der ökologischen und sozialen Folgen aber spielt zunehmend eine entscheidende Rolle. Natürlich sind solche Ökobilanzen sehr komplexe, komplizierte Angelegenheiten. Welchen Wert hat ein Baum, der abgeholzt werden soll? Kann und darf man das überhaupt in Geld bemessen? Dazu muß man erstmal den Nutzen eines Baumes kennen: als Staubfilter, Luftreinigungsanlage, Sauerstoff- und Feuchtigkeitsspender. Vernetzte Systeme sind komplex. Da bestehen Abhängigkeiten zwischen den einzelnen Bestandteilen. Fällt der Baum, so fehlt auch ein wichtiger Lebensraum für Tiere. Dies kann dazu führen, daß die Nahrungskette im betreffenden Gebiet unterbrochen ist und andere Tiere entweder im Bestand dezimiert werden oder aber sich anpassen und atypisch verhalten müssen. Es gibt ein berühmtes Beispiel: Wenn bei uns ein Schmetterling mit den Flügeln schlägt, könnte dies einen Wirbelsturm in Australien auslösen.

So könnt Ihr die Folgen von scheinbar geringfügigen Aktionen einmal „weiterspinnen". Was mag dabei herauskommen?

- M 1 - Lageplan des Dorfes X
- M 2 - 20 Straßenbau-Einheiten mit Preisangaben
- M 3 - Aufgabenblatt mit Problemstellung für die Gruppen
- M 4 - Spiel-Protokoll
- M 5 - Kostenplan
- M 6 - Rechnungsbogen

Zusätzlich sind für die Gruppenarbeit Klebematerial und Scheren erforderlich.

Zusätzliche Arbeitsblätter:

- „Früher war alles anders" lenkt den Blick darauf, wie stark Architektur Kommunikation zwischen den Menschen prägt. Hier gibt es ganz starke Unterschiede zwischen unserer westeuropäischen urbanen Struktur und der mediterranen Kultur. Interessant ist es, einmal zu eruieren, wie dieser Aspekt in anderen Kulturen ausgeprägt ist.

Lageplan des Dorfes X

(A)

(B)

20 Straßenbau-Einheiten mit Preisangaben (in DM)

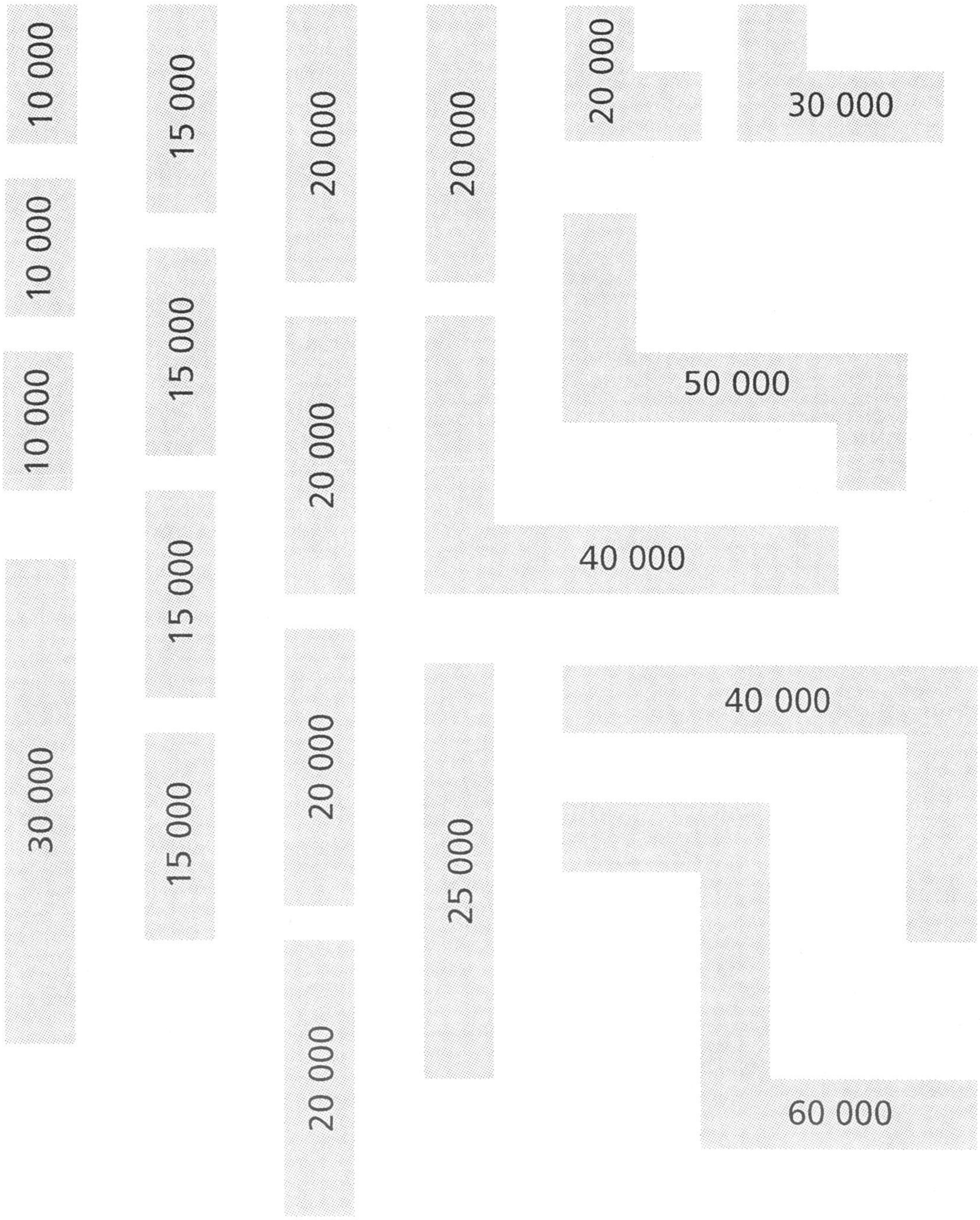

10 000

10 000

10 000

10 000

15 000

15 000

15 000

15 000

15 000

30 000

20 000

20 000

20 000

20 000

25 000

20 000

20 000

20 000

30 000

50 000

40 000

40 000

60 000

Aufgabenblatt

Problem:

In dem Dorf X (siehe Lageplan) sollen die Punkte A und B durch eine Straße miteinander verbunden werden. Zu diesem Zwecke stehen 20 Straßenbau-Einheiten (M 2) zur Verfügung, die unterschiedlich teuer sind.

Die Aufgabe besteht darin, mit Hilfe der Straßenbau-Einheiten in höchstens 30 Minuten eine möglichst kostengünstige Verbindung zwischen A und B herzustellen.

Lageplan des Dorfes X

Arbeitsanweisung:

1. Der Bau der Straße kann in beliebiger Weise erfolgen.

2. Die Straße darf nicht über die Dorfgrenzen (= Rahmen) hinausgeführt werden.

3. Wenn beim Bau der Straße vorhandene Bestandteile des Dorfes (Kirche, Wohnhäuser, Wald etc.) im Wege sind, dürfen sie beseitigt werden. Dies kostet aber zusätzlich Geld (M 5).

4. Die Entscheidung darüber, welche Straßenbau-Einheit an welcher Stelle des Lageplans plaziert wird, muß von der Gruppe einstimmig getroffen werden. Die entsprechende Straßenbau-Einheit wird dann an der vereinbarten Stelle auf den Lageplan aufgeklebt.

5. Einmal aufgeklebte Straßenbau-Einheiten dürfen nicht wieder entfernt werden.

6. Jede Gruppe führt während der Spielzeit ein Protokoll (M 4).

7. Jede Gruppe ermittelt – spätestens nach Ablauf der Spielzeit – die Kosten ihres Straßenbaus. Hierfür stehen der Kostenplan (M 5) und ein Rechnungsformular (M 6) zur Verfügung.

Hinweis:

Gewonnen hat die Gruppe, die insgesamt am wenigsten Geld für die Straßenverbindung von A nach B ausgegeben hat.

2.9 Straßenbau — M4

Spiel-Protokoll

Während der Spielzeit ist das folgende Spiel-Protokoll zu führen. Aufzuführen sind:

a) der Zeitpunkt, zu dem von einem Gruppenmitglied ein Bau-Vorschlag gemacht wird;

b) um welchen Vorschlag es sich handelt;

c) welche Entscheidung in bezug auf den Vorschlag in der Gruppe getroffen wurde;

d) die anfallenden Kosten, falls der Vorschlag angenommen wurde.

Spiel-Minute	Vorschlag	Entscheidung	Kosten

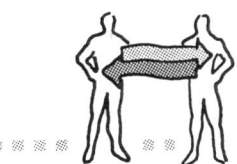

Kostenplan

1. Wenn beim Straßenbau im Lageplan eingetragene Elemente beseitigt werden, fallen dafür nach der folgenden Liste Kosten an. Bei der Kostenrechnung fällt nicht ins Gewicht, ob das entsprechende Element ganz oder nur teilweise dem Verlauf der Straße geopfert wird.

A: Kosten

Brunnen	4.000,— DM
Dorfkirche	50.000,— DM
Park	650.000,— DM
Wald	1.000.000,— DM
Geschäftshaus	300.000,— DM
Wohnhaus	200.000,— DM
Bahnhof	250.000,— DM
Einkaufszentrum	500.000,— DM

2. Eine Kosteneinsparung kann über nicht gebrauchte Spielzeit erfolgen. Die genauen Summen sind der unten stehenden Auflistung zu entnehmen.

B: Kosteneinsparungen

1 Minute	2.000,- DM
2 Minuten	5.000,- DM
3 Minuten	10.000,- DM
4 Minuten	15.000,- DM
5 Minuten	20.000,- DM
6 Minuten	25.000,- DM
7 - 10 Minuten	30.000,- DM
11 - 15 Minuten	50.000,- DM
16 - 17 Minuten	70.000,- DM
18 - 20 Minuten	100.000,- DM

SPATEN & STICH
Straßenbau **AG**

Gruppe

■ Rechnung

▨ a) für Straßenbau-Einheiten

.... DM

.... DM

.... DM

.... DM

.... DM

.... DM

.... DM

.... DM

.... DM

Zwischensumme : .... DM

▨ b) für Abrißarbeiten

.... DM

.... DM

.... DM

.... DM

.... DM

.... DM

.... DM

.... DM

Zwischensumme : .... DM

▨ c) Abzüge für nicht gebrauchte Spielzeit .... DM

■ **Insgesamt zu zahlen:** .... DM

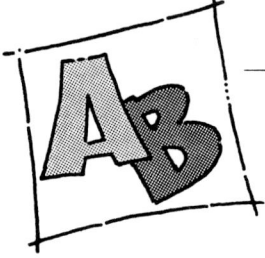

Früher war alles anders ...

Architektur steht zur Kommunikation in einer direkten Beziehung. Jeder kann selber beobachten, wie bauliche Voraussetzungen Kontakte beleben oder ersticken. Kommunikationsfördernde Architektur ist offen, kleinteilig, verschachtelt, abwechslungsreich, nach menschlichen Maßstäben strukturiert. Sie schafft unregelmäßige Straßen mit kleinen Plätzen und bergenden Nischen. Ganz im Gegensatz dazu stehen geschlossene, abweisende, repräsentative, monumental-bombastische Bauwerke.

(nach Spitzer, Baumann, Salzmann, 1979)

Burano, Italien

Märkisches Viertel, Berlin

Vergleicht man Städte im Mittelmeerraum mit westeuropäischen Städten, so ist in der Regel in ersteren ein vielfältigeres öffentliches Leben auf der Straße, vor dem Haus und in den öffentlichen Zonen zu beobachten. Ein ähnlich intensives Straßenleben konnte auch in unseren Klimazonen bis Mitte des vorigen Jahrhunderts erlebt werden. Wenn man die Kommunikationsdichten einer Neubausiedlung in Duisburg (9 %), einer alteingesessenen Arbeitersiedlung in Oberhausen (48 %) und eines Fischerdorfs nahe Venedig (78 %) miteinander vergleicht, ergeben sich vielleicht Rückschlüsse auf die Ursachen für unsere kommunikationsfeindlichen Städte.

 Fragt Eure Eltern und Großeltern. Können sie sich erinnern, wie das öffentliche Leben, der Austausch miteinander, die Gemeinschaft mit den Nachbarn organisiert waren? Wo fanden Begegnungen statt? Gab es Plätze, die in diesem Zusammenhang eine bestimmte Funktion erfüllten? Wie ist es heute?

 Listet Kriterien auf, die verdeutlichen, warum unsere Großstädte kommunikationsfeindlich sein könnten. Einige Anhaltspunkte zur Diskussion: Verdrängung der Bewohner; Monofunktionalität der Straßen; zentrale Fußgängerzonen als Kaufreviere; verödete Schlafstädte im Umfeld.
Wie müßte eine Großstadt aussehen, die Kommunikation fördern würde?

2.10 Rückmeldung

 Dies ist die erste von drei Übungen zum Feedback. Bei den dabei eingeübten Techniken geht es vor allem um:

- Wahrnehmen und genaues Beobachten von Kommunikationsprozessen;
- Selbstwahrnehmung im Rahmen von Kommunikationsprozessen;
- Erwerb der Fähigkeit zur Meta-Kommunikation;
- Bekanntmachen mit den Strukturen von Feedback;
- Erkennen der Bedeutung von Feedback;
- Bemühen um praxisnahen Einsatz von Rückmeldungen.

 ab 12 Jahren

 bis 20 Personen

 a) ca. 10 Minuten für die Übung
b) ca. 15 - 20 Minuten für die Auswertung

 Die Übung wird in erster Linie am Ende von Gesprächs- bzw. Arbeitsphasen eingesetzt. Die Teilnehmer äußern sich nacheinander zu ihren Beobachtungen in bezug auf andere Gruppenmitglieder und deren Verhalten im Zusammenhang mit der vorangegangenen Übungsphase.

Geben Sie jedem Gruppenmitglied ein Kärtchen oder ein kleines Stück Papier mit folgendem Lückentext (M 1), der vorgelesen und gleichzeitig spontan ergänzt werden soll:

„Ich habe während der vorangegangenen Gesprächs- bzw. Arbeitsphase beobachtet, daß ... (Name des Gruppenmitglieds) ... (konkretes Verhalten, auch Aussagen des Gruppenmitglieds). Daraufhin habe ich mich ... gefühlt."

Jeder darf sich zu mehreren Gruppenmitgliedern äußern. Die Feedback-Empfänger nehmen die Rückmeldungen schweigend und kommentarlos entgegen.

 Grundsätzliches s. S. 8, Einleitung 6 a.

- Wie leicht bzw. schwer ist es mir gefallen, einem anderen Gruppenmitglied Feedback zu geben?
- Was habe ich gedacht, nachdem ich Feedback gegeben hatte?
- Wie habe ich mich gefühlt, nachdem ich meine Rückmeldungen formuliert hatte?
- Was ist mir durch den Kopf gegangen, bzw. wie habe ich mich gefühlt, als ich von jemand anderem aus der Gruppe Feedback erhalten habe?
- Welche Funktion hat eine solche Übung im Verlaufe von Gruppenaktivitäten?
- Was sagen mir die Erfahrungen mit diesem Experiment darüber, wie ich auf andere wirke?
- Wie gut kann ich das Verhalten anderer wahrnehmen?
- Wie leicht fällt es mir, meine Gefühle auszudrücken?
- Welche allgemeinen Lehren lassen sich aus den Erfahrungen mit dieser Übung ziehen?
- In welchen alltäglichen Zusammenhängen ist Feedback sinnvoll und nützlich?

 Die Auswertung sollte anhand einer Auswahl der Fragen im Kreisgespräch erfolgen.

 Durch die Lückentextvorgabe kann die Übung auch recht problemlos mit sehr jungen Teilnehmern durchgeführt werden.

Bei Gruppen, die im Geben und Empfangen von Feedback geübt sind, kann selbstverständlich die Auswertung entfallen.

Für das Gelingen der Übung ist es hilfreich, wenn sich jedes Gruppenmitglied äußert. Sie sollten diesen Wunsch zu Anfang deutlich machen.

Rechnen Sie damit, daß manche Feedback-Äußerungen insbesondere in ungeübten Gruppen und bei jüngeren Teilnehmern noch recht oberflächlich sind; dies sollte aber in der Einübungsphase ohne weiteres toleriert werden.

Ein Problem kann dadurch entstehen, daß sich mehrere Teilnehmer zu einem Gruppenmitglied äußern, während andere überhaupt kein Feedback erhalten. Wenn Sie das vermeiden wollen, bilden Sie Paare, deren Partner sich wechselseitig Feedback geben müssen.

Besonders wichtig ist es, daß auch die Möglichkeit positiven Feedbacks ausdrücklich genannt, vielleicht sogar eingefordert wird.

Die Übung kann auch als schriftliches Feedback durchgeführt werden: Jeder Teilnehmer füllt seine(n) Feedback-Zettel aus und legt ihn/sie - getrennt nach Empfängern - in Umschläge, die dann den entsprechenden Gruppenmitgliedern ausgehändigt werden. Diese lesen die erhaltenen Rückmeldungen danach laut vor.

Grom 1976; Gudjons 1990;
Vopel 1984, b, c, d, 1986a;
Lange/Schwäbisch/Siems 1977;
Cohn 1991a; Kliebisch 1991b u. 1995b;
Kliebisch/Wach 1994;
Kirsten/Müller-Schwarz 1982;
Scheerer 1982; Gordon 1980 u. 1981

Im Rahmen einer vertiefenden Besprechung - bei älteren Teilnehmern – sollten die wesentlichen Merkmale von Feedback und der Nutzen dieser Technik eingehend behandelt werden (M 2). Hierbei ist insbesondere darauf abzustellen, daß es sich beim Feedback nicht um eine andere, etwa besonders subtile Form negativer Kritik handelt; vielmehr muß deutlich werden, daß im Kontext von Rückmeldungen gerade auch positive Empfindungen und Gefühle zum Ausdruck gebracht werden sollen.

Lohnend kann es auch sein, in diesem Zusammenhang grundsätzlicher die Frage zu thematisieren, wie wir als Menschen vor allem anderen gegenüber mit unseren Gefühlen umgehen. Die Tatsache, daß Gefühle weitgehend als Ballast erlebt, zu schlechten Ratgebern erklärt werden und ihre Wahrnehmung in Wahrheit vielfach nur unterentwickelt ist, kann an dieser Stelle zum Gegenstand eines weiterführenden Gesprächs gemacht werden. Nicht zuletzt sollte eine detaillierte Reflexion von Feedback den Teilnehmern auch praxisnahe Umsetzungsmöglichkeiten vorstellen.

• M 1 - Feedback-Zettel (Kopiervorlage)

Kommunikation und Selbstsicherheit - © Verlag an der Ruhr, Postfach 10 22 51, 45422 Mülheim an der Ruhr

„Ich habe während der vorangegangenen Gesprächs- bzw. Arbeitsphase beobachtet,

daß _____ (Name des Gruppenmitglieds)

_____

_____ (konkretes Verhalten, auch Aussagen des Gruppenmitglieds).

Daraufhin habe ich mich _____ gefühlt."

„Ich habe während der vorangegangenen Gesprächs- bzw. Arbeitsphase beobachtet,

daß _____ (Name des Gruppenmitglieds)

_____

_____ (konkretes Verhalten, auch Aussagen des Gruppenmitglieds).

Daraufhin habe ich mich _____ gefühlt."

„Ich habe während der vorangegangenen Gesprächs- bzw. Arbeitsphase beobachtet,

daß _____ (Name des Gruppenmitglieds)

_____

_____ (konkretes Verhalten, auch Aussagen des Gruppenmitglieds).

Daraufhin habe ich mich _____ gefühlt."

„Ich habe während der vorangegangenen Gesprächs- bzw. Arbeitsphase beobachtet,

daß _____ (Name des Gruppenmitglieds)

_____

_____ (konkretes Verhalten, auch Aussagen des Gruppenmitglieds).

Daraufhin habe ich mich _____ gefühlt."

Hier geht es vor allem um eine rasche und kreative Rückmeldung am Ende von Gruppen- oder Arbeitssitzungen, sowie um eine kurze Bestandsaufnahme der Gruppensituation und die optische Darstellung der Ergebnisse.

ab 12 Jahren

bis 20 Personen

a) ca. 5 Minuten für die Übung
b) ca. 5 Minuten für die Auswertung

Bereiten Sie einen Plakatkarton (mindestens im DIN A 2-Format) so vor, daß sich darauf ebenso viele aneinanderhängende und gleich große Quadrate befinden, wie es Gruppenmitglieder gibt. Außerdem stehen rote, gelbe und grüne Faserschreiber zur Verfügung.
Die Teilnehmer sollen für sich spontan die Frage beantworten „Wie hat mir die vergangene Arbeitsphase gefallen?". Sie bekommen drei Antwortmöglichkeiten zur Wahl: a) gut bis sehr gut; b) mittelmäßig; c) eher schlecht bis gar nicht.
Jeder malt anschließend ein beliebiges Quadrat auf dem vorbereiteten Karton aus; dabei wählt er eine Farbe in Abhängigkeit von seiner Antwort auf die oben gestellte Frage: für die Antwort a rot, für b gelb und für c grün.

Grundsätzliches s. S. 8, Einleitung 6 a.
  ◉ Welchen Eindruck habe ich von der Gruppensituation, wenn ich mir das Plakat anschaue?

Wenn das Plakat vorher aufgehängt wird, können problemlos mehrere Teilnehmer gleichzeitig die Felder ausmalen.

Je größer das Plakat ist, desto eindrucksvoller stellt sich schließlich das Ergebnis dar.
Sie können diese Übung während einer gewissen Zeit gemeinsamer Gruppenarbeit auch wiederholt einsetzen und auf diese Weise mögliche Veränderungen der Lernatmosphäre recht gut optisch dokumentieren.

Optisch interessant ist es auch, das Plakat in drei Bereiche (links rot, in der Mitte gelb, rechts grün) aufzuteilen und die Felder der Reihe nach ausmalen zu lassen. Jeder Bereich erhält so viele Felder wie Teilnehmer.

Kliebisch 1991b u. 1995a;
Watzlawick/Beavin/Kackson 1990;
Vopel 1984b u. d; Kliebisch 1995b

Bei dieser Übung handelt es sich um ein Feedback-Spiel, das naturgemäß nicht eingehend ausgewertet werden sollte. Ein Feedback lebt nämlich davon, daß die Beteiligten ihre Beobachtungen, Gefühle usw. formulieren können, ohne dabei Gefahr zu laufen, anschließend wieder alles „ausdiskutiert" zu sehen. Dennoch kann es zweckmäßig sein, die Gruppenmitglieder im Anschluß an die Feedback-Runde danach zu fragen, welche Erkenntnisse sie für sich ganz persönlich aus den erfahrenen Rückmeldungen gezogen und wie sie sich als Feedback-Geber bzw. -Empfänger gefühlt haben. Die in diesem Zusammenhang formulierten Erfahrungen können ein Gespräch darüber initiieren, wie (sensibel oder rücksichtslos) wir allgemein mit Beurteilungen von Menschen umgehen und welche Konsequenzen sich aus dem jeweiligen Verhalten ergeben.
Bei Gruppen, die im Geben und Empfangen von Feedback ungeübt sind, empfiehlt es sich, im Vorfeld das Thema „Feedback" ausführlicher zu behandeln. Hierfür kann beispielsweise die Übung „Rückmeldung" (Kap. 2.10) oder die als Material beigefügte Folienvorlage herangezogen werden.

Für die Durchführung benötigen Sie das vorbereitete Plakat und mehrere Faserschreiber in den Farben rot, gelb und grün.

2.12 Bestandsaufnahme

 Die Übung „Bestandsaufnahme" ist gut am Ende von Arbeitsprozessen einzusetzen. Sie bietet:

- Reflexion von Gruppenaktivitäten und eigenem Verhalten am Ende von Arbeitssitzungen;
- Sensibilisierung für gruppendynamische Prozesse;
- Aufspüren von latenten Störungen;
- Thematisierung und Beseitigung von Konflikten;
- Korrektur eigenen und/oder fremden Verhaltens.

 ab 12 Jahren

 bis 20 Personen

 a) ca. 25 Minuten für die Übung
b) ca. 5 Minuten für die Auswertung

 Alle Teilnehmer erhalten den beigefügten Bogen „Bestandsaufnahme" und bearbeiten ihn für sich (ca. 10 Minuten).
Danach lesen sie der Reihe nach vor, was sie als Bestandsaufnahme formuliert haben. Die Aussagen werden weder erläutert noch diskutiert.

 Grundsätzliches s. S. 8, Einleitung 6 a.

- Wie schwer bzw. leicht ist mir das Ausfüllen des Bogens „Bestandsaufnahme" gefallen?
- Was habe ich durch die Aussagen anderer Gruppenmitglieder über mein Verhalten gelernt?

 Jeder Teilnehmer erhält kurz Gelegenheit, zu den Auswertungsfragen Stellung zu nehmen.

 In geübten Gruppen kann auf eine Auswertung dieser Übung ganz verzichtet werden. In jedem Fall empfiehlt es sich, die Wirkung der Bestandsaufnahme nicht durch eine lange Auswertungsphase zu relativieren.
Es ist sinnvoll, vor Einsatz dieser Übung das Thema „Feedback" allgemein einzuführen. Hierzu kann die vorangehende Übung „Rückmeldung" (2.10) genutzt werden.

 Wagner 1981;
Lange/Schwäbisch/Siems 1977; Zöllner 1979; Vopel 1986a; Gudjons 1990; Kliebisch 1991b und 1995b;
Schulz v. Thun 1989a

 Verzichten Sie bei diesem Experiment auf eine nachträgliche, vertiefende Auswertung. Ggf. sollten Sie aber im vorhinein den metakommunikativen Prozeß des Feedbacks erläutern.
In jedem Fall sollte den Gruppenmitgliedern deutlich werden, daß der Sinn dieser Übung in einem „nachträglichen lauten Denken" (Wagner) besteht, nicht aber in einer nachträglichen Kritik oder Bewertung des Vorgefallenen. Von daher ist in der Regel auch recht leicht einsichtig zu machen, weshalb eine Kommentierung oder eine Diskussion der einzelnen Beiträge grundsätzlich ausgeschlossen bleiben soll.

- M 1 - Bogen „Bestandsaufnahme"

Zusätzliche Arbeitsblätter:

1. zum Thema Feedback

- „Merkmale von Feedback" zeigt 7 Bedingungen für ein angemessenes Feedback.
- „Geht so Feedback?" hilft, die Unterschiede zwischen angemessenem und nicht angemessenem Feedback zu erarbeiten.

2. zu den Aspekten „Störungen in der Kommunikation" u. „Kommunikation mit sich selbst", die thematisch im Grenzbereich zum Kapitel „Selbstsicherheit" stehen und diesem deshalb vorgeschaltet sind.

- „Alle Infos, aber keine Raffe ...?" thematisiert die Qualität von Kommunikation in unserer Datengesellschaft.
- „Ich brauche einfach mal meine Ruhe!" zeigt, daß „mensch" nicht ständig kommunizieren kann, sondern auch Phasen der Erholung und Ruhe benötigt.
- „Mit sich selbst reden" kann man nicht nur laut oder in Gedanken, sondern auch über Entspannung. Als einfache, weil nicht aufwendige und wirkungsvolle Technik hat sich das Autogene Training erwiesen.
- „Wenn Dein Körper mit Dir redet ..." thematisiert die Frage, inwieweit „jedermensch" für seine Krankheiten selbst verantwortlich ist.

Bestandsaufnahme

Im folgenden findest Du fünf Halbsätze. Vervollständige sie in den dafür vorgesehenen Leerzeilen. Schreibe dabei so spontan und so viel wie möglich von dem auf, was Dir jeweils einfällt. Du hast insgesamt 10 Minuten Zeit für diese Aufgabe.

1. Wenn ich an meine Mitarbeit in der vergangenen Arbeitsphase zurückdenke, fällt mir ein,

....

....

....

....

2. Wenn ich mir überlege, wie interessant das Thema für mich war, komme ich zu dem Schluß,

....

....

....

....

3. Wenn ich in dieser Gruppe etwas gesagt habe, ist mir aufgefallen,

....

....

....

....

4. Wenn ich an einzelne Gruppenmitglieder, ihre Beiträge und ihr Verhalten zurückdenke, fällt mir ein,

....

....

....

....

5. Wenn ich mich an meine Gefühle während der zurückliegenden Gruppensitzung erinnere, möchte ich dazu sagen,

....

....

....

....

Merkmale von Feedback

1. Feedback ist immer eine Ich-Aussage.

Beispiel: „Ich freue mich, …"

2. Feedback drückt immer das augenblickliche Gefühl des Sprechers aus.

Beispiel: „Ich bin ziemlich traurig, …"

3. Feedback beschreibt immer das beobachtete Verhalten.

Beispiel: „Ich bin entsetzt, daß Du nicht gekommen bist."

4. Feedback kann die Folgen des beobachteten Verhaltens für den Sprecher ausdrücken.

*Beispiel: „Ich bin glücklich, daß Du hier bist.
So können wir endlich einmal miteinander reden."*

5. Feedback sollte auch positive Gefühle und Wahrnehmungen umfassen.

Beispiel: „Ich freue mich, …"

6. Feedback sollte möglichst unmittelbar und direkt erfolgen.

7. Feedback muß reversibel sein.

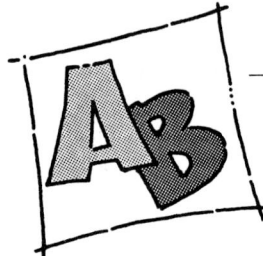

Geht so Feedback?

1. Booh, das war geil!

2. Ich bin total sauer auf Dich!

3. Du Ausbeuter!

4. Deine Äußerung trifft den Sachverhalt nur bedingt.

5. Alles Gelaber!

6. Du verhältst Dich wie der letzte Ausbeuter!

7. Ich finde, Du verhältst Dich wie der letzte Ausbeuter!

8. DEIN BEITRAG HAT MIR ECHT VOLL GUT GEFALLEN, EHRLICH!

9. Möller versagt – frei vor dem Tor in die Wolken!

10. Robbie treibt Fans zur Hysterie!

11. Ich muß verrückt sein!

12. Ich bin total betroffen, daß Du Dich wie der letzte Ausbeuter verhältst!

13. Du bist sooo süüüß!

 Handelt es sich in jedem der angeführten Beispiele um angemessenes Feedback? Findet selber noch Beispiele für angemessenes und nicht angemessenes Feedback!

Alle Infos, aber null Durchblick ...?

Internet

Internet-Applikationen für den Mac gibt es für jeden Zweck, doch oft fällt es schwer, sie optimal zu konfigurieren. Das MACup Internet-Tutorial bringt Licht in undurchsichtige Voreinstellungen.

Folge 1: Newsgroups/Usenet

Diskutieren im Internet

Im Internet tummeln sich über 11 000 Newsgroups – wie Sie bei dieser Fülle die für Sie interessanten Informationen finden, zeigt die erste Folge unseres Tutorials anhand des Programms „NewsWatcher".

Wo trifft man eigentlich im Internet die angeblich 30 Millionen Teilnehmer? Anbieter von Informationen und Inhalten verstecken sich hinter der komfortablen Anonymität solcher Dienste wie WWW, Gopher oder FTP. Und kennt man Leute, die sich im Internet bewegen, kann man weltweit Nachrichten über Electronic Mail austauschen.

Das eigentliche Internet-Leben pulsiert jedoch in den Tausenden „Newsgroups" genannten Diskussionsgruppen, in denen sich Gleichgesinnte zu angeregten „Gesprächen" treffen, Informationen, Ideen, Tips und Tricks austauschen und sich beschimpfen – kurzum: miteinander kommunizieren. Diese Newsgroups werden unter dem Sammelbegriff „Usenet" zusammengefaßt.

---

stel e
-Konzerns an
en belgischen
etwa auf halben
ischen Aachen und
ot dem Betrachter am
ntag abend ein Bild der
erwüstung. Die Staatsanwaltschaft hielt es für wahr-

Brüssel art
g ücksursache wollte Eupener Staatsanwalt Lennartz noch nicht äuße jedoch schlossen die Sachverständigen, die unmittelbar nach dem Löschen des Brandes ihre Ermittlungen vor Ort aufnahmen, einen kriminellen Hintergrund aus.

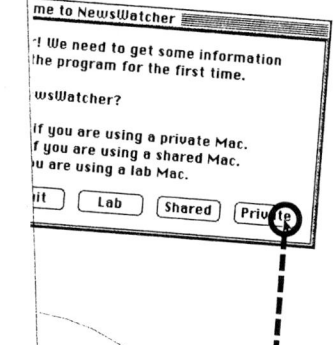

me to NewsWatcher

! We need to get some information
the program for the first time.

wsWatcher?

if you are using a private Mac.
f you are using a shared Mac.
u are using a lab Mac.

it   Lab   Shared   Private

1a Nach der Installation fragt NewsWatcher zunächst, für welchen Einsatz das Programm gedacht ist: privat, auf einem von mehreren Leuten genutzten Rechner, oder auf einem Mac in einem Testlabor. Diese Angaben beeinflussen das Sichern der Newsgroup-Messages – direkt in NewsWatcher, in einem individuellen Ordner oder auf einer persönlichen Diskette.

---

zte
iali-
davor
und
Son-
etzen.
in den
n füge
irre-

our
mille

Mit 4,48
im Blut
ann am
gens in
in den
en. Der
r Auto-
seines
aufge-
Kilome-
mannte

Zuviel TV führt zu Sprach-Störungen

Starke Zunahme: Jedes vierte Kind betroffen

Frankfurt (ap). Störungen der Sprachentwicklung von Kindern haben alarmierend zugenommen. Jedes vierte Kind im Vorschulalter ist derzeit betroffen, wie Untersuchungen der Mainzer Universitätsklinik und der Logopäden-Lehranstalt Mainz ergeben haben. Klinik-Direktor Manfred Heinemann sagte der „Frankfurter Allgemeinen Sonntagszeitung", verantwortlich dafür seien unter anderem die Eltern, die zu wenig mit den Kindern sprächen, und der hohe Fernsehkonsum der Kleinkinder.

Der Anteil von Dreijährigen mit einer Sprachstörung habe 1982 noch bei vier Prozent gelegen und sei innerhalb von zehn Jahren auf 25 Prozent gestiegen. Bei der Hälfte liege eine schwere Störung vor, die sofort behandelt werden müsse. Anderenfalls könne es zu Entwicklungsrückständen kommen sowie zu Verhaltensstörungen, Lese-Rechtschreibschwächen, Stottern oder Sprachverweigerung.

Weil oft beide Elternteile berufstätig seien, komme das Zwiegespräch zwischen Eltern und Kind zu kurz. Außerdem seien die Kinder vor dem Bildschirm passiv und würden nicht aktiv in einen Kommunikationsvorgang einbezogen.

Computernetzwerke zwischen Individual- und Massenkommunikation (aus: medien praktisch, 3/95)

Eigenschaften	Face-to-Face-Kommunikation	Computernetzwerke	Massen-kommunikation
Kommunikationsfluß	zweiseitig	zweiseitig	einseitig
Räumliche Entfernung	begrenzt	unbegrenzt	unbegrenzt
Zeit	simultan	simultan/asynchron	asynchron
Feedback	direkt	direkt	indirekt
Ausdrucksrepertoire	uneingeschränkt	eingeschränkt	eingeschräänkt
Geschwindigkeit	langsam	schnell	schnell
Reichweite	niedrig	mittel	hoch
Partizipation	hoch	mittel	niedrig

 Listet die Vorteile und die Nachteile unserer Kommunikations- und Datengesellschaft auf: Was sind ihre Gefahren, wo liegen ihre Chancen? Nehmt Ihr sie wahr? Inwieweit beteiligt Ihr Euch aktiv oder seid Ihr passive Konsumenten des Informationsangebotes?

 Schreibt die Plus- und Minuspunkte nebeneinander und versucht, eine Meinung dazu abzugeben.

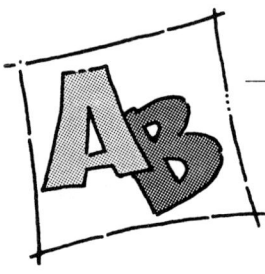

„Ich brauche einfach mal meine Ruhe!"

Jeder Mensch braucht Zeit, sich der Kommunikation mit anderen zu entziehen. Man kann nicht ständig in Verbindung und Beziehung zu anderen stehen. Als ob man seinen Akku wieder aufladen müsse. Wie ausgeprägt dieses Bedürfnis nach Ruhe und Erholung ist, unterscheidet sich von Mensch zu Mensch. Auch die Techniken und Methoden zur Entspannung und inneren Einkehr sind unterschiedlich.

 Liste hier auf, was Du am liebsten tust oder tun würdest, um zu entspannen. Mach daraus eine Umfrage in Eurer Gruppe. Welche Methoden/ Wünsche sind die bevorzugten? Wertet gemeinsam die Daten statistisch aus. Rechnet aus, wieviel Stunden jeder von Euch im Durchschnitt wöchentlich für sich alleine beansprucht.

Das tue ich für mich alleine:

Das würde ich gerne nur für mich alleine tun:

Soviel Zeit brauche ich pro Woche nur für mich alleine:

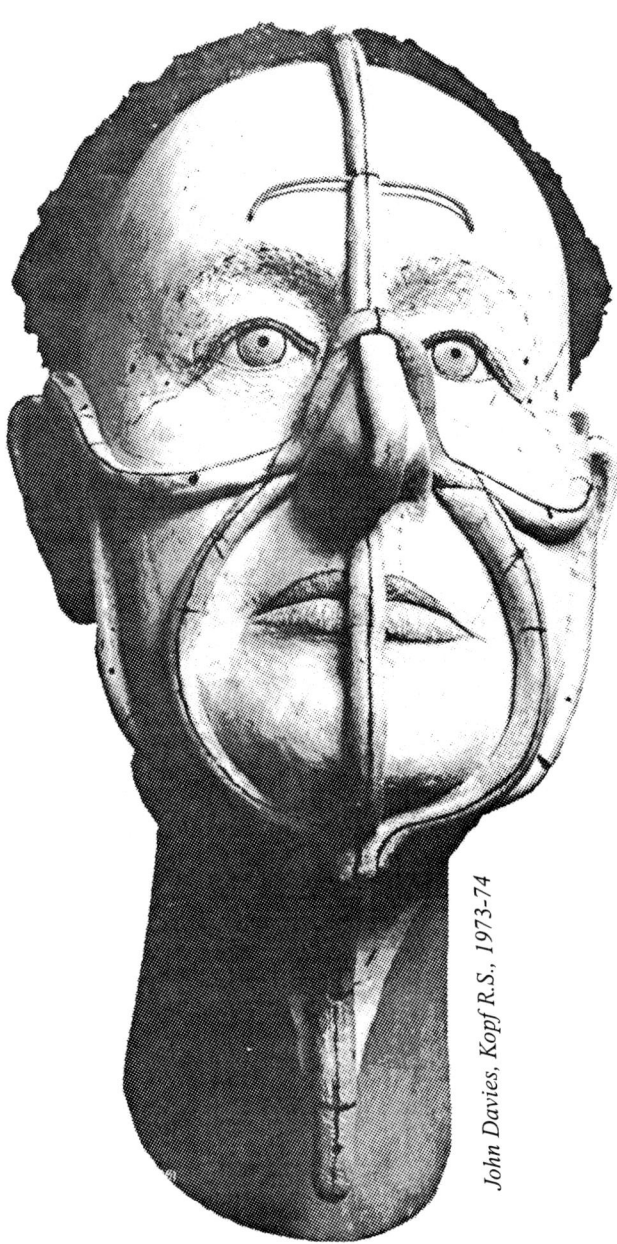

John Davies, Kopf R.S., 1973-74

„Das schaff ich alleine viel besser!" - „Alleine schaffe ich das nie!"

 Es gibt aber sicher auch Dinge, die man nur alleine tun kann, Arbeiten, die man besser alleine bewältigt. Andererseits sind bestimmte Tätigkeiten nur in Kooperation mit anderen zu bewältigen. überlegt gemeinsam, was Ihr besser nur alleine tun könnt und was Ihr besser gemeinsam mit anderen erledigt.

Kommunikation und Selbstsicherheit - © Verlag an der Ruhr, Postfach 10 22 51, 45422 Mülheim an der Ruhr

Mit sich selbst reden

Redest Du manchmal mit Dir selbst – vor allem, wenn Du glaubst, alleine zu sein?

Die Kommunikation mit sich selbst ist oft genauso wichtig, wie der Kontakt zu anderen Menschen: um zu prüfen, ob Du mit Dir im Reinen bist, was Dir vielleicht quersitzt, um eine Situation oder ein Ereignis noch einmal in Gedanken durchzuspielen, ... Sicher fallen Dir noch andere Gründe ein, mit sich in Kontakt zu bleiben.

Den intensivsten Kontakt kannst Du herstellen, wenn Du völlig entspannst und Dich ganz leer machst. Es ist nicht so einfach, an gar nichts zu denken, aber Du solltest es versuchen, und nach und nach wird es Dir besser gelingen. Wenn Du nur schon eine viertel Stunde pro Tag entspannst, können Dein Körper und Dein Geist neue Kraft tanken und Verkrampfungen, sei es in Deinen Muskeln oder in den Hirnwindungen, lösen.

Hier sind ein paar Hilfen für das autogene Training. Es läßt sich ganz einfach durchführen.

Zu Beginn solltest Du, um locker zu werden, etwa 2 bis 3 mal alle Muskeln kräftig anspannen und dann wieder entspannen. Wenn die Muskeln ganz locker und entspannt sind, kannst Du mit den Übungshaltungen beginnen.

Sage Dir, wenn Du völlig entspannt bist, folgendes vor: *„Ich bin vollkommen ruhig, gelöst und entspannt."* Wiederhole diesen Satz in Gedanken einige Minuten lang.

Die Übungshaltungen

Das Autogene Training kann letztlich in der einen oder anderen Form in fast jeder Körperhaltung ausgeübt werden. Für den Übenden gibt es jedoch einige Haltungen, die sich als sinnvoll erwiesen haben. Es handelt sich hier um die Liegehaltung, die Lehnsesselhaltung und die Droschkenkutscherhaltung.

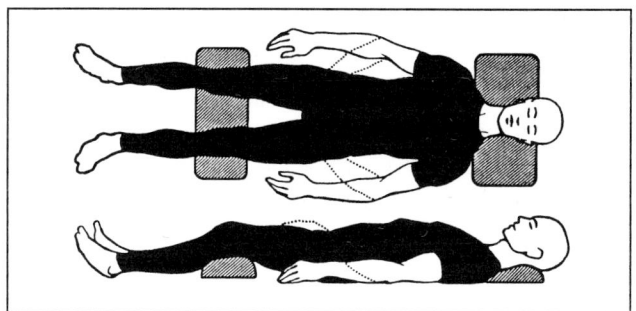

Liegehaltung

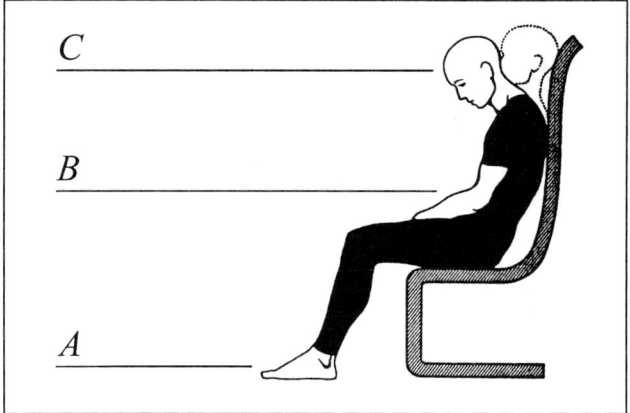

Lehnsesselhaltung
A.
Die Füße stehen etwas voneinander entfernt fest auf dem Boden. Schuhe mit hohen Absätzen sollten zuvor ausgezogen worden sein. Der Winkel Unter- zu Oberschenkel beträgt mehr als 90 Grad.
B.
Die Unterarme liegen locker auf den Oberschenkeln.
C.
Der Kopf hängt locker nach vorn.

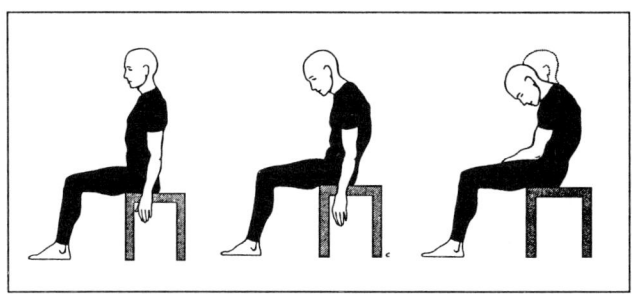

Droschkenkutscherhaltung

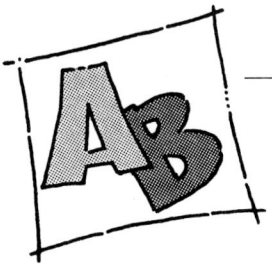

Wenn Dein Körper
mit Dir redet ...

Kommunikation ist auf Worte als Träger nicht angewiesen. Nachdem das Zeitalter des New Age ausgerufen wurde, sind vielfältige Kommunikationsformen neu entdeckt worden. Heutzutage kommunizieren wir mit Außerirdischen, verschiedenen Weltgeistern, mit Pflanzen und Tieren, per Gedankenübertragung mit weit entfernten Menschen, ja sogar mit Verstorbenen. Haben diese Kommunikationsformen trotz großer Anhängerschaft doch immer noch ein bißchen einen spinnerten Beigeschmack, gibt es eine neue Kommunikationsform, die inzwischen relativ unhinterfragt Gemeingut geworden ist: Unser Körper redet mit uns, zumindest antwortet er; er sendet Signale aus, die man nur richtig verstehen muß:

Eine Grippe ist mit Sicherheit eine Antwort des Körpers auf zuviel Streß.

Akne, ein Hilferuf des von zuviel Fleischgenuß geschundenen Magen- und Darmtraktes.

Eine typische Krebspersönlichkeit ist ein Mensch, der vor Wut und Feindseligkeit kocht, aber unfähig ist, den Deckel zu lüften und seinen Zorn rauszulassen.

 Kennt Ihr noch mehr solcher behaupteten Zusammenhänge zwischen Verhalten/Persönlichkeitsstruktur und Krankheit? Tragt möglichst viele Beispiele zusammen.

Diese neue oder, wie viele meinen, wieder entdeckte Sprache des Körpers hat zu einem ungeheuerlichen Boom bei der so genannten „Alternativmedizin" geführt: Akkupunktur, Eigenbluttherapie, Homöopathie, Aromatherapie, Bachblütentherapie sind so verbreitet, daß man sie kaum noch als alternativ bezeichnen kann.

Diese neue Sprache hat aber auch zu einem Einstellungswandel geführt. Wenn der Körper sich mit einer Krankheit zu Wort meldet, muß man ihm vorher etwas Böses angetan haben. Mit anderen Worten: Jeder ist selbst schuld an seiner Krankheit. Er hat nicht genug für seine Fitneß getan, er ist nicht im Einklang mit sich selbst, er ißt Fleisch, er raucht, er kauft Gemüse aus dem Treibhaus usw.

 Was haltet Ihr von dieser These? Sprecht in einer kleinen Gruppe darüber. Diskutiert dabei das unten skizzierte Kommunikationsmodell.

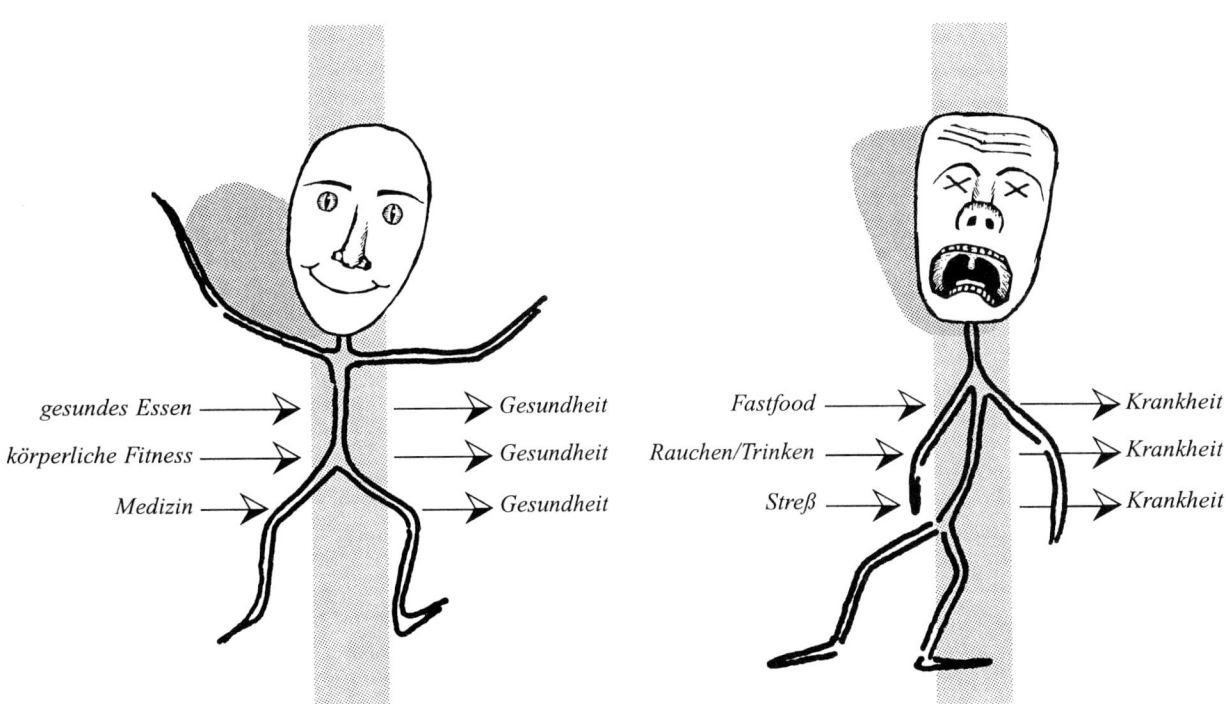

Literaturhinweis: Rosalind Coward, Nur Natur? Die Mythen der Alternativmedizin. Eine Streitschrift. Verlag Antje Kunstmann, München 1995

Kommunikation und Selbstsicherheit - © Verlag an der Ruhr, Postfach 10 22 51, 45422 Mülheim an der Ruhr

„Das Selbstbewußtsein ist eine zentrale Eigenschaft, die nicht angeboren ist, sondern sich von der Kindheit an langsam entwickelt. (...) Frustrationen (Enttäuschungen, seelische Verletzungen) zerstören systematisch die Selbstsicherheit im Laufe des Lebens. Nur etwa 10 % der Menschen können sich wirklich frei und ohne Unterdrückung entfalten. Es ist psychologisch leicht verständlich, daß Millionen Menschen aufgrund der Erziehungs- und Gesellschaftssituation Probleme mit ihrem Selbstbewußtsein haben.“

(Lauster 1989, 9)

Nicht jeder ist als Chef geboren; viele von uns stehen aber nicht selten vor der Aufgabe, mit Vorgesetzten oder Lehrern zu sprechen, zu verhandeln und dabei ihre Interessen durchzusetzen. Ungeübte, selbstunsichere Menschen sind bei solchen Gelegenheiten erfahrungsgemäß weniger erfolgreich als solche, die ein souveränes Verhalten an den Tag legen. Vielfach kommt es sogar dazu, daß ein Mangel an Selbstbewußtsein einhergeht mit einem Verzicht darauf, seine persönlichen Bedürfnisse zu artikulieren und ins Spiel zu bringen.

Schließlich macht sich beim Einzelnen nicht selten schon die bloße Vorstellung eines komplizierten Gesprächsverlaufs oder einer schwierigen anderen Aufgabenstellung in psychosomatischen Erscheinungen Luft und bedingt vielfach Streß in nicht unbeachtlichem Umfang: Nervöse Unruhe, Gereiztheit, Herzklopfen und feuchte Hände sind nur einige Beispiele eines ganzen Katalogs von Symptomen, mit denen sich Betroffene in der ärztlichen Praxis vorstellen. Gutes Zureden oder die Verordnung von Psychopharmaka zur Ruhigstellung helfen hier nicht weiter, weil sie zwar kurzfristig die lästigen Symptome zu mildern, aber das Grundleiden nicht zu heilen vermögen.

Demgegenüber stellt die Anwendung eines gezielten Selbstsicherheitsprogramms durchaus unter anderem eine geeignete Maßnahme dar, mit den angesprochenen Problemen besser fertig zu werden. Die in diesem Kapitel vorgestellten Selbstsicherheitsübungen können ein erster Schritt in diese Richtung sein. Sie setzen an zum Teil recht unterschiedlichen Fähigkeiten des Einzelnen an und versuchen von da her, eine Steigerung des Selbstbewußtseins zu bewirken.

Sie sollten einer Gruppe allerdings von Anfang an vor Augen führen, daß das einmalige Anwenden einer der hier vorgestellten Übungen naturgemäß nicht ausreicht, um einen schwerwiegenden Mangel an Souveränität zu beheben. Für alle muß von Anfang an ganz klar sein, daß in einem solchen Fall stetes Üben zwar dazu beitragen kann, das Selbstbewußtsein zu stärken. Zudem muß aber ggf. auch einmal ein Psychologe oder Psychotherapeut zu Rate gezogen werden. Im übrigen sollte das soziale Umfeld als eine der Ursachen für einen schwerwiegenden Mangel an Selbstbewußtsein nicht außer acht gelassen werden.

Hinzu kommt, daß Defizite auf dem Gebiet der Selbstsicherheit beim Einzelnen oftmals mit einer nur begrenzt entwickelten kommunikativen Kompetenz einhergehen, die ihrerseits wiederum die bestehenden Schwächen in bezug auf das Selbstbewußtsein begünstigen. Wollen Sie einen Mangel an Selbstsicherheit beheben, macht es daher oftmals Sinn, den Betroffenen auch geeignete Methoden der Verbesserung ihrer Gesprächsfähigkeit näherzubringen. In diesem Zusammenhang ist ohne Frage ein Rückgriff auf die entsprechenden Übungen aus Kapitel 2 ausgesprochen lohnend.

Auch die Fragebögen aus dem Abschnitt „Selbsterfahrung" können unter Umständen im Rahmen der Durchführung von Selbstsicherheitsübungen ihren angemessenen Platz finden: Stellen Sie etwa fest, daß die Teilnehmer sich nur wenig souverän verhalten, so bietet es sich sicherlich an, die Fragen zur genaueren Bestimmung der Selbstsicherheit der Gruppenmitglieder einzusetzen. Ein solches Vorgehen bringt nicht nur für alle Beteiligten eine Klärung der Situation, sondern erleichtert Ihnen auch eine adäquate Auswahl von Übungen zur Steigerung des Selbstbewußtseins, die mit der Gruppe durchgeführt werden sollen.

3.1 Ich

 Hier geht es um die Bereitschaft, eigene, vielleicht intime Meinungen und Empfindungen preiszugeben. Im einzelnen zielt die Übung auf:

- Bewußtmachen und Formulieren eigener Schwächen und Stärken;

- Benennen persönlicher Absichten und Wünsche;

- Sensibilisierung für ein gesundes Selbstbewußtsein;

- Akzeptanz anderer Weltbilder und Lebensentwürfe;

- Training eines zusammenhängenden Vortrags anhand von Notizen.

 ab 12 Jahren

 bis 15 Personen

 a) ca. 20 - 30 Minuten für die Übung
b) ca. 45 Minuten für die Auswertung

 Teilen Sie das Plenum in Paare auf; die Partner stellen sich gegenseitig – jeweils abwechselnd – die auf dem folgenden Arbeitsblatt formulierten Fragen und notieren die Antworten stichwortartig. Die Gruppenmitglieder sollten dabei so ehrlich wie möglich sein.
Anschließend sollen die Teilnehmer – in einer ersten Auswertungsphase – die Antworten ihrer Partner dem Plenum vorstellen.

 Grundsätzliches s. S. 8, Einleitung 6 a.

- Wie habe ich mich gefühlt, als mein Partner meine Antworten dem Plenum vorgetragen hat?

- Wie fühle ich mich jetzt?

- Welche Reaktionen der übrigen Gruppenmitglieder habe ich an dieser Stelle erwartet?

- Wie offen habe ich die Fragen beantwortet?

- Was hat mich daran gehindert, die Fragen wirklich offen zu beantworten?

- Welche der Fragen waren für mich am schwierigsten zu beantworten?

- Wie lassen sich diese Schwierigkeiten im Blick auf einen klare und offene Beantwortung der entsprechenden Fragen erklären?

- Welche Gelegenheiten früher haben für mich ähnliche Erfahrungen gebracht wie diese Übung?

- Welche allgemeinen Schlüsse lassen sich aus diesem Experiment ableiten?

- Wie kann ich die Ergebnisse dieser Übung in Zukunft für meinen Alltag nutzen?

 Die Teilnehmer kehren nach der Partnerarbeit ins Plenum zurück; jedes Gruppenmitglied trägt dann zunächst dem Plenum die Antworten des Partners vor, dazu stellt es sich hinter diesen. Anschließend sollten alle reihum kurz ihre Eindrücke im Zusammenhang mit dieser Übung zum Ausdruck bringen, bevor die weitere Auswertung anhand der obenstehenden Fragen im Kreisgespräch fortgesetzt wird.

 Das Spiel läßt sich in der Regel problemlos auch mit jüngeren Teilnehmer durchführen. Ggf. sollten Sie aber dabei den Fragenkatalog durch Weglassen einzelner Elemente kürzen. Eine Schwierigkeit, die im Kontext mit diesem Experiment auftreten kann, besteht darin, daß die Gruppenmitglieder die zu Beginn erforderliche Partnerarbeit nicht hinreichend ernst nehmen und damit sehr schnell fertig werden. Berücksichtigen Sie die Möglichkeit einer solchen Entwicklung, und betonen Sie daher die besondere Bedeutung dieser Spielphase.
Dieses Spiel ist dann besonders effektiv, wenn sich die Spielpartner noch nicht so gut kennen, also vor allem auch in der Anfangsphase von Gruppenaktivitäten.
Die Übung hat durch die Vorgehensweise bei der Auswertung auch einen Trainingseffekt in bezug auf die Fähigkeit der Teilnehmer, sich vor einer Gruppe zusammenhängend und verhältnismäßig frei zu äußern.

Kliebisch 1995;
Vopel 1984c, 1986c u. 1989b;
Gudjons 1990

Wenn sie effektiv sein soll, verlangt die Übung den Teilnehmern eine Menge an Offenheit ab. Die Erfahrung zeigt, daß die Bereitschaft, sich ehrlich zu Stärken, Schwächen und individuellen Wünschen zu äußern, im allgemeinen nur sehr oberflächlich entwickelt ist. Dies kann damit zusammenhängen, daß beim Einzelnen die Sorge, sich zu stark vor der Gruppe zu exponieren, größer ist als sein Selbstbewußtsein. Hinzukommt aber oft auch – vor allem bei jüngeren Teilnehmern –, daß die hier erwartete selbstkritische Einschätzung deshalb nur bedingt gelingen kann, weil die Beschäftigung mit sich selbst kaum jemals intensiver stattgefunden hat.

Die Auswertung sollte beide Aspekte aufnehmen und sich auf zwei wesentliche Fragen konzentrieren:

1. Wie groß ist die Befürchtung der Gruppenmitglieder, durch eigene Stellungnahmen, Wertungen und Wünsche den anderen gegenüber in ein ungünstiges Licht zu geraten?

2. Wie genau hat sich der Einzelne in seinem bisherigen Leben bereits Gedanken über seine Fähigkeiten, Schwächen und Hoffnungen gemacht?

Es ist sicherlich interessant, die Antworten der Gruppenmitglieder auszuwerten, auch wenn dies nur in der Formulierung eines allgemeinen Eindrucks besteht: Gibt es zum Beispiel weitgehende Übereinstimmungen bei der Selbsteinschätzung innerhalb der Gruppe? Kann man Übereinstimmungen nach bestimmten Kriterien konstatieren, zum Beispiel bei allen Frauen, allen Männern, bei Jugendlichen und Erwachsenen ...? Lassen sich daraus vielleicht allgemeine Schlüsse ableiten? Welche positiven oder negativen Eigenschaften wurden am häufigsten/wenigsten häufig genannt?

Erkunden Sie gemeinsam, wie die Selbsteinschätzung und das Fremdbild zustande kommen. Ist jeder ehrlich sich selbst gegenüber und bereit, seine Fehler offen wahrzunehmen? Und: Wer fühlt sich für die Mängel und Fehler, die er bei sich wahrnimmt, verantwortlich?

• M1 - Fragebogen als Arbeitsblatt

Zusätzliche Arbeitsblätter:

• „Wer bin ich?" stellt die Frage nach der eigenen Identität und dem, was sie bestimmt und ausmacht: das Äußere, die inneren Werte?

• Die „Ich-Texte" beweisen, daß die Gedanken vieler Dichter und Denker um die eigene Identität gekreist sind. Welches „Ich-Bild" spricht jeweils aus den Texten? Wie ist die Definition, wie die Stellung des Ich in der Welt?

Kommunikation und Selbstsicherheit - © Verlag an der Ruhr, Postfach 10 22 51, 45422 Mülheim an der Ruhr

3.1 Ich — M1

Arbeitsblatt

- Stelle deinem Partner die folgenden Fragen.
- Notiere die Antworten stichwortartig in den dafür vorgesehenen Leerzeilen.
- Lege die Notizen so an, daß Du mit ihrer Hilfe dem Plenum später die Antworten Deines Partners vortragen kannst.

1. Welche positiven Eigenschaften Deiner äußeren Erscheinung sind Dir besonders wichtig? Begründe Deine Aussagen jeweils.

   ....

   ....

   ....

   ....

   ....

   ....

2. Welche negativen Eigenschaften Deiner äußeren Erscheinung sind Dir besonders unangenehm? Warum?

   ....

   ....

   ....

   ....

   ....

   ....

3. Welche Fähigkeiten hast Du? Wie wichtig sind sie Dir und warum?

   ....

   ....

   ....

   ....

   ....

   ....

4. Welche Fähigkeiten hast Du nicht, möchtest sie aber gerne besitzen? Warum ist das so?

   ....

   ....

   ....

   ....

   ....

   ....

5. Welche positiven Charaktereigenschaften hast Du? Wie wichtig sind sie Dir?

....

....

....

....

....

....

6. Welche Charaktereigenschaften, die Du gerne hättest, fehlen Dir? Weshalb möchtest Du gerade diese Eigenschaften zusätzlich besitzen?

....

....

....

....

....

....

7. Mit welchen Deiner Verhaltensweisen anderen Menschen gegenüber bist Du nicht zufrieden? Warum?

....

....

....

....

....

8. Was möchtest Du in der Zukunft an Deinem Verhalten ändern? Warum?
    Wie willst Du diese Aufgaben angehen?

....

....

....

....

....

     Kommunikation und Selbstsicherheit - © Verlag an der Ruhr, Postfach 10 22 51, 45422 Mülheim an der Ruhr

Wer bin ich?

Zeit für ein wenig Selbsterforschung: Wer bist Du?

 Klebe hierhin ein Bild von Dir.

 Kannst Du die folgenden Fragen für Dich beantworten?

Bist Du das, der Dich auf dem Bild oben oder morgens aus dem Spiegel heraus anschaut?

Bist Du nur das, oder bist Du mehr?

Wunderst Du Dich manchmal, daß Du es bist?

Wärst Du noch Du, wenn Du anders aussehen würdest?

Entscheidet Dein Aussehen, Dein Körper darüber, wer Du bist?

Ist Dein Name wichtig?

Ist Dein Charakter, Dein Wesen von Bedeutung für Deine Identität?

Was kannst Du Dir für Dein Leben aussuchen, was nicht?

Wie wärst Du gerne?

Nur das, was wir sind, können wir sehen.

Ralph Waldo Emerson

Selbstbilder

Für diese Aufgabe mußt Du mit einem Freund zusammenarbeiten. Das braucht Ihr an Material:

 • einen Stift,

 • eine Rolle Packpapier,

 • eine Schere.

 Lege Dich entspannt auf das Packpapier. Dein Freund fährt mit dem Stift Deine Umrisse auf dem Packpapier nach. Dann tauscht Ihr die Plätze und Du zeichnest seinen Umriß ab. Schneidet Eure Körperkontur aus. Jeder schreibt in seine Körperfläche Begriffe, die er als für sich zutreffend empfindet. Wenn Euch danach ist, könnt Ihr Eure Selbstbilder miteinander vergleichen. Ihr könnt auch, wenn alle in der Gruppe mitmachen, eine „Galerie der Selbstbilder" erstellen. Vergeßt nicht, das Datum und Euren Namen auf die Rückseite zu schreiben. Ganz spannend ist es, Dein Selbstbild nach ein paar Monaten nochmal rauszuholen. Ist es gleich geblieben oder hat es sich gewandelt?

Ich-Texte

A

Ich, die Summe dessen, wodurch sich ein Subjekt von der Gesamtheit der außer ihm liegenden Objekte, dem Nicht-Ich, unterscheidet.

- in der Psychoanalyse die zw. dem (triebhaften) Es und dem (moral.) Über-Ich agierende Substanz (Ego).

Meyers Großes Taschenlexikon

B

Weil ich bin
Ich atme ein, ich atme aus,
die Luft geht rein, die Luft geht raus.

Ich gehe vorwärts, Schritt für Schritt,
 ein Fuß geht mit dem andern mit.

Ich denke leise, so für mich:
Weil ich ich bin, bin ich ich.

Helmut Glatz

C

Ich denke, also bin ich.

Descartes

D

Ich bin. Aber ich habe mich noch nicht. Darum werden wir erst. Das Bin ist innen. Alles Innen ist an sich dunkel. Um sich zu sehen und gar was um es ist, muß es aus sich heraus. Muß sich herausmachen, damit es überhaupt erst etwas sehen kann, sich unter seinesgleichen, wodurch ein Ich bin, als nicht mehr an sich, zu einem Wir wird.

Ernst Bloch

E

Ich
Was andere Hunger nennen
das ernährt mich
Was andere Unglück nennen
das ist mein Glück

Ich bin keine Blume
kein Moos
Ich bin eine Flechte
Ich ätze mich tausend Jahre lang in einen Stein

Ich möchte ein Baum sein
Ich möchte ein Leben lang
deine Wurzeln berühren
und trinken bei Tag und bei Nacht

Ich möchte ein Mensch sein
und leben wie Menschen leben
und sterben wie Menschen sterben
Ich habe dich lieb

Erich Fried

 Schreibe einen eigenen „Ich-Text". Das kann ein Gedicht sein, ein Text oder auch ein kurzer Merksatz. Wenn alle in der Gruppe einen solchen „Ich-Text" schreiben, könnt Ihr daraus ein Heft oder Buch machen: „Viele Ichs sind Wir". Als Illustrationen klebt Ihr zwischen die Texte Eure Portraits. Wenn Ihr dafür Fotos nehmt, ist es vielleicht sinnvoll, ästhetisch gleichwertige zu machen, indem Ihr alle Portraits mit Stativ bei gleicher Beleuchtung vor einem neutralen Hintergrund aufnehmt. Oder Ihr macht Fotocopy-Portraits: Kopf seitlich auf den Fotokopierer legen, Augen schließen (!!) und abfotokopieren. Hinterher die Platte wieder sauber wischen. Oder Ihr malt, collagiert, zeichnet Selbstportraits.

Grundstock für ein Ich-Gedicht können auch Wörter sein, in denen die Buchstabenfolge „ich" vorkommt, also: Ge**dich**t, **Ich**tyosaurus, Ges**ich**t, Ger**ich**t, k**ich**ern, L**ich**t, G**ich**t, R**ich**tung, s**ich**ern, Pfl**ich**t, D**ich**tung, ...

Kommunikation und Selbstsicherheit - © Verlag an der Ruhr, Postfach 10 22 51, 45422 Mülheim an der Ruhr

3.2 Herausreden

 Beim „Herausreden" soll selbstsicheres Auftreten in einer unangenehmen Situation geschult werden, spontanes Reagieren und argumentatives Begründen und Rechtfertigen von eigenem Verhalten.

 ab 12 Jahren

 bis 12 Personen

 a) ca. 20 – 30 Minuten für die Übung
b) ca. 15 Minuten für die Auswertung

 Die Gruppe wird in Paare aufgeteilt. Das erste Paar wird dann mit einer der auf den Rollenkarten beschriebenen Situationen (M 1) konfrontiert. Diese Situationen sind für einen der beiden Partner unangenehm und machen es erforderlich, sich zu rechtfertigen. Jedes Paar spielt die vorgegebene Situation etwa 2 Minuten lang.
Die übrigen Gruppenmitglieder sind jeweils Beobachter und bewerten jedes Rollenspiel gemäß der Anleitung auf dem „Beurteilungsbogen" (M 2). Anschließend spielt das nächste Paar eine der übrigen Rollensituationen vor usw.

 Grundsätzliches s. S. 8, Einleitung 6 a.

- Woran habe ich gedacht, solange ich noch nicht an der Reihe war?
- Welche körperlichen Wahrnehmungen habe ich während der Übung bei mir gehabt?
- Welche konkreten Schwierigkeiten hat mir das Spiel bereitet?
- Wie erfolgreich bin ich mit diesen Schwierigkeiten umgegangen?
- Welche allgemeinen Schlüsse ziehe ich aus den Erfahrungen mit dieser Übung?
- Wie kann ich meine Erkenntnis hinsichtlich dieser Übung in meinem alltäglichen Leben nutzen?

 Die Teilnehmer sollten sich zunächst paarweise mit den beiden ersten Fragen beschäftigen (ggf. kurze Partnerarbeit!) und sich dann zu ihnen äußern; das folgende Auswertungsgespräch kann anschließend im Plenum stattfinden.

 Das Spiel läßt sich recht problemlos auch mit jüngeren Teilnehmern durchführen. Vermutlich werden viele Rollenspiele zum Lachen anregen. Entsprechend wird die gesamte Übungssituation in der Regel ziemlich aufgelockert sein.
Sie können bei interessierten (und geübten) Gruppen die Spielzeit durchaus verlängern, indem für jedes Paar zwei Spielsituationen vorliegen, so daß jeder Partner einmal die unangenehme Rolle übernehmen muß.
Gerade bei jüngeren Teilnehmern stellt mitunter die Bewertungsphase eine gewisse Schwierigkeit dar, da hier oft mehr Sympathie und Antipathie als sachgerechte Kriterien zur Beurteilung herangezogen werden. Daher sollten Sie in solchen Gruppen ggf. auf dieses Element ganz verzichten. Das Gelingen der Übung ist entscheidend davon abhängig, wie beharrlich diejenigen Spielteilnehmer protestieren, sich gekränkt oder sonst unangenehm berührt zeigen, denen im Rahmen der vorgegebenen Spielsituationen die empörte/beleidigte Rolle zugewiesen wurde. Je rascher sie bereit sind einzulenken, desto weniger wird den anderen die Möglichkeit gegeben, sich zu exponieren. Formulieren Sie ihre Anweisungen diesbezüglich also besonders sorgfältig und nachdrücklich.

 Kliebisch 1993b u. c;
Kliebisch/Eichmann/Basten 1991;
Kliebisch/Piennak 1993;
Schwartz 1981; Bandler 1987;
Dilts u.a. 1987

Das Schwergewicht einer vertiefenden Auswertung könnte bei dieser Übung in besonderer Weise auf die Teilnehmer gelegt werden, deren Rolle während des Spiels jeweils darin bestand, sich herauszureden. Hier kann thematisiert werden, welche Gefühle die Betreffenden vor und während der Durchführung der Übung gehabt und in welchem Ausmaß ihre zum Teil sicherlich irrationalen Gedanken diese Gefühle zumindest mitbestimmt haben.

Aus dieser Sicht läßt sich gut eine Betrachtung darüber anschließen, was das Modell der sogenannten rational-emotiven Therapie, einer Therapieform, die, in Abkehr von der traditionellen Psychoanalyse, stärker kognitive Faktoren wie Wachstum, Denken, Bewertung usw. mit einbezieht, im einzelnen unter irrationalen Gedanken versteht. Das Arbeitsblatt „Irrationale Gedanken" zeigt sieben typische Grundmuster irrationaler Bewertungen. Sprechen Sie mit den Teilnehmern über die 7 Äußerungen. Bei welcher fühlen Sie sich angesprochen, bei welcher nicht? Wovon ist Ihr Denken, Handeln und Fühlen bestimmt? Sind die „irrationalen Gedanken" tatsächlich so irrational?

Herausreden hat meist etwas mit Lügen oder „Schwindeln" zu tun, um sich einer unangenehmen Situation zu entziehen. Sprechen Sie mit den Teilnehmern darüber, ob es ihnen leicht- oder schwerfällt, zu lügen. Wie beurteilen sie sogenannte „Notlügen"?
Ein kleines Würfelspiel, das viele vielleicht schon als „Mäxchen" oder „Lügen" kennen, läßt die Mitspieler erkennen, wie gut sie das „Schummeln" beherrschen:

- **Lügen:** Bilden Sie Gruppen von bis zu 8 Mitspielern. Jede Gruppe braucht: einen Tisch, um den sie sitzt, einen Würfelbecher mit 2 Würfeln, eine feste Würfelunterlage und für jeden Mitspieler drei Streichhölzer als Pfand. Gewürfelt wird reihum, verdeckt. Eigentlich gibt es nur eine Regel: Jeder Wurf muß höher sein als der des Vorgängers. Da das natürlich nicht immer gelingt, wird gelogen, was das Zeug hält. Frage ist nur: Glaubt mir der nachfolgende Spieler meine Würfelzahl?

- **Das Würfeln:** Wer gewürfelt hat, nimmt den Becher samt Unterlage, linst drunter, so daß möglichst niemand sonst den Wurf sieht, deckt die Würfel wieder zu und gibt den auf dem Deckel stehenden Becher samt Würfeln vorsichtig - damit die Würfel nicht verrutschen - weiter zu seinem linken Nachbarn. Dabei nennt er deutlich seine erwürfelte Punktzahl. Der Nachbar hat nun verschiedene Möglichkeiten: Entweder er glaubt seinem Vorgänger und würfelt selber neu, wobei er natürlich versucht, höher zu würfeln. Oder er glaubt ihm nicht und deckt den Wurf des Vorgängers auf. Hatte der Vorgänger mindestens die genannte Würfelzahl, so muß der mißtrauische Nachbar eins seiner drei Streichhölzer in die Mitte legen. Hat der Vorgänger aber „gelogen", also weniger Augen als genannt, so muß er selbst ein Streichholz abgeben. Jeder Mitspieler hat drei „Leben", dann darf er noch eine Runde lang „schwimmen", bevor er verloren hat. Wenn ein Mitspieler verloren hat, werden die Streichhölzer neu verteilt und eine neue Spielrunde beginnt.

3.2 Herausreden

- **Die Würfelzahlen:** Eine Würfelzahl zählt als Zehner, die andere als Einer. Dabei ist die höhere Zahl immer der Zehner. Wer eine 5 und eine 3 würfelt, hat also die Zahl 53 gewürfelt. Die niedrigst mögliche Punktzahl ist die 31, die höchst mögliche 65. Darüber rangieren dann die Paschs, von Pasch 1 bis Pasch 6 in aufsteigender Reihenfolge. Über allem thront „Mäxchen", die höchste Würfelzahl: 21.

- **Das „Drunterlügen":** Eine zusätzliche Option, die dem Spiel erst den richtigen Pfiff verleiht. Angenommen, ein Spieler hat ein „Mäxchen" gewürfelt. Dann ist es natürlich sinnlos, "Mäxchen" zu sagen, weil der nachfolgende Spieler keine Möglichkeit mehr hat, zu übertreffen. Also kann der würfelnde Spieler „drunterlügen": Er sagt beispielsweise „Pasch 2". Damit hat er zwar gelogen, aber drunterlügen gilt - man muß ja mindestens die genannte Zahl haben. Nun kann der nachfolgende Spieler, sofern er seinem Vorgänger glaubt, die Unterlage samt Becher vorsichtig zu seinem Nachbarn rüberschieben und erhöhen, ohne selbst zu würfeln: „Pasch 3"! Der wiederum kann - keiner außer dem Würfelnden weiß ja, ob er lügt, die Wahrheit sagt oder drunterlügt (und wieviel) - auch weiterschieben und erhöhen oder aufdecken. Oder gar, aber das wäre schon sehr gewagt, selbst neu würfeln. So kann also munter weitergeschoben werden, bis man beim „Mäxchen" angekommen ist - es sei denn, irgendeiner verliert die Nerven und hebt vorher hoch. Drunterlügen kann man eigentlich bei jeder Zahl, aber so richtig Spaß macht es erst bei Paschs. Das ganze Spiel bekommt natürlich erst rechte Würze, wenn keiner verlieren will. Das läßt sich bewerkstelligen, indem vor jeder Würfelrunde gemeinschaftlich vereinbart wird, was der Verlierer der Runde zu tun haben wird: beispielsweise ein Lied singen; zehn Liegestütze verrichten; einmal um das Haus laufen; ...

- M 1 - Einige Beispiele für von Ihnen vorzugebende, unangenehme Spielsituationen.

- M2 - „Beurteilungsbogen", der von den beobachtenden Teilnehmern zur Bewertung der Rollenspiele genutzt werden kann.

Zusätzliche Arbeitsblätter:

- „Irrationale Gedanken" wie sie im Konzept RET (rational-emotiven Therapie) formuliert werden. Dieses Blatt kann auch als Folienvorlage dienen.

- „Ausreden" spielt mit einem Phänomen, das uns in unserem Alltag begegnet. Ausreden sind meist mit einem schlechten Gewissen behaftet, da sie eine gewisse Nähe zur Lüge haben. Dieses Arbeitsblatt soll dazu beitragen, Ausreden auch Vergnügen abzugewinnen und zu erleben: Wenn man sie kunstvoll und spielerisch einsetzt, machen sie sogar Spaß.

- „Ganzheit ... oder Erfolg?" stellt zwei „Ich-Entwürfe" gegeneinander. Virginia Satirs Text kann als positive Lebensstärkung, als Akzeptanz der ganzen Persönlichkeit mit allen „Mängeln" begriffen und verwendet werden.
Die „10 Karrieretips" stellen auch das „Ich" in den Mittelpunkt, instrumentalisieren es aber für den Erfolg (Machiavellismus) und schirmen es gegen alle dem Erfolg hinderliche Faktoren (Freundschaft usw.) ab.

1   **A** hat bei dem Schneider **B** einen Anzug anfertigen lassen. Beim Abholen des Kleidungsstückes stellen beide entsetzt fest, daß die Ärmellänge des Jacketts etwa zwanzig Zentimeter zu kurz geraten ist. **A** protestiert, **B** muß sich herausreden:

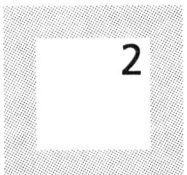

2   **A** speist abends in einem Nobelrestaurant; ihm wird eine total versalzene Suppe serviert. Darauf beschwert sich **A** beim Koch. Der muß sich herausreden.

3   Schüler **A** wird vom Lehrer **B** dabei erwischt, wie er unter der Bank Hausaufgaben abschreibt. **A** muß sich herausreden.

4   **A** hat seinen Eltern versprochen, um 22.00 Uhr zu Hause zu sein; sein Vater ist empört, als er ihn gegen zwei Uhr nachts ins Haus schleichen hört. **A** muß sich herausreden.

5   Petra verleugnet am Telefon ihren Freund **A** gegenüber dessen Freund **B**. Kurz darauf verläßt **A** das Haus und wird von **B** gesehen. **A** muß sich herausreden.

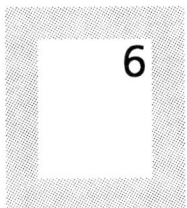

6   **A** sind im Umkleideraum einer Badeanstalt sämtliche Kleidungsstücke (auch die Badekleidung) gestohlen worden. **A** will daraufhin das Bad nackt verlassen und muß sich am Eingang gegenüber dem Kassierer **B** herausreden.

7   **A** hat Geburtstag, aber schon einen Tag vorher den von seiner Mutter **B** für die erwarteten Gäste gebackenen Kuchen fast ganz aufgegessen. **A** muß sich herausreden.

8   **A** wird von seinem Chef, der ihn während der Arbeitszeit kurz aufsucht, um ihm etwas mitzuteilen, beim Trinken von Alkohol erwischt. **A** muß sich herausreden.

3.2 Herausreden — M2

Beurteilungsbogen

Beurteile jedes der vorgeführten Rollenspiele. Benutze dazu eine Skala von 6 („sehr gut") bis 1 („sehr schlecht").

Bewerte zunächst jeden Spieler getrennt; addiere dann die beiden Punktwerte.

Spielpaar 1

.... und ....

Spieler 1: ...... Punkte

Spieler 2: ...... Punkte

Gesamt: ......

Spielpaar 2

.... und ....

Spieler 1: ...... Punkte

Spieler 2: ...... Punkte

Gesamt: ......

Spielpaar 3

.... und ....

Spieler 1: ...... Punkte

Spieler 2: ...... Punkte

Gesamt: ......

Spielpaar 4

.... und ....

Spieler 1: ...... Punkte

Spieler 2: ...... Punkte

Gesamt: ......

Spielpaar 5

.... und ....

Spieler 1: ...... Punkte

Spieler 2: ...... Punkte

Gesamt: ......

Spielpaar 6

.... und ....

Spieler 1: ...... Punkte

Spieler 2: ...... Punkte

Gesamt: ......

Spielpaar 7

.... und ....

Spieler 1: ...... Punkte

Spieler 2: ...... Punkte

Gesamt: ......

Spielpaar 8

.... und ....

Spieler 1: ...... Punkte

Spieler 2: ...... Punkte

Gesamt: ......

Irrationale Gedanken

Es ist in jedem Fall besser, Schwierigkeiten auszuweichen, als sich mit ihnen auseinanderzusetzen.

Das Leben ist ausgesprochen unsicher. Mit einer solchen Unsicherheit ist es unmöglich zu leben. Ich muß mich daher stets darum bemühen, mein eigenes Leben sicherer zu machen.

Ich bin das Opfer ungünstiger Umstände. An diesen Verhältnissen kann ich gar nichts ändern; deshalb muß ich leiden.

Ich bin absolut minderwertig, da ich nicht auf allen Gebieten absolut perfekt und kompetent bin.

Jeden Tag können zahlreiche unvorhergesehene Dinge eintreten, die mein Leben negativ beeinflussen können. Daher muß ich mich unentwegt mit der Möglichkeit des Eintretens entsprechender Ereignisse beschäftigen und mich darum bemühen, ihnen auszuweichen.

Die Dinge in der Welt müssen sich grundsätzlich genau nach meinem Willen entwickeln. Tun sie das nicht, empfinde ich das als ganz schrecklich und bin dann absolut hilflos und traurig.

Ich muß von allen Menschen geliebt werden. Geschieht dies nicht, so ist das eine absolute Katastrophe.

Kommunikation und Selbstsicherheit - © Verlag an der Ruhr, Postfach 10 22 51, 45422 Mülheim an der Ruhr

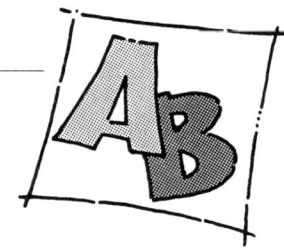

Ich rauche, weil ...

Tut mir leid, aber ...

Sie glauben ja gar nicht, was mir ...

- Ich weiß gar nicht, was Sie haben. Mit meiner Raucherei kann ich immer noch als schlechtes Beispiel dienen.

- Ich beneide Sie. Vor dem Hintergrund meiner Schwäche können Sie sich doch erst stark fühlen. Und was tun Sie für mich?

- Immerhin unterstütze ich mit dem Autofahren einen ganzen Industriezweig, trage also wesentlich zum Bruttosozialprodukt bei.

- Wir Menschen zerstören die Erde, da ist es doch nur verantwortungsbewußt, wenn wir uns auch selbst zerstören.

- Tut mir leid, wenn Sie warten mußten, aber ich wollte Ihnen die Gelegenheit geben, Ihren ganzen Ärger auf mich zu schieben.

 In einer unangenehmen Situation können völlig übertriebene Ausreden auch schonmal die Situation entspannen, weil sie einen gereizten Gesprächspartner zum Lachen bringen. Aber auch sonst sind Ausreden ein echter Spaß, wenn man spielerisch damit umgeht.
Überlegt Euch in Zweiergruppen Eure liebsten Ausreden fürs Zuspätkommen, Ausreden für das Vergessen eines Termins, Ausreden für eigene Faulheit, Ausreden für Raucher, Ausreden für Autofahrer, Ausreden für ...

Ganzheit ...

Ich bin ich. Nirgendwo gibt es jemanden, der genauso ist wie ich.

Einige Menschen sind mir in Einzelheiten gleich, aber niemand ist genauso wie ich.

Darum gehört alles, was ich tue, authentisch zu mir, weil ich allein es so wollte. Alles an mir gehört zu mir, mein Körper und alles, was er tut - mein Geist mit all seinen Gedanken und Ideen - meine Augen mit allen Bildern, die sie sehen - alle meine Gefühle, Ärger, Freude, Frustration, Liebe, Enttäuschung, Erregung - mein Mund und alle Worte, die er spricht, höfliche, harte oder grobe, wahre oder falsche - und alles, was ich tue in bezug auf andere oder auf mich selbst.

Meine Phantasien gehören zu mir, meine Träume, meine Hoffnungen, meine Ängste - alle meine Triumphe und Erfolge gehören zu mir - alle meine Niederlagen und Fehler.

Weil das alles zu mir gehört, kann ich mich selbst genau kennenlernen. Wenn ich das tue, kann ich mich lieben und freundlich sein zu allen Teilen meiner Person. So kann ich es ermöglichen, daß alles in mir zu meinem Besten wirkt.

Ich weiß von Seiten an mir, die mich verwirren, und ich weiß, daß ich Seiten habe, die ich noch gar nicht kenne. Solange ich jedoch freundlich und liebevoll bin zu mir selbst, kann ich mutig und voller Hoffnung darauf warten, daß sich die Verwirrung löst, und daß ich Möglichkeiten finde, mehr über mich zu erfahren. (...)

Ich kann sehen, hören, fühlen, denken, sprechen und handeln.

Ich habe alles, was ich brauche, um zu überleben, um anderen nahe zu sein, um schöpferisch zu sein und die Welt der Dinge und Menschen um mich herum sinnvoll zu gestalten.

Ich gehöre mir selbst, darum kann ich mich gestalten.

Ich bin ich, und ich bin wertvoll.

Virginia Satir

John Davis, Alter Feind, 1973-75

... oder Erfolg?

10 Tips für Deine Karriere:

1. Lies und befolge die Grundlagen der Erfolgsphilosophie nach Machiavelli: „Erfolg, Erfolg und noch einmal Erfolg ist die einzig sichere Basis dieses Lebens!"

2. Baue ein persönliches Netzwerk mit Freunden und Bekannten auf, die Dir nützlich sein können. Pflege diese Kontakte regelmäßig. Achte aber darauf, daß Deine Partner nicht cleverer sind als Du. Trenne Dich beizeiten von alten Freunden – sie könnten zuviel über Dich wissen.

3. Tue so als ob Du ständig und viel arbeitest, hüte Dich aber davor, wirklich zuviel Schweiß zu vergießen.

4. Suche Deinen Partner vorzugsweise unter Karrieregesichtspunkten aus. Er soll möglichst leidensfähig, repräsentativ und voller Bewunderung für Dich sein.

5. Mache Deinem Vorgesetzten oder Auftraggeber klar, daß Du alle Aufgaben übernehmen kannst, notfalls auch die „Drecksarbeit".

6. Sei skrupellos beim Auskundschaften privater und geschäftlicher Gepflogenheiten aller möglichen Leute – auch Deines Chefs. Dazu gehört auch das Durchschnüffeln seiner Unterlagen.

7. Der Chef ist Dein Verbündeter, attackiere also keinesfalls seine Schwachstellen – zumindest solange er Dir gefährlich werden kann. Halte Dich eher in seinem Windschatten auf, und gib zu erkennen, was Du an ihm besonders schätzt.

8. Kleine gezielte Attacken gegen Kollegen und Kontrahenten sind besser als eine große Abrechnung: Sprich den Namen eines Kollegen absichtlich falsch aus, und er wird verunsichert; schüttele nach einem Vortrag oder Redebeitrag eines „Gegners" wortlos, aber unübersehbar den Kopf; oder: „Schon wieder muß ich die Arbeit von Meier übernehmen. Der ist aber auch dauernd krank. Na ja, ich will mal nicht so sein."

9. Da fast alle geschäftliche Kommunikation heutzutage übers Telefon läuft, mußt Du üben, selbstbewußt und entspannt damit umzugehen. Ein Tip: Im Stehen sprechen, das gibt mehr Selbstsicherheit.

10. Nutze die schwachen Momente von Kontrahenten gut aus: Als „wohlmeinender Freund" kannst Du ihnen sicher so manches Geheimnis entlocken...

nach: 10 Tips für ihre Karriere, Focus 34/1995

 Welche „Ich-Bilder" sprechen aus den beiden Texten? Welchem dieser Bilder stehst Du näher? Welches erscheint Dir erstrebenswerter? Hast Du ein „Ich-Bild" von Dir, das sich von den beiden hier vorgestellten unterscheidet? Beschreibe es in Stichworten. Schreibe einen Ich-Text über Deine Stärken und Schwächen.

 Entfernung übt selbstsicheres Auftreten, symbolisiert durch überlautes Sprechen. Dabei geht es um das Feststellen und Artikulieren von persönlichen Eigenschaften, Vorlieben und Handlungsweisen.

 ab 12 Jahren

 bis 14 Personen

 a) ca. 20 Minuten für die Übung
b) ca. 15 - 20 Minuten für die Auswertung

 Das Plenum wird in zwei gleich große Gruppen geteilt; die Mitglieder der einen Gruppe stellen sich in einer Reihe denen der anderen gegenüber, der Abstand der beiden Reihen sollte möglichst groß sein (von Wand zu Wand).
Das Spiel wird in drei Runden durchgeführt. Die Mitspieler vollenden in jeder Runde der Reihe nach einen der folgenden Sätze:

a) Ich bin immer ziemlich glücklich, wenn ...
b) Ich ärgere mich besonders, wenn ...
c) Ich mag an mir vor allem, daß/wenn ...

Dabei spricht jeder so laut er kann und blickt dabei die gegenüber von ihm stehenden Teilnehmer an.

 Grundsätzliches s. S. 8, Einleitung 6 a.

- Woran habe ich gedacht, als ich nicht an der Reihe war?
- Wie schwer ist es mir gefallen, möglichst laut zu sprechen?
- Welche körperlichen Wahrnehmungen habe ich bei mir während des Experiments gemacht?
- Wie persönlich waren meine Aussagen?
- Wie schwer sind mit persönliche Aussagen gefallen?
- Welche Erklärungen habe ich für mein Verhalten?
- Welche allgemeinen Schlüsse lassen sich aus dieser Übung ziehen?
- Wie kann ich die Erfahrung mit dieser Übung in meinem Alltag konkret nutzbar machen?

 Jeder Teilnehmer nimmt zunächst - reihum - zu den ersten beiden Fragen Stellung; dann erfolgt die weitere Auswertung im Kreisgespräch.

 Der zur Verfügung stehende Raum sollte recht groß sein, so daß sich die Teilnehmer in Reihen mindestens 6 Meter voneinander entfernt aufstellen können. Ist dies nicht möglich, kann die Übung alternativ auch im Freien durchgeführt werden.
Weisen Sie zu Beginn des Experiments darauf hin, daß die Teilnehmer die vorgegebenen Satzanfänge tatsächlich mit Informationen vollenden sollen, die möglichst viel über ihre persönlichen Einstellungen, Wünsche, Schwächen, Vorlieben usw. zum Ausdruck bringen.

 Schelp 1990; Knaus 1983; Kliebisch 1991b, 1995; Kliebisch/Wach 1994; Lotz 1991; Schwartz 1987; Ellis 1987; Vopel 1986c; Grom 1976

 Im Anschluß an die Durchführung der Übung lassen sich vor allen Dingen zwei Aspekte ausführlicher thematisieren. Zum einen: Was hindert Menschen im allgemeinen daran, in Situationen wie dieser wirklich Persönliches zu sagen? Zum anderen: In welchem Maße fühlten sich die Teilnehmer durch die Spielordnung (großer Abstand; lautes Sprechen; Zeit zum Überlegen, während andere sprechen usw.) unter Streß gesetzt?
Abhängig von den tatsächlich gemachten Erfahrungen kann dann erörtert werden, inwieweit sich hier der Einzelne durch einen gleichsam selbst erzeugten, mitunter rein gedanklichen Leistungsdruck ("Wenn ich drankomme, muß ich was Originelles sagen." "Wie werden die anderen reagieren, wenn ich wirklich etwas Privates von mir preisgebe?") ein überflüssiges Mehr an Belastungen zugefügt hat. Es ist sicherlich interessant, intensiver darauf einzugehen, in welcher Weise diese Belastungserfahrungen das tatsächliche Verhalten des betreffenden Mitspielers beeinflußt haben.

3.3 Entfernung

Es bietet sich vor diesem Hintergrund ohne weiteres an, den vernetzten Zusammenhang von Gedanken, Gefühlen und Empfindungen näher in den Blick zu nehmen. Unter Umständen lassen sich an dieser Stelle auch gut Übungen zur Streßbewältigung anschließen. Allerdings sollten Sie in diesem Fall die Wirkungsweise solcher Entspannungstechniken vergleichsweise detailliert zur Sprache zu bringen.

Zusätzliches Arbeitsblatt:

- „Ideal und Wunschbild" lenkt den Focus auf eine der Ursachen für mangelndes Selbstbewußtsein: den Vergleich mit „Idealtypen", wie sie uns in der Werbung und in den Medien tagtäglich vorgesetzt und eingeprägt werden.

Ideal und Wunschbild

Wärst Du gerne wie die „Models" auf dem Bild? Was gefällt Dir an ihnen, was nicht? Was haben sie, was Du nicht hast?

 Wie sähe Dein „Traum-Ich" aus? Beschreibe hier alle Merkmale und Eigenschaften, die Du gerne hättest.

Aussehen
Eigenschaften
Sonstiges

 Welche dieser Merkmale und Eigenschaften sind Dir dabei am wichtigsten? Unterstreiche diejenigen, die Du unbedingt erwerben/besitzen möchtest mit einem roten Stift.
Unterstreiche die, über die Du bereits ganz oder in Ansätzen verfügst, mit grünem Stift.
Welche Eigenschaften/Merkmale kannst Du aus eigenem Antrieb erlangen? Unterstreiche sie gelb.
Prüfe für Dich genau:
• Will ich diese Eigenschaften wirklich besitzen?
• Wie wäre ich, wenn ich sie besäße?
• Was kann ich tun, um sie zu erlangen?
• Wann fange ich damit an?

 Eine kleine Untersuchung: Lasse alle aus der Gruppe anonym, also ohne Namensangabe, die Eigenschaften und Merkmale ihres Wunschbildes auf einen Zettel schreiben. Sammle die Zettel ein, und begib Dich an die Auswertung: Welche Eigenschaften/Merkmale sind am begehrtesten? Woran könnte das liegen? Gibt es Unterschiede bei den Wunschbildern von Jungen und Mädchen?

 Frage Deine älteren Geschwister, Eltern und Großeltern. Welche Ideale hatten sie in ihrer Jugend? Haben sie heute auch noch Ideale? Wenn ja, welche? Unterscheiden sich die Ideale anderer Generationen von denen Deiner Generation?

 Versuche, den Unterschied zwischen „Ideal" und „Idol" herauszufinden. Welche Idole hast Du?

Kommunikation und Selbstsicherheit - © Verlag an der Ruhr, Postfach 10 22 51, 45422 Mülheim an der Ruhr

3.4 Postleitzahlen

 Auch in diesem Spiel geht es darum, seine Selbstsicherheit zu erproben.
Entwickelt werden sollen hier:

- selbstsicheres Auftreten vor einer Gruppe in ungewöhnlicher Rolle;
- Fähigkeit, sich in eine Situation hineinzuversetzen;
- nonverbale Fähigkeiten.

 ab 12 Jahren

 bis 10 Personen

 a) ca. 15 - 20 Minuten für die Übung
b) ca. 20 Minuten für die Auswertung

 Die Teilnehmer bilden einen Stuhlhalbkreis; im offenen Bereich des Halbkreises stehen ein Stuhl und ein Tisch, auf dem ein Postleitzahlenbuch liegt.
Der Reihe nach lesen anschließend alle Mitglieder der Gruppe für etwa 1 bis 2 Minuten aus beliebigen Seiten des Postleitzahlenbuchs vor, und zwar unter der Annahme, sie befänden sich in einer bestimmten, emotional besonders gefärbten Situation. Solche Situationen können beispielsweise sein:

- als Bräutigam/Braut bei einer Hochzeit,
- als Zwölfjähriger am Weihnachtsabend,
- als Kinobesucher in einem komödiantischen Film,
- als Verliebter nach dem Bruch mit dem Partner,
- als Besucher einer Karnevalsfeier,
- als Trauernder nach einem Todesfall,
- als unheilbar Kranker,
- als Politiker auf einer Wahlkundgebung,
- als Schüler bei der Rückgabe einer schlechten Arbeit,
- als Arbeitnehmer bei der Forderung nach Gehaltserhöhung.

Die Aufgabe für die Gruppenmitglieder besteht also darin, mit Hilfe des Vorlesens beliebiger Postleitzahlen und der dazugehörigen Städte- und/oder Straßennamen die mit der vorgegebenen Situation assoziierbare Gefühlslage im wesentlichen durch Veränderungen der Stimme sowie darüber hinaus auf nonverbale Weise zum Ausdruck zu bringen.

 Grundsätzliches s. S. 8, Einleitung 6 a.

- Wie habe ich die Situation als Beobachter und Zuhörer wahrgenommen?
- Wie gut konnte ich mich in die vorgegebene Situation hineinversetzen?
- Was habe ich gedacht, solange ich nicht an der Reihe war?
- Wie erkläre ich mir meine Gedanken?
- Wie belastend war der Vortrag für mich?
- Wie schwer ist es mir gefallen, körpersprachliche Signale zum Transport der vorgegebenen Gefühlssituation einzusetzen?
- Welche Reaktionen der anderen Gruppenmitglieder habe ich im Zusammenhang mit meinem Vortrag erwartet oder befürchtet?
- Welche allgemeinen Schlüsse lassen sich aus meinen Erfahrungen mit dieser Übung ziehen?
- Wie kann ich die im Zusammenhang mit diesem Experiment gewonnenen Einsichten in Zukunft in meinem Alltag für mich konkret nutzbar machen?

 Zunächst beschreibt jeder Teilnehmer reihum seine Gefühlslage vor, während und nach der Übung auf einer Skala von +5 (= ausgezeichnet) bis -5 (= sehr schlecht) und erläutert jeweils den gewählten Zahlenwert. Anschließend wird die weitere Auswertung der Übung im Kreisgespräch anhand der obenstehenden Fragen durchgeführt.

 Achten Sie darauf, daß die einzelnen Beiträge nicht unnötig gedehnt werden, da sonst leicht ein besonderes Maß an Unbehagen beim Vortragenden, aber auch an Langeweile bei den Zuhörern auftreten kann.
Um das Spiel durchweg spannend zu gestalten, sollten Sie möglichst unterschiedliche Ausgangssituationen zur Simulation auswählen. Wenn eine Gruppe größer ist als hier angegeben, können Sie die Übung dennoch durchführen, indem Sie per Losverfahren nur einige Teilnehmer als Vortragende bestimmen.

Es ist sicherlich ähnlich interessant, wenn Sie anstelle des Postleitzahlenbuches ein Örtliches oder Amtliches Telefonbuch nehmen.

Kliebisch 1995; Watzlawick/Beavin/ Jackson 1990; Molcho 1988 u. 1990; Fast 1984; Lauster 1989; Holzberg/Clasen-Holzberg 1993

Das Spiel macht erfahrungsgemäß auch älteren Teilnehmer großen Spaß, obgleich die Übungssituation im allgemeinen doch als recht belastend empfunden wird. Eine vertiefende Auswertung sollte ausführlich die Befindlichkeit der Gruppenmitglieder während der Durchführung des Experiments thematisieren. Hierbei sollte vor allem auf die vorweggenommenen Erwartungen („Was werden die anderen denken?") und deren Folgen für das Denken, Fühlen und Handeln des Einzelnen eingegangen werden.

Vor diesem Hintergrund bietet es sich ebenfalls an, der Frage nachzugehen, mit welchen konkreten Schwierigkeiten es im einzelnen verbunden ist, sich gefühlsmäßig in die Lage eines anderen Menschen hineinzuversetzen, was im Rahmen der Spielsituation erforderlich ist. Hier könnten Sie sowohl die Begrenztheit digitaler Ausdrucksmöglichkeiten wie auch das Thema „Körpersprache" ausführlicher behandeln.

Sie können das Spiel noch um eine Nuance „spielerischer" gestalten, wenn Sie dem jeweils Vortragenden die entsprechende Situation leise ins Ohr flüstern. Nach seinem diesbezüglich gestalteten Vortrag müssen die anderen Teilnehmer raten, um welche Situation/Emotion es sich dabei gehandelt haben könnte. Der Spieler darf dabei aber nur mit „Ja", „Nein" oder „Ich weiß nicht" antworten. Geben Sie den Teilnehmern anstelle eines Telefonbuches Dada- oder Nonsens-Gedichte („Die Karawane" von Hugo Ball, „Das große Lalula" oder „Fisches Nachtgesang" von Morgenstern...) zum Vortragen. Variante: Jeder schreibt ein solches Gedicht auf ein Blatt, dann werden die Blatter gefaltet und in die Mitte gelegt. Jeder nimmt sich nun ein Blatt heraus und trägt das darauf stehende Gedicht vor. Ein anderes Spiel, das den Moment des Exponiertseins, also des Vortragens vor einer Gruppe nach hinten verschiebt: Lassen Sie die Gruppe eine Literaturkritik über ein Telefonbuch schreiben. Sie können diesen Spaß in Kleingruppen erarbeiten lassen. Auch hier ist es ganz interessant, nach dem Vortrag des gemeinsam gefertigten „Werkes" zu reflektieren und hinterfragen: War es in irgendeiner Form stressig oder peinlich, den Text vorzutragen? Oder bestand ein wesentlicher Unterschied darin, daß man in seiner Gruppe anonymer, also nach außen hin weniger verantwortlich für den Text war? Gibt es so etwas wie ein Gruppenempfinden für unangenehme Situationen?

Wenn die Gruppe an dieser Art Spielen ihren Spaß gefunden hat, können Sie eins nachlegen, das nur spaßig ist, und in welchem eine genau definierte Rolle den Einstieg in den Vortrag erleichtert. Zwei „Schauspieler", der eine ist der Graf, der auf seinem Thron (Stuhl) sitzt, der andere der Diener, der hereintritt, den langen Saal zum Thron des Grafen durcheilt und seinem Herrn mitteilt: „Herr Graf, die Pferde sind gesattelt." Worauf der Graf nur erwidert: „Gut Johann, dann laß uns reiten!" und mit ihm von hinnen schreitet. Ein nichtssagender Sketch, scheint's, aber doch sehr vielfältig interpretierbar, und da entfaltet er sich mit dem Witz und der Emphase der Darsteller. Das ganze als tragische Oper, als Lachnummer, als Trauerstück, als cooler Zeitgeist-Clip, als faustische Inszenierung dargeboten - der Phantasie der Darsteller sind kaum Grenzen gesetzt.

Für die Übung brauchen Sie ein Postleitzahlenbuch oder ein Telefonbuch.

Zusätzliches Arbeitsblatt:

• „Einschätzungen" reflektiert den Unterschied zwischen Selbstbild und Fremdbild und thematisiert die Problematik von Selbstunter- und -überschätzung.

Einschätzungen

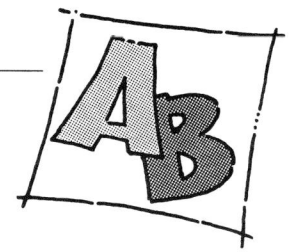

An Cristina traust Du Dich gar nicht erst ran: Sie ist bei allen in der Gruppe beliebt, weil sie so intelligent und witzig ist. Eigentlich findest Du sie sehr nett, aber in ihrer Nähe hast Du das Gefühl, ein unvollkommener Hänfling zu sein; und ehe Du was Falsches sagst, sagst Du lieber gar nichts und versuchst, Deine Unsicherheit nicht zu sehr zu zeigen.

Um so erstaunter bist Du, als sie Dir auf einem Fest anvertraut, daß sie Dich für total cool, unnahbar und unsensibel hält. Daß sie Dich so falsch einschätzt, macht Dich ein bißchen wütend. Zu Hause überlegst Du, woran es liegt, daß andere ein Bild von Dir haben, in dem Du Dich gar nicht wiederfindest.

Selbstwahrnehmung und Fremdwahrnehmung klaffen oft meilenweit auseinander: Da glauben die größten Langweiler Gott weiß wie witzig zu sein (man zappe nur mal eine Stunde lang durch unsere TV-Landschaft); bildschöne Menschen stecken voller Komplexe; blasse Mauerblümchen erweisen sich als amüsante Gesprächspartner …

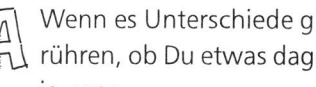 Welche Beispiele von eklatanter Fehleinschätzung sind Dir schon untergekommen? Glaubst Du, daß Deine Freunde und Bekannten Dich so sehen, wie Du wirklich bist?
Mache eine Tabelle und schreibe nebeneinander, wie Du Dich siehst und wie Du glaubst, daß die anderen Dich sehen. Wenn Du Dich traust, kannst Du einen anderen aus der Gruppe bitten, sein Bild von Dir daneben zu schreiben.

 Wenn es Unterschiede gibt, überlege, wo sie herrühren, ob Du etwas dagegen tun willst und wenn ja, was.

So bin ich	*So sehen mich andere*

Einschätzungen

Die meisten Menschen glauben, daß ihre Selbstwahrnehmung richtig ist. Einige leiden aber offensichtlich unter eklatanter Selbstüberschätzung, andere praktizieren eine Unterschätzung ihrer selbst. Wie würde eine solche Über- bzw. Unterschätzung bei Dir aussehen?

Übertrage Deine Selbsteinschätzung aus der Tabelle von Seite 132 in die mittlere Spalte. Schreibe in die linke Spalte, wie Du Dich als totaler Mickerling einschätzen würdest; in die rechte Spalte trägst Du ein, wie Du Dich als Powerprotz sähest.

Mickerling	Selbstbild	Powerprotz

Bist Du mit Deinem Selbstbild im Vergleich zum „minimal" bzw. „maximal" Möglichen zufrieden? Ist es immer so, daß der Powerprotzwert erstrebenswerter scheint als der Mickerlingswert? Wenn der „Mickerlingwert" den absoluten Tiefstand bildet (- 5) und der „Powerprotzwert" das maximal Erreichbare (+ 5), wo würdest Du Dich auf dem Zahlenstrahl dazwischen einordnen?

Kommunikation und Selbstsicherheit - © Verlag an der Ruhr, Postfach 10 22 51, 45422 Mülheim an der Ruhr

3.5 Nähe und Distanz

 In diesem Spiel geht es um das Erfahren der eigenen Grenzen, um das Erleben von Nähe und Distanz. Die Teilnehmer sollen lernen, soziale Grenzen zu überschreiten, Gedanken und körperliche Reaktionen wahrnehmen und ggf. geltende (soziale) Regeln umformulieren sowie die Bedeutung nonverbaler Signale erfahren.

 ab 12 Jahren

 bis 12 Personen

 a) ca. 15 Minuten für die Übung
b) ca. 20 Minuten für die Auswertung

 Das Plenum wird in Paare aufgeteilt; jedes Paar erhält ein Metermaß. Die zusammengehörenden Partner stellen sich im Abstand von 2 m einander gegenüber. Das Experiment läuft dann in 5 Phasen ab; während der gesamten Übungszeit darf nicht gesprochen werden.

 1. Phase:
Die Paare gehen aufeinander zu und blicken dabei einander in die Augen. Jeder Partner bleibt stehen, wenn er das Gefühl hat, daß die Nähe zum anderen für ihn gerade noch (emotional) verkraftbar ist. Eine Berührung soll hierbei nicht stattfinden. Wenn beide Partner ihre optimale Distanz gefunden haben, sollen sie den Abstand zueinander ausmessen und notieren.

2. Phase:
Die Partner nehmen erneut einen Abstand von 2 m zueinander ein. Sie gehen wieder aufeinander zu, nehmen dabei aber keinen Blickkontakt auf, und bleiben schließlich in einer für sie (emotional) noch vertretbaren Entfernung zum anderen stehen. Der erreichte Abstand wird erneut gemessen.

3. Phase:
Jeder Teilnehmer führt die Phasen 1 und 2 anschließend mit drei weiteren Gruppenmitgliedern durch.

4. Phase:
Die ursprünglichen Paare (Phase 1) finden sich wieder zusammen. Jedes Paar stellt zwei Stühle nebeneinander im Abstand von 2 m auf. Jeder Partner setzt sich auf einen der Stühle, wendet seinen Oberkörper dem anderen Partner zu und schlägt das jeweils äußere Bein über das innere. Der Abstand der Stühle wird nun langsam verringert, bis eine von beiden Partnern nicht mehr (emotionale) unterschreitbare Nähe zueinander erreicht ist. Der Abstand zwischen den Stühlen wird gemessen.

5. Phase:
Partnertausch: Phase 4 wird mit drei anderen Gruppenmitgliedern wiederholt.

 Grundsätzliches s. S. 8, Einleitung 6 a.

- Welches Spielelement habe ich als schwierig bzw. leicht empfunden?

- Woran habe ich bemerkt, daß ich zu meinem Partner eine Nähe erreicht hatte, die nicht mehr ohne Unbehagen zu unterschreiten war?

- Inwieweit war ich mit meinen Partnern jeweils einig darüber, welche Distanzgrenze zwischen uns nicht mehr unterschreitbar war?

- Wie habe ich den größten bzw. geringsten Abstand zu einem Partner empfunden?

- Wie groß waren die Abstände, die ich zu meinen Partnern zulassen konnte?

- Wie erkläre ich mir mein Verhalten während des Experiments?

- Welche allgemeinen Schlüsse kann ich aus den Erfahrungen mit dieser Übung ziehen?

Die Teilnehmer sollten zunächst berichten, welche Abstände im einzelnen zu den jeweiligen Partnern erreicht wurden; anschließend kann die weitere Auswertung im Rundgespräch stattfinden.

 Achten Sie auf die Einhaltung des Sprech-verbots, um verbale Kontakte zur Klärung der Situation auszuschalten.

Die Übung bedarf recht sensibler Teilnehmer. Bei Gruppen, deren Fähigkeit, nonverbale Informationen aufzunehmen und zu verarbeiten, nur gering entwickelt ist, hat das Experiment oft keinen erkennbaren Effekt.

Fordern Sie die Gruppenmitglieder während der Durchführung der Übung immer wieder dazu auf, wirklich genau zu testen, welchen Abstand sie gerade noch zulassen können, und dabei nicht zu rasch zu einer Entscheidung zu kommen. Wichtig ist hier, deutlich auf die emotionalen Fähigkeiten der Teilnehmer abzustellen.

Die Übung kann auch ausgezeichnet im Kontext eines Kommunikationstrainings eingesetzt werden.

 Gudjons 1990; Molcho 1988 u. 1990; Fast 1984; Scheflen 1990; Weiß 1991; Kliebisch 1995; Lauster 1988; Vopel 1984a

 Sinn der Übung ist es, zu erkennen, daß die soziale Nähe, die gegenüber anderen Menschen zugelassen werden kann, einmal von der Art der Beziehung zu den anderen Personen, zum weiteren aber auch von der Souveränität des Handelnden selbst abhängig und zudem stets kulturell bedingt ist.

Das Experiment stellt einen geeigneten Ausgangspunkt dafür dar, ausführlicher auf den Bereich der Körpersprache und ihre immense Bedeutung im Rahmen zwischenmenschlicher Kommunikation einzugehen. In diesem Zusammenhang müßte deutlich werden, daß selbstsicheres Auftreten die Fähigkeit impliziert, die körpersprachlichen Signale von Kommunikationspartnern wahrzunehmen und angemessen zu interpretieren. Insbesondere sollte man in der Lage sein zu empfinden, wann man dem Gesprächspartner gegenüber eine Distanz erreicht hat, die zu unterschreiten zum emotionalen Problem werden kann. Freilich kann eine vertiefende Auswertung

auch an dem Punkt der kulturellen Abhängigkeit von Distanzverhalten anknüpfen. In diesem Kontext könnte mit den Teilnehmern erörtert werden, inwieweit sie bereits bei der Durchführung des Experiments geltende soziale Verhaltensmuster abgestreift haben, indem sie beispielsweise die Intimnähe von ca. 70 cm Abstand bereits zu dem einen oder anderen Partner unterschritten haben. Ausgehend von den Spielerfahrungen kann danach beispielsweise über mögliche bzw. aus der Sicht der Gruppenmitglieder notwendige Umformulierungen sozialer Normen gesprochen werden.

 Für das Bestehen einer – auch körperlichen, oder zumindest körperlich fühlbaren – Grenze zwischen Menschen gibt es verschiedene Erklärungen. Haben die Teilnehmer Ihrer Gruppe sich darüber schon einmal Gedanken gemacht? Ob es sich dabei um Relikte archetypischer Verhaltensmuster, das Spüren der eigenen und fremden Aura oder schlicht sozial erlernte Distanz zu „fremden" Menschen handelt, werden sie sicher nicht im Gespräch ergründen können; aber interessant ist es allemal, sich darüber Gedanken zu machen. Zumal die jeweils als erträglich empfundene Distanz ja je nach Gegenüber stark differieren kann: Wie ist es bei Eltern, wie bei Freund oder Freundin, wie beim Partner, wie bei Fremden? Gibt es da Unterschiede? Wie ist es beim Tanzen? Bestehen da andere Grenzen? Und in anderen Kulturen? Haben die Teilnehmer Beispiele für einen anderen Umgang mit Grenzen schon einmal erlebt? Diese Distanzzonen der sozialen Interaktion finden Sie auf unserem Arbeitsblatt „Komm mir nicht zu nah!" ausführlich vorgestellt (s. S. 63/64).

Eine ganz besondere Situation beim Erleben von Grenzen ist die Begrüßungssituation. Anregungen dafür können Sie bei der Übung „Begrüßung" finden, sowie bei den Arbeitsblätter „Konventionen" (s. S. 79), „Konversationsrituale" (s. S. 80) und „Analyse einer Begegnung" (s. S. 81).

3.5 Nähe und Distanz

Ebenso verblüffende Erkenntnisse über das Verhältnis zweier Menschen offenbart eine genauere Betrachtung von körpersprachlichen Signalen. Ob sich Menschen zugewandt sind oder nicht, wie sicher sie sich in einer Situation fühlen, das alles läßt sich aus der Stellung der Beine, der Handhaltung und dem gesamten Körperausdruck ablesen, wenn man die Zeichen zu lesen versteht. Verhaltensforscher haben immer wieder versucht, diese Körpersprache zu interpretieren.

 Für jeweils zwei Gruppenmitglieder ist ein Metermaß erforderlich.

Zusätzliche Arbeitsblätter:
Bei der Frage nach der gerade noch erträglichen körperlichen Nähe darf man einen Aspekt nicht unterschätzen: den der Zuneigung bzw. Abneigung einem Menschen gegenüber. Wie Urteile über andere die soziale Nähe bestimmen, thematisieren die beiden Arbeitsblätter

- „Der Ha-Ha" erzählt von einem Jungen, der über ein äußeres Merkmal in eine Rolle gedrängt wird, aus der er sich nicht mehr zu befreien vermag.

- „Wer ist anders?" versucht, die relative Bedingtheit des Begriffs „anders" zu verdeutlichen, die ja auch in dem Satz zum Ausdruck kommt: „Wir alle sind Ausländer - fast überall!"

Der Ha-Ha

Es war einmal ein Junge, der war wie alle anderen Jungen, bis zu dem Tag, als er zur Schule kam. Da begann er zu stottern. Es fiel gleich am ersten Schultag auf, als er seinen Namen sagen sollte.

„Wie heißt du?" fragte die Lehrerin.

Der Junge saß in der hintersten Bank und blickte über die Köpfe der Schüler hinweg zur Lehrerin, die vorne am Pult stand. Er war ziemlich groß, aber schmächtig und scheu. Ist meine Stimme wohl stark genug, fragte er sich, daß sie über die vielen Bankreihen hinweg nach vorne dringt?

Seine Handflächen schwitzten. Er begann, so laut er konnte: „Ha" Er stockte, setzte dann nochmals an: „Ha-Ha" weiter kam er nicht. Die Köpfe der Jungen und Mädchen flogen herum. Der Junge sah in dreißig Gesichter, die gerne lachen wollten.

„Ha-Ha-Ha-" versuchte er es nochmals.

„Ha-Ha-Ha!" lachten die Kinder. Es klang wie ein Echo. Von diesem Tag an nannten sie ihn den Ha-Ha.

Richtig hieß der Junge Harald Haltmeier. Es war ein langer Name. Wenn der Junge ihn aussprechen sollte, stolperte er über ihn wie über unsichtbare Stelzwurzeln.

Die Kinder lachten dann jedesmal. Wenn Harald aufgerufen wurde, blickten sie erwartungsvoll nach hinten. Sie warteten gespannt, bis er einen Fehler machte.

Die Lehrerin zeigte auf ein Bild, auf dem ein schwarzer Junge unter einer Palme stand. „Wo wohnt dieses Kind?" fragte sie. „Bitte, Harald?"

„In A-Af-Afrika", stotterte Harald. „Aff! Aff!" brüllten die Schüler. Sie lachten jetzt viel lauter als am ersten Tag, wo selbst die frechsten noch ein bißchen zahm gewesen waren. Sie dachten sich nichts Böses, sie dachten sich nichts Gutes dabei. Sie dachten sich überhaupt nichts. Die schlimmsten Dinge entstehen oft dadurch, daß man sich überhaupt nichts denkt.

Je lauter sie lachten, um so mehr fürchtete sich Harald. Je mehr er sich fürchtete, um so ärger stotterte er. Und je ärger er stotterte, um so lauter lachten die Schüler.

Harald getraute sich jetzt kaum mehr, in der Schule den Mund aufzutun.

In der Pause stand er allein.

„Spielt niemand mit Harald?" fragte die Lehrerin.

Die Kinder zuckten die Achseln. „Er stottert ja so schrecklich, der Ha-Ha", sagten sie. „Was sollen wir mit dem."

Wußten sie, daß er auswendig einen Löwen zeichnen konnte samt dazugehörigem Tierbändiger?

Daß er vier Meter weit spucken konnte?

Daß er gerne in der Pause seinen Kaugummi geteilt hätte?

Nichts von all dem wußten sie. Sie wußten nur, daß er stotterte.

Eveline Hasler, Der Ha-Ha,
in: Hans-Joachim Gelberg (Hg.),
Am Montag fängt die Woche an. Weinheim 1953

 Das eigene Selbstbewußtsein und damit auch das Verhalten sind ganz stark abhängig davon, wie die anderen einem begegnen.
Welche Folgen hat das Verhalten der Mitschüler für Harald? Warum verhalten sie sich so?
Welche Möglichkeiten gäbe es, Harald zu helfen? Versucht in einem kleinen Rollenspiel eine Konfliktlösung zu erarbeiten. Einer spielt Harald, eine die Lehrerin, eine eine neue Mitschülerin, die den Konflikt zwischen Harald und der Klasse anspricht und geklärt haben möchte, drei oder vier spielen die Klassengruppe. Wie könnte eine Konfliktlösung nach dem „Kummerlöser"- Prinzip (siehe „Ich bin gut!", Seite 166/167) aussehen?

Kommunikation und Selbstsicherheit - © Verlag an der Ruhr, Postfach 10 22 51, 45422 Mülheim an der Ruhr

Wer ist anders?

A

In der Türkei ist es üblich, zum Abputzen des Hinterns anstelle von Toilettenpapier Wasser zu benutzen, das in jeder türkischen Toilette in einer Schnabelkanne bereitsteht.

Ein Deutscher kommt in eine türkische Toilette:
„Die Türken sind doch Schweine!"
Ein Türke kommt in eine deutsche Toilette:
„Die Deutschen sind doch Schweine!"

B

Ein Indianer sagt zu einem amerikanischen Wissenschaftler: „Ihr Weißen seid verrückt! Von euren Maschinen getrieben, schuftet ihr wie die Roboter, bis ihr fünfundsechzig seid. Dann, wenn ihr schon zu alt dafür sein, fangt ihr an zu fischen, zu reisen, zu genießen. Wir verteilen die angenehmen Stunden über das ganze Leben. Ist das nicht vernünftiger?"

C

Ein Japaner lächelt, wenn er von seinem Chef einen Rüffel erhält, er lächelt, wenn er über ein Unglück, etwa den Tod seines Kindes berichtet.

 Unterhaltet Euch in Vierergruppen über die drei Beispiele. Was haben sie alle gemeinsam? Welche Gründe könnte das verschiedene Verhalten der Gruppen und Völker haben? Wie beurteilt Ihr das Verhalten der jeweiligen Volksgruppe? Ist „andersartig" für Euch in diesen Beispielen „negativ" oder „schlecht"? Begründet Eure Meinung.

„Der Splitter in deinem Auge ist das beste Vergrößerungsglas."

Theodor W. Adorno

 Welche Bedeutung hat Adornos Äußerung bezogen auf die obigen Beispiele?

 Welche Schwierigkeiten habt Ihr, wenn Ihr die oben stehenden Zeichnungen genau betrachtet? Könnte man diese Formen nachbauen?

Eine Übung, bei der alle Teilnehmer die Grenzen ihrer Selbstsicherheit austesten können. Es geht im einzelnen um:

- Erfahrungen mit unsinnigen, ungewöhnlichen Anweisungen;
- Training von Selbstsicherheit;
- Erleben von Gefühlen und Wahrnehmen von Gedanken in ungewohnter Situation;
- Aktivierung zwischen Arbeitsphasen.

ab 12 Jahren

bis 15 Personen

a) ca. 10 Minuten für die Übung
b) ca. 15 - 20 Minuten für die Auswertung

Räumen Sie den Übungsraum leer; weisen Sie die Teilnehmer an, sich im Raum zu verteilen. Spielen Sie leise Instrumentalmusik ein, und sprechen Sie anschließend den folgenden Text:

Stellt Euch jetzt an eine Stelle im Raum, an der Ihr Euch wohl fühlt; haltet dabei mindestens einen Meter Abstand zu anderen Gruppenmitgliedern. Während der folgenden Übung dürft Ihr nicht miteinander sprechen.

(ca. 15 Sekunden warten)

Geht nun langsam los und im Raum umher; haltet dabei stets einen angemessenen Abstand zu den übrigen Teilnehmern.

(ca. 20 Sekunden warten)

Bleibt jetzt - mit durchgedrückten Beinen - stehen. Wenn ich gleich das Kommando „Jetzt!" gebe, schreit Ihr, so laut Ihr könnt, fünfmal Euren Vornamen. Bitte, jetzt!

(ca. 20 Sekunden warten)

Geht nun wieder langsam los und im Raum umher; haltet dabei Abstand zu den anderen Gruppenmitgliedern.

(ca. 20 Sekunden warten)

Bleibt jetzt wieder stehen; nehmt eine leichte Grätschstellung ein, und drückt Eure Beine durch. Wenn ich gleich das Kommando „Jetzt!" gebe, stoßt Ihr fünfmal einen lauten Tarzanschrei aus und klopft Euch dabei mit den Fäusten auf die Brust. Achtung: Jetzt!

(ca. 20 Sekunden warten)

Geht nun wieder langsam los und im Raum umher; haltet dabei immer einen angemessen Abstand zu den anderen Teilnehmern ein.

(ca. 30 Sekunden warten)

Bleibt nun wieder stehen; setzt Euch in den Schneidersitz auf den Boden. Stellt Euch jetzt vor, Ihr seid ein vierjähriges Kind, dem man das Spielzeug weggenommen hat. Wenn ich Euch gleich das Kommando „Jetzt!" gebe, weint Ihr laut vor Euch hin, so wie es ein vierjähriges Kind in dieser Situation auch tun würde. Hört mit dem Weinen erst auf, wenn ich Euch dazu auffordere. Bitte, jetzt!

(ca. 30 Sekunden warten)

Steht nun wieder auf und geht im Raum umher, haltet auch weiterhin genügend Abstand zu den übrigen Gruppenmitgliedern.

(ca. 30 Sekunden warten)

Wenn ich Euch gleich mit dem Kommando „Jetzt!" dazu auffordere, sprecht Ihr bitte laut immer wieder den folgenden Satz vor Euch hin; geht dabei weiter im Raum umher. Der Satz lautet: „Ich bin ein wertvoller Mensch." Bitte, fangt jetzt damit an.

(ca. 20 Sekunden warten)

Bleibt jetzt stehen, sucht Euch einen Partner und setzt Euch anschließend auf dem Boden noch einmal im Schneidersitz einander gegenüber. Schaut Euch bitte in die Augen.

Wenn ich Euch gleich mit dem Kommando „Jetzt!" dazu auffordere, beginnt Ihr, zunächst ganz leise, dann lauter und immer lauter Eurem Partner folgenden Satz zu sagen: „Ich bin so selbstsicher, wie ich es möchte." Fangt jetzt damit an.

(ca. 30 Sekunden warten)

Hört jetzt auf zu sprechen: Legt Euch entspannt mit dem Rücken auf den Boden, ohne ein anderes Gruppenmitglied zu stören, schließt Eure Augen und hört der Musik zu, die schon seit Beginn des Experiments im Hintergrund spielt.

(ca. 30 Sekunden warten)

Wenn ich Euch gleich durch das Kommando „Jetzt!" dazu auffordere, stoßt Ihr bitte einen Laut aus, der Euer augenblickliches Gefühl angemessen zum Ausdruck bringt. Bitte jetzt!

(ca. 10 Sekunden warten)

Bleibt jetzt noch eine Weile entspannt mit geschlossenen Augen auf dem Rücken liegen und hört der Musik zu. Laßt Eure Gedanken treiben, wohin sie Euch führen ...

(ca. 1 bis 3 Minuten warten)

Wir wollen jetzt diese Übung beenden: Streckt und beugt dazu Eure Arme ein paarmal kräftig, atmet tief ein und öffnet dann Eure Augen.

Kommunikation und Selbstsicherheit - © Verlag an der Ruhr, Postfach 10 22 51, 45422 Mülheim an der Ruhr

3.6 Dummes Zeug

 Grundsätzliches s. S. 8, Einleitung 6 a.

- Welche Gedanken sind mir während der ersten Teile der Übung durch den Kopf gegangen?
- Wie gut konnte ich den Anweisungen des Spielleiters folgen?
- Welche weiteren Wahrnehmungen habe ich bei mir, bei meinem Spielpartner oder bei den übrigen Gruppenmitgliedern gemacht?
- Wie fühle ich mich jetzt?
- Was sagen die Übung und die Erfahrungen, die ich damit gemacht habe, über meine Selbstsicherheit in ungewohnten Situationen aus?
- Welche allgemeinen Schlüsse lassen sich aus diesem Experiment ableiten?
- Wie kann ich die Erfahrungen mit dieser Übung in meinem konkreten Alltag nutzen?

 Die Teilnehmer sollten sich zunächst zu ihren Gefühlen und Gedanken im Zusammenhang mit den einzelnen Übungsphasen äußern; hierzu kann vorbereitend ggf. eine kurze Einzelarbeit angesetzt werden; anschließend erfolgt die weitere Auswertung im Plenumsgespräch.

 Der für diese Übung genutzte Raum muß so groß sein, daß die Teilnehmer sich darin bequem bewegen können, ohne allzusehr darauf achten zu müssen, daß die übrigen Gruppenmitglieder bei der Umsetzung einzelner Elemente des Experiments nicht gestört werden. Steht ein solcher Raum nicht zur Verfügung, kann die Übung auch in einer Turn- bzw. Gymnastikhalle oder im Freien durchgeführt werden.

Setzen Sie mit besonderer Konsequenz die Einhaltung des Sprechverbots durch, da sonst die individuellen Erfahrungen stark relativiert werden könnten.

Das Spiel läßt sich ohne weiteres auch mit recht jungen Teilnehmern erfolgreich durchführen, da diese den ungewohnten Übungselementen in der Regel sehr offen gegenüberstehen. Bei älteren Jugendlichen oder Erwachsenen kann es in dieser Hinsicht durchaus zu Problemen kommen, weil sie leicht von „dummem Zeug" sprechen könnten. Stellen Sie sich

also auf solche Schwierigkeiten ein und thematisieren Sie sie möglicherweise schon im Vorfeld der Übung in allgemeiner Form.

Die Übung läßt sich auch als aktivierendes Element zwischen Arbeitsphasen einsetzen. In diesem Falle sollten Sie allerdings auf eine weiterführende Auswertung verzichten.

 Schelp u.a. 1990;
Kirsten/Müller-Schwarz 1981;
Kliebisch 1995a; Kliebisch/Wach 1994;
Kliebisch/Eichmann/Basten 1991;
Richardson 1992; Dilts u.a. 1987;
Mohl 1993

 Diese Übung konfrontiert die Teilnehmer mit einer Reihe ungewöhnlicher (vielleicht auch zum Teil als unsinnig, zumindest aber recht peinlich empfundener) Situationen. Da Selbstsicherheit nicht zuletzt darin zum Ausdruck kommt, wie sich jemand unter solchen Bedingungen verhält, was er dabei denkt und fühlt, kann das Spiel Anlaß sein, in Grundprobleme des Phänomens Selbstsicherheit einzuführen. In diesem Kontext kann auch thematisiert werden, in welchem Maße positives Denken und eigenes Wollen („Ich bin so selbstsicher, wie ich möchte!") dazu beitragen können, selbstsicheres Handeln zu initiieren und zu stabilisieren.

Wenn Sie im Laufe der Übung und deren Auswertung erkennen, daß bei den Teilnehmern bislang noch ein sehr unsicheres Verhalten vorherrscht, können Sie zur weiteren Klärung der Sachlage an dieser Stelle problemlos auf Elemente des Fragebogens zur Selbstsicherheit zurückgreifen (s. Kap. 1.2).

 Zusätzliche Arbeitsblätter:

- „Autorität und Gehorsam" und „Das Milgram-Experiment" thematisieren ein Experiment zu Autorität und Gehorsam, das zu erschreckenden Ergebnissen über das Verhalten und den Gehorsam von Menschen gegenüber Autoritäten geführt hat.
Wenn Sie an den Film „Abraham - ein Experiment" gelangen können, sollten Sie ihn begleitend dazu in jedem Fall zeigen, da er dieses Experiment dokumentiert.

Autorität und Gehorsam

Stelle Dir mal die folgende Situation vor: Du hast Dich für eine Untersuchung über Gedächtnisleistungen angemeldet und bist nun im Versuchslabor. Dort triffst Du eine zweite Versuchsperson. Der Versuchsleiter erklärt Euch, daß er die Auswirkung von Bestrafung auf das Lernen untersuchen will. Einer soll die Rolle des Lehrers, der andere die des Lernenden übernehmen. Du ziehst ein Los und wirst der Lehrer. Im Nebenraum schnallt Ihr den Lernenden an einem stählernen Stuhl fest, so daß er sich nicht mehr bewegen kann. Der Versuchsleiter befestigt zwei Elektroden am Arm des Lernenden und klärt ihn darüber auf, daß er sich eine Liste von Wortpaaren einprägen müsse, die der Lehrer ihm über eine Sprechanlage vorliest. Wenn er die anschließenden Kontrollfragen richtig beantworte, werde ihm nichts geschehen. Für jeden Fehler erhalte er jedoch einen Elektroschock als Strafe.

In einem Nebenraum steht eine Schockmaschine, an der 30 Schockhebel angebracht sind, die mit Voltbezeichnungen von 15 bis 450 Volt in Intervallen von 15 Volt versehen sind. Der Versuchsleiter versetzt Dir dort einen Probeschock von 45 Volt, damit Du eine Vorstellung davon bekommst, welche Strafe der Lernende zu erwarten hat. Unter den Hebeln sind Aufschriften zur Orientierung angebracht, auf denen steht „leicht", „mäßig", „intensiv", „schwer", „sehr schwer", „bedrohlicher Schock" und „XXX".

Du erhältst den Auftrag, die Liste der Wortpaare und anschließend die Testfrage mit vier möglichen Antworten in ein Mikrophon zu sprechen. Die Antworten des Lernenden erscheinen in einem Antwortkasten. Antwortet er richtig, so bestätigst Du es und gehst zur näch-

sten Zeile über. Bei jeder falschen Antwort mußt Du „falsch" sagen, die Volthöhe der zu erhaltenden Strafe mitteilen, den Schockhebel betätigen, die richtige Antwort vorlesen und zur nächsten Frage übergehen. Jeder Fehler wird mit einem Elektroschock bestraft. Die Strafen beginnen bei 15 Volt und erhöhen sich bei jedem Fehler um 15 Volt. Die Reihenfolge muß eingehalten werden.

Das Experiment beginnt. Bei Strafen zwischen 75 und 150 Volt hörst Du aus dem Nebenraum Ächzen und Ausrufe; zwischen 165 und 230 Volt spiegeln die Ausrufe deutlich das steigende Schmerzmaß wieder; zwischen 245 und 300 Volt ertönen wütende Proteste und schmerzliches Flehen; von 315 bis 375 Volt gibt der Lernende verzweifelte Schreie, Stöhnen und Schluchzen von sich und fleht dringlich darum, aufzuhören; zwischen 390 und 450 Volt herrscht Stille. Dir wird aufgetragen, Schweigen nach 10 Sekunden als falsche Antwort zu werten und zu bestrafen.

Versuchsanordnung

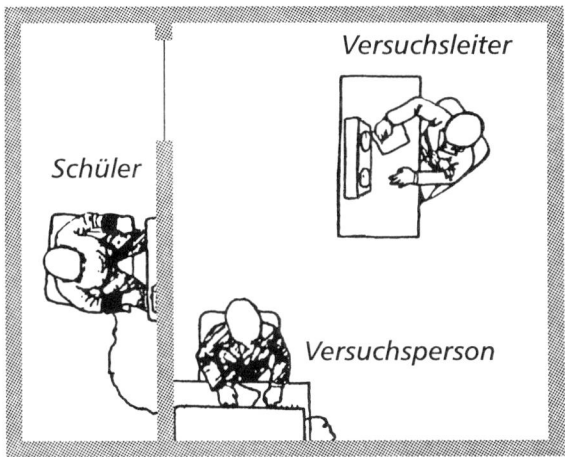

Schüler

Versuchsleiter

Versuchsperson

Wie würdest Du Dich in dieser Versuchssituation verhalten? Wie weit würdest Du bei der Bestrafung gehen? Von welchen Faktoren hängt Deine Entscheidung ab? Diskutiert anschließend Eure Meinungen in der Gruppe. Nehmt dann das Arbeitsblatt „Das Milgram-Experiment" zur Hand und erarbeitet es in Vierergruppen.

Das Milgram-Experiment

Bei dem beschriebenen Versuch handelte es sich um ein Experiment, das tatsächlich durchgeführt wurde, um zu testen, wie weit Menschen unter autoritären Anweisungen Befehle befolgen. Der Lehrer war also die eigentliche Testperson, wohingegen der Lernende natürlich zum Versuchsteam gehörte und die Schmerzensäußerungen von einem Band kamen. Dabei wurden die Versuchsanordnungen jeweils verändert, um zu überprüfen, ob und inwieweit die Rahmenbedingungen das Verhalten der Testpersonen beeinflussen. Hier sind einige Versuchsanordnungen beschrieben.

A Schätze doch einmal, wieviel Prozent der Testpersonen bis zur Höchststrafe von 450 Volt gegangen sind. Trage Deine Schätzung in das Feld neben der Versuchsbeschreibung ein. Das tatsächliche Ergebnis findest Du in der rechten Spalte auf dem Kopf stehend.

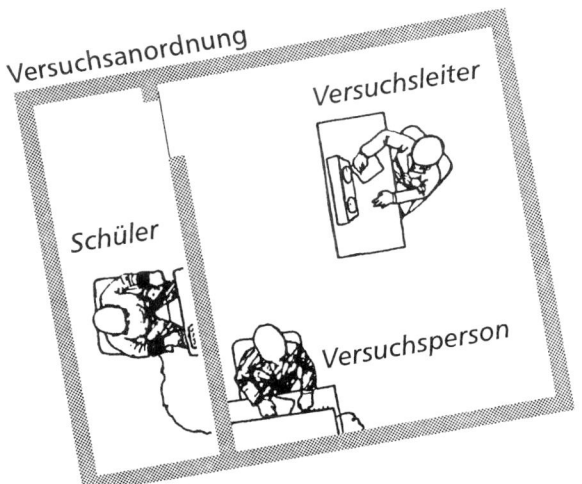

Versuchsanordnung

Versuchsleiter

Schüler

Versuchsperson

Versuchsanordnungen (nach Milgram)	Einschätzungen der Versuchs-ergebnisse	Tatsächliche Ergebnisse
1. Die Versuchsperson (VP) und der Versuchsleiter (VL) befanden sich in einem anderen Raum als das Opfer. Die VP konnte das Opfer weder sehen noch hören, die Antworten blitzten stumm auf dem Signalkasten auf. Bei der 300-V-Stufe dröhnten die Laborwände, wenn das Opfer protestierend dagegenhämmerte. Nach 315 V erfolgten keine Antworten mehr.		40 VP: 26 (65%) verabreichten 450 V (höchste Stufe)
2. Das erste Experiment wurde durch akustische Proteste des Opfers erweitert. Das Opfer saß im Nebenzimmer, aber seine Proteste waren deutlich hörbar.		40 VP: 25 (62,5%) verabreichten 450 V (höchste Stufe)
3. Das Opfer saß im gleichen Raum nur wenige Meter von der VP entfernt. Die VP konnte das Opfer sehen und hören.		40 VP: 16 (40%) verabreichten 450 V (höchste Stufe)
4. Das Opfer erhielt nur dann einen Schock, wenn seine Hand auf einer Schockplatte lag. Von der 150-V-Stufe an bat das Opfer um Freilassung und weigerte sich, die Hand auf die Schockplatte zu legen. Der VL befahl der VP, die Hand des Opfers mit Gewalt auf die Schockplatte zu legen.		40 VP: 12 (30%) verabreichten 450 V (höchste Stufe)
5. Dieses Experiment fand im Keller des gleichen Gebäudes statt. An Stelle der luxuriösen Teppiche und Vorhänge der vorigen Örtlichkeit waren unverkleidete Heizungsrohre und ein einfacher Zementboden zu sehen. Der Schüler machte sowohl bei der Einweisung als auch bei späteren Protestäußerungen auf einen Herzfehler aufmerksam.		40 VP: 26 (65%) verabreichten 450 V (höchste Stufe)

Das Milgram-Experiment

6. Ein zweites Team wurde angestellt. Während der VL des ersten Teams trocken, hart und technisch wirkte, das Opfer hingegen sanft, onkelhaft und unaggressiv, war dies im zweiten Team gerade umgekehrt.		40 VP: 20 (50%) verabreichten 450 V (höchste Stufe)
7. Dieses Experiment fand in einem verwahrlosten Bürogebäude einer Industriestadt statt. Als durchführende Institution wurde eine Privatfirma, die einen Forschungsauftrag für die Industrie duchführt, genannt.		40 VP: 19 (47,5%) verabreichten 450 V (höchste Stufe)
8. Bei 150 V plädiert der VL für Abbrechen, der Schüler wollte aber aus Gründen der Männlichkeit durchhalten.		4 VP von 20 waren gehorsam.
9. Der VL wurde noch vor dem ersten Schock ans Telefon gerufen und übergab die Leitung an eine andere (vermeintliche) VP. Diese hatte die Idee, die Schocks regelmäßig zu steigern.		Alle 16 VP brachen bei 150 V ab.
10. Die 16 Ungehorsamen (vgl. Experiment 9) mußten zuschauen, wie die andere VP ihren Platz übernahm und die Schocks weiter steigerte.		11 der 16 Ungehorsamen ließen es zu, daß ihr „Vertreter" bis 450 V ging.

 Führt die folgende Auswertung gemeinsam in einer Vierergruppe durch. Könnt Ihr eine Auswertung des Versuchs anstellen, die deutlich macht, wovon die Gehorsamkeitsbereitschaft abhängt?

 Welche Faktoren bestimmen den Gehorsam Eurer Meinung nach? Welche eigenen Erfahrungen mit Gehorsam habt Ihr gemacht? Ist es Euch immer leicht gefallen, gehorsam zu sein? Findet Ihr Gehorsam wichtig? Wovon hängt es ab, ob Ihr gehorsam seid oder nicht?

 Überlegt Euch bei den folgenden Beispielen, inwieweit Ihr gehorchen würdet.
- **Familie:**
  Das Kind gehorcht ohne Wiederworte.
- **Kirche:**
  Die Gläubigen befolgen die 10 Gebote.
- **Schule:**
  Der Schüler schreibt lange Texte nur ab, weil der Lehrer es verlangt.
- **Verein:**
  Der Trainer fordert Härte bis knapp über die Grenze des Erlaubten.
- **Militär:**
  Der Soldat wirft auf Befehl eine Handgranate gegen „den Aggressor".
- **Sekten:**
  Auf Befehl des Sektenführers begehen alle Sektenmitglieder Selbstmord.
- **Politik:**
  Auf Befehl des Führers zieht ein Land in den Krieg, um die Welt zu erobern und tötet Millionen von Menschen.

Kommunikation und Selbstsicherheit - © Verlag an der Ruhr, Postfach 10 22 51, 45422 Mülheim an der Ruhr

3.7 Briefumschläge

 „Briefumschläge" ist eine Art „Bluff-Spiel", das die Teilnehmer Ihrer Gruppe in eine künstliche Streßsituation versetzen soll. Im einzelnen geht es dabei um:

- selbstsicheres Auftreten vor der Gruppe;
- Erkennen der Bedeutung vorauseilender Gedanken;
- Gefühle und körperlicher Empfindungen;
- Reflexion streßreduzierender Maßnahmen;
- Erkennen von Problemen interner Verarbeitungsprozesse.

 ab 12 Jahren

 bis 20 Personen

 a) ca. 5 - 8 Minuten für die Übung
b) ca. 20 - 30 Minuten für die Auswertung

 Die Teilnehmer setzen sich in einen Stuhlkreis; geben Sie dann folgende Informationen und Anweisungen:

Ich möchte jetzt mit Euch ein Spiel durchführen, das eine ganz besondere Schwierigkeit enthält. Einer unter Euch soll gleich aufstehen, sich in die Mitte des Kreises stellen und dann zu einer speziellen Musik, die ich mitgebracht habe, den anderen einen Solotanz vorführen.

(ca. 5 - 10 Sekunden warten)

Das einzige Problem, das wir haben, besteht darin herauszufinden, wer der Glückliche sein wird, der diesen Tanz vorführen soll. Doch dafür habe ich mir einen Weg überlegt: Ich habe hier 20 Briefumschläge; jeder von Euch erhält gleich einen dieser Umschläge. Die Umschläge sind alle zugeklebt; Ihr laßt sie bitte auch verschlossen, bis ich Euch auffordere, sie zu öffnen. In jedem der Briefumschläge befindet sich ein Zettel mit jeweils einer anderen Zahl zwischen 1 und 20. Wer hinterher in seinem Umschlag den Zettel mit der Ziffer 1 findet, wird die Aufgabe haben, den Tanz vorzuführen.

(ca. 5 - 8 Sekunden warten)

Ich gehe jetzt herum, und jeder von Euch zieht bitte einen Briefumschlag ... Bitte, laßt die Umschläge geschlossen ...
Damit sich jeder ein Bild davon machen kann, zu welcher Musik er etwas vortanzen soll, werde ich Euch jetzt zunächst noch die Musik vorspielen, die ich zu diesem Zweck mitgebracht habe. Haltet

während der Zeit, in der Ihr jetzt die Musik hört, die Umschläge in der Hand; öffnet sie aber nicht!

(Spielen Sie eine rhythmische Instrumentalmusik von etwa 3 Minuten Länge ab.)

So, nun weiß jeder, wie sich die Musik anhört, zu der getanzt werden soll. Wir werden jetzt ermitteln, wer von Euch die Aufgabe lösen muß. Also, öffnet jetzt Eure Umschläge und schaut nach, welche Zahl auf Eurem Zettel steht.

(ca. 10 Sekunden warten)

Wer hat auf seinem Zettel die 1 entdeckt? ...
Na, wer denn ...?
Niemand ...? Schaut doch noch einmal genau nach.

(ca. 5 - 10 Sekunden warten)

Ich nehme an, der eine oder andere unter Euch hat schon gemerkt, was hier los ist: Natürlich hat niemand einen Zettel mit einer 1 in seinem Umschlag finden können; denn es gab gar keinen.

 Grundsätzliches s. S. 8, Einleitung 6 a.

- Woran und was habe ich während der Durchführung des Experiments im einzelnen gedacht?
- Was denke ich jetzt im Rückblick auf die Übung?
- Welche körperlichen Wahrnehmungen habe ich während der Durchführung der Übung an mir gemacht?
- Welche körperlichen Reaktionen spüre ich jetzt?
- Wie haben mich meine Gedanken, Gefühle und körperlichen Reaktionen während des Spieles beeinflußt?
- Was hatten meine Gedanken, Gefühle und körperlichen Empfindungen während der Übung mit der tatsächlichen Situation zu tun?
- Wie kann ich in Zukunft besser mit solchen oder ähnlichen Situationen umgehen?
- Wann kann ich in meinem alltäglichen Leben die Erfahrungen nutzen, die ich im Zusammenhang mit dieser Übung gemacht habe?

 In Einzelarbeit können die Teilnehmer als Einstieg das als M1 beigefügte Aufgabenblatt bearbeiten. Die Ergebnisse dieser Phase werden dann zunächst in ein weiterführendes Aus-

wertungsgespräch eingebracht, in dem Sie anschließend auf weitere der obenstehenden Fragen eingehen können.

Für das Gelingen der Übung ist es außerordentlich wichtig, auf zwei Aspekte besonderen Wert zu legen: Zum einen muß man die Gruppe mit einer Aufgabenstellung konfrontieren, deren Bewältigung aller Erfahrung nach zumindest für die meisten Teilnehmer mit der Überwindung einer relativ hohen psychischen Barriere verbunden ist. Aus dieser Sicht können Sie – abhängig von der jeweils bestehenden Gruppenkonstellation - selbstverständlich auch andere Ausgangssituationen als die hier vorgesehene wählen. Zum zweiten müssen Sie die Anweisungen und Informationen zur Durchführung der Übung mit großer Sachlichkeit vortragen, um bei den Gruppenmitgliedern nicht etwa den Verdacht aufkommen zu lassen, die Aufgabenstellung sei in Wahrheit gar nicht ernst gemeint.

Die Auswahl der Musik ist prinzipiell beliebig: Sie sollten aber auf einen Instrumentaltitel zurückgreifen. Es bietet sich an, die Musikrichtung in Abhängigkeit von der Gruppe zu bestimmen: Je weiter der Musikstil von den Erwartungen und Vorlieben der Teilnehmer entfernt ist, desto besser gelingt die Übung.

Kliebisch 1991a, 1993b, c. u. 1994;
Kliebisch/Wach 1994;
Diekstra 1979; Diekstra/Dassen 1982;
Ellis 1984a u. 1987; Lotz 1991;
Lotz/Diekstra 1991

Das Experiment soll die Teilnehmer vor allem mit dem Phänomen vorauseilender Gedanken, Gefühle und körperlicher Empfindungen vertraut machen: Obgleich eine unangenehme Situation (hier einen Tanz vor der Gruppe vorführen zu müssen) überhaupt noch nicht eingetreten ist, neigen Menschen dazu, gleichsam irrational davon auszugehen, diese Situation bestünde bereits. Demzufolge werden entsprechende Gedanken („Was soll ich nur machen, wenn ich drankomme?" „Das schaffe ich bestimmt nicht." „Die anderen werden bestimmt lachen, wenn sie mich sehen!"), Gefühle (Angst, Hilflosigkeit) und die dazu passenden körperlichen Reaktionen (beschleunig-

ter Herzschlag, feuchte Hände, innere Unruhe) entwickelt. Zur Illustration könnte in diesem Zusammenhang das Arbeitsblatt „Interne Verarbeitung der Seminarsituation" verwendet werden.

Der Sinn einer vertiefenden Auswertung ist zunächst darin zu sehen, auf diesen Mechanismus vorauseilender und weitgehend irrationaler Reaktionen aufmerksam zu machen und seine krankmachenden Folgen zu thematisieren. Im weiteren Verlauf können Sie auch auf praktische Handlungskonsequenzen – wie etwa das Erlernen von Entspannungstechniken – eingehen, die dabei helfen können, den potentiellen Belastungen, wie sie bei dieser Übung simuliert werden und im Alltag an vielen Stellen auftreten, weitgehend oder vollständig zu entgehen.

Bei dieser Übung läßt sich der Transfer auf alltägliche Situationen sicher leicht vollziehen: Wer hat noch nicht in einer ähnlichen Situation gesteckt – das Schulleben ist gespickt damit, aber auch der übrige Alltag: Gleich bin *ich* dran, und wie reagiere ich dann? Lassen Sie reihum die Teilnehmer besonders aufregende oder peinliche Situationen erzählen. Wie haben sie sich jeweils gefühlt, und wie haben sie reagiert? Würden sie sich heute in der gleichen Situation ähnlich verhalten? Hat ihnen die anschließende Reflexion über das Ereignis zu mehr Sicherheit verholfen, oder sind sie im Gegenteil noch unsicherer geworden?

Sie benötigen für jedes Gruppenmitglied einen zugeklebten Briefumschlag mit einem einliegenden, mit einer Zahl beschrifteten Zettel.

• M 1 - Arbeitsblatt für die erste Phase der Auswertung.

Zusätzliche Arbeitsblätter:

• Folienvorlage: „Interne Verarbeitung der Seminarsituation"

• Das Arbeitsblatt „Angst" gibt Anregungen, die eigene Angst zu erkunden und ihr bewußter begegnen zu können.

Arbeitsblatt

Beantworte die folgenden Fragen, und notiere Deine Antworten stichwortartig in den dafür vorgesehenen Leerzeilen.

Du hast dafür ca. 15 Minuten Zeit; anschließend kommen wir wieder im Plenum zusammen.

1. Wie habe ich mich gefühlt?
    a) nach dem Austeilen der verschlossenen Briefumschläge?

    ....

    ....

    ....

    b) während des Abspielens der Musik?

    ....

    ....

    ....

    c) beim Öffnen meines Umschlags?

    ....

    ....

    ....

    d) bei der Auflösung des Spiels durch den Moderator?

    ....

    ....

    ....

2. Was habe ich gedacht,
    a) nach dem Austeilen der verschlossenen Briefumschläge?

    ....

    ....

    ....

    b) während des Abspielens der Musik?

    ....

    ....

    ....

2. c) beim Öffnen meines Umschlags?

....

....

....

d) bei der Auflösung des Spiels durch den Moderator?

....

....

....

3. Welche körperlichen Reaktionen habe ich beobachtet

a) nach dem Austeilen der verschlossenen Briefumschläge?

....

....

....

b) während des Abspielens der Musik?

....

....

....

c) beim Öffnen meines Umschlags?

....

....

....

d) bei der Auflösung des Spiels durch den Moderator?

....

....

....

4. Welche Erklärungen habe ich für meine im Zusammenhang mit dieser Übung aufgetretenen Gefühle, Gedanken und körperlichen Reaktionen?

....

....

....

Interne Verarbeitung der Seminarsituation

(in Anlehnung an: Kliebisch/Schweer 1995a)

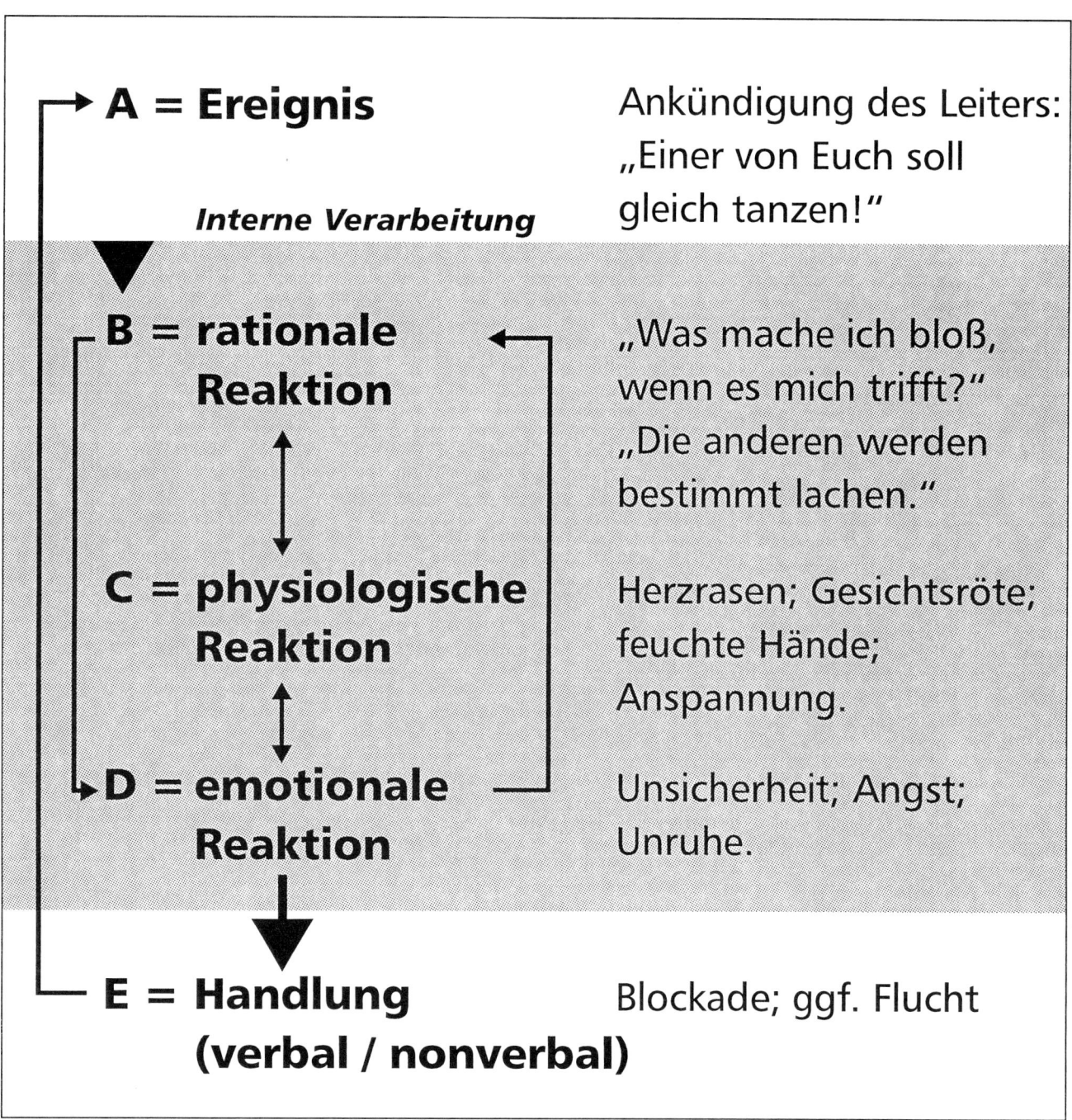

A = Ereignis

Interne Verarbeitung

B = rationale Reaktion

C = physiologische Reaktion

D = emotionale Reaktion

E = Handlung (verbal / nonverbal)

Ankündigung des Leiters: „Einer von Euch soll gleich tanzen!"

„Was mache ich bloß, wenn es mich trifft?" „Die anderen werden bestimmt lachen."

Herzrasen; Gesichtsröte; feuchte Hände; Anspannung.

Unsicherheit; Angst; Unruhe.

Blockade; ggf. Flucht

Angst

 Was macht Euch Angst? Tragt zu zweit alles zusammen, was Euch Angst macht, rationale und irrationale Ursachen. Was sind die Ursachen dieser Ängste? Hat sich eine dieser Ängste schon mal als berechtigt erwiesen? Hattet Ihr danach noch mehr Ängste? Was tut Ihr, um die Angst zu beheben? Gibt es auch Ängste, die Ihr nicht bewältigen könnt? Kennt Ihr kollektive Ängste, die viele, wenn nicht alle Menschen haben?

Beschreibt Euch gegenseitig einen Alptraum, an den Ihr Euch noch erinnern könnt. Schreibt diese Alpträume auf. Zeichnet dazu Alptraumwesen. Fragt einmal Eure Eltern und Großeltern, was sie für Ängste hatten und ob sie sich noch an ihre Alpträume erinnern können.

3.8 Choreographie

 Auch in dieser Übung geht es um:

- selbstsicheres Auftreten vor der Gruppe;
- das Beherrschen einer ungewöhnlichen Situation;
- Lernen, sich nonverbal auszudrücken;
- kooperatives Verhalten in einer Gruppe;
- Bewußtwerden von Entscheidungsprozessen.

 ab 16 Jahren

 bis 20 Personen

 a) ca. 90 + 15 Minuten für die Übung
b) ca. 30 – 40 Minuten für die Auswertung

 Das Plenum wird in Gruppen zu je 5 Personen aufgeteilt; jede Gruppe erhält einen eigenen Raum und eine Musikcassette bzw. CD mit dem gleichen, langsamen Instrumentaltitel. Die Aufgabe besteht für jede Gruppe darin, innerhalb von 90 Minuten zu der vorgegebenen Musik eine Choreographie zu entwickeln, die eine kleine, selbst ausgedachte Geschichte erzählt.
Anschließend führen die einzelnen Gruppen nacheinander ihre Choreographien im Plenum vor.

 Grundsätzliches s. S. 8, Einleitung 6 a.

- Wie hat es meine Gruppe geschafft, ein Thema für die Darbietung zu finden?
- Wie sind wir in meiner Gruppe im einzelnen darauf gekommen, welche Elemente in die Choreographie aufzunehmen sind?
- Wie genau ist der Entscheidungsprozeß, was die Gestaltung der Choreographie angeht, in meiner Gruppe konkret abgelaufen?
- Welche Schwierigkeiten gab es in meiner Gruppe bei der Bewältigung der Aufgabe?
- Was sagen die Erfahrungen mit dieser Übung über meine Kooperationsfähigkeit und Selbstsicherheit?
- Wie kann ich die Erfahrungen mit dieser Übung konkret für meinen Alltag nutzbar machen?

 Nach Ablauf der Vorbereitungszeit (90 Minuten) kommen die Gruppen ins Plenum zurück und führen nacheinander (Losverfahren!) ihre Ergebnisse vor. Die Zuschauer können bei dieser Gelegenheit raten, welche Geschichten durch die einzelnen Choreographien dargeboten werden.
Danach findet zunächst eine Auswertung der Übung in den ursprünglich gebildeten Gruppen statt; das Auswertungsgespräch wird danach im Plenum fortgesetzt.

 Zur Vereinfachung der Vorbereitung können Sie auch ein Thema vorgeben, das alle Gruppen in ihrer Choreographie umsetzen sollen. Rechnen Sie damit, daß manche Gruppen nicht in der Lage sind oder sich auch einfach weigern, der Aufgabe gerecht zu werden und so ggf. ohne Ergebnis ins Plenum zurückkehren. In einem solchen Fall sollte überlegt werden, inwieweit diese Gruppen Zuschauer derer sein dürfen, die ihre fertigen Choreographien vorstellen können.
Nehmen Sie für diese Übung grundsätzlich nur langsame Instrumentalmusik, da sie die beste Voraussetzung für ungeübte Tänzer ist, sich dennoch rhythmusangepaßt zu bewegen.
Das Spiel kann auch problemlos im Rahmen eines Kommunikationstrainings eingesetzt werden.

 Kliebisch/Schweer 1995b;
Molcho 1988 u. 1990

 Erfahrungsgemäß verlangt die Übung den Teilnehmern einiges an Überwindung, Phantasie, Gruppenorganisation und -disziplin ab. Im Rahmen eines Selbstsicherheitsprogramms sollte im Verlaufe einer vertiefenden Auswertung in erster Linie auf jene Aspekte der Übung abgestellt werden, die souveränes Auftreten erfordern, wie zum Beispiel das Durchsetzen eigener Ideen gegen den Widerstand anderer Teilnehmer, das Organisieren der Gruppe und schließlich die Erfahrungen im Zusammenhang mit dem gemeinsamen Auftritt, der Vorführung des Ergebnisses. Greifen Sie detailliert die positiven wie negativen Beobachtungen der einzelnen Gruppenmitglieder auf und

thematisieren Sie die entsprechenden Aspekte vor dem Hintergrund des allgemein üblichen Strebens nach Souveränität.

Wird die Übung eher als Entscheidungs- und Kommunikationstraining verstanden, müssen andere Gesichtspunkte zur Sprache kommen. Hier lassen sich in erster Linie die Entscheidungsprozesse innerhalb der Gruppe zum Gegenstand der Erörterung machen und im Blick auf die Kooperationsfähigkeit der Teilnehmer problematisieren.

Zusätzliches Arbeitsblatt:

• Das Arbeitsblatt „Körperkult" thematisiert die „Philosophie der Fitneß", die Sucht nach Körperlichkeit als Methode und Ziel eines Selbstfindungsprozesses. Dann ist ein fiterer und trainierterer Körper wirklich gleichzusetzen mit mehr Glück?

Körperkult

Es hat offensichtlich innerhalb der letzten 30 Jahre ein Wandel stattgefunden: Von einer stärker „geistbezogenen" Orientierung des Individuums, das seine Position innerhalb einer Gruppe definierte, hin zu einer stark „körperbezogenen", die sich auf das Individuum selbst bezieht. Fitneß, also die Fähigkeit, sich schnell und behende dorthin zu bewegen, wo etwas los ist und jede sich bietende Möglichkeit für neue Erfahrungen zu ergreifen - hat Vorrang vor Gesundheit - der Vorstellung, daß es so etwas wie Normalität gibt, die man stabil und unversehrt hält.

Jedem ist es heute selbst belassen, seine Selbstfindung zu betreiben, eine Art „Do it yourself" im Aufbau des eigenen Selbst. Gelingt dies nicht, so wird es schmerzlich als „Unvermögen" empfunden. Dieses Unvermögen macht Angst und muß möglichst abgewendet werden, sei es auch durch große Anstrengung, durch das Bemühen, nicht alt und rostig und verbraucht zu werden; sich die Zukunft nicht zu verbauen.

Ist die Furcht vor Unsicherheit erst einmal der Angst vor der Unfähigkeit gewichen, ein eigenes Selbst aufzubauen, kann dem Angebot des freien Marktes nicht mehr widerstanden werden, der Rezepte zur Erlangung der Fitneß en masse verspricht. Es gilt,

in den Genuß der neuesten, „ultimativen" Erfahrung zu gelangen und dabei doch offenzubleiben für die Zukunft und ihre noch „ultimativeren" Erfahrungen. Der Zustand der Spannungslosigkeit wird zum Alptraum.

Der Markt verspricht ein Ideal körperlicher Fitneß, das wir, egal was wir auch tun und wie wir uns verhalten, nie erreichen können. Der „Niedergang" der körperlichen Fitneß – ein angesichts des Alterns unaufhaltsamer Prozeß – wird als persönliches Versagen empfunden. Also werden die Mittelchen und Rezepte, die versprochen werden, gerne eingenommen und bei Nichtgelingen gerne durch andere ersetzt.

Zusammenfassung einiger Aspekte eines Essays von Zygmunt Bauman, in: die tageszeitung, 25./26.3.95

„Bauen Sie Ihren Körper auf, um länger zu leben ... und glücklicher!

Auch Wissenschaftler und Ärzte sind mittlerweile von den gesundheitlichen Vorzügen des Widerstandstrainings überzeugt. Mit Krafttraining bleiben Sie gesund und glücklich."

aus: Sport revue, Heft 287, 11/92

„Kampf dem Krebs!

Die Krankheit wird mit neuen Waffen bekämpft. Doch Früherkennung und der Body-building-Lebensstil sind nach wie vor die besten Strategien zum Gewinn dieses Krieges!"

aus: Sport revue, Heft 287, 11/92

3.9 Super-Werbung

In diesem Spiel wird, ähnlich wie bei „Post-leitzahlen", das selbstsichere Auftreten vor einer Gruppe in einer bestimmten Rolle/Funktion geübt. Im speziellen geht es dabei um:

- Selbstsicheres Auftreten vor der Gruppe;
- Vertreten persönlicher Anliegen;
- Aktivierung der Phantasie;
- Erleben von Gedanken, Gefühlen und körperlichen Reaktionen in unangenehmen Situationen;
- Training spontanen Handelns;
- Üben nonverbaler Signale.

ab 12 Jahren

bis 15 Teilnehmer

a) ca. 20 - 30 Minuten für die Übung
b) ca. 20 Minuten für die Auswertung

Jeder Teilnehmer erhält zwei Karteikarten oder Zettel im Format DIN A-6 und notiert auf einer Karte den Namen eines beliebigen Phantasiegegenstands.

Die Gruppenmitglieder haben danach die Aufgabe, nacheinander vor das Plenum zu treten und für ihren Gegenstand zu werben. Sie sollen zu diesem Zweck sowohl verbale als auch möglichst viele nonverbale Mittel zum Einsatz bringen. Die jeweiligen Zuhörer sollen gleichzeitig die Referenten und ihre Leistungen von „1" (= sehr gut) bis „5" (= mangelhaft) im Hinblick auf Originalität und sprachliche bzw. nicht-sprachliche Ausdrucksformen bewerten. Alle sollen ihre Wertungen auf der zweiten ausgegebenen Karteikarte notieren.

Grundsätzliches s. S. 8, Einleitung 6 a.

- Was habe ich gedacht, als ich den anderen zuhörte?
- Welche körperlichen Reaktionen habe ich während des Zuhörens bei mir bemerkt?

- Wie habe ich mich gefühlt, als ich an der Reihe war?
- Welche Gedanken sind mir durch den Kopf gegangen, als ich vor der Gruppe stand?
- Wie hat mein Körper reagiert, als ich mein Referat vortrug?
- Wie fühle ich mich jetzt?
- Worin lagen für mich die Schwierigkeiten, angemessen für meinen Phantasiegegenstand zu werben?
- Wie groß war während der Übung insgesamt die Belastung für mich?
- Wie könnte ich mit solchen Belastungen in Zukunft besser umgehen bzw. schneller fertig werden?
- Welche Bedeutung haben die Beobachtungen, die ich bei dieser Übung machen konnte, für meinen Alltag?

Die Teilnehmer sollten zunächst Gelegenheit bekommen, über ihre Gedanken, Gefühle und körperlichen Empfindungen sowohl in der Rolle des Zuhörers als auch beim Referieren zu berichten. In diesem Kontext können ebenfalls vorsichtig die Bewertungen eingebracht werden, die jeder über die übrigen Gruppenmitglieder abgegeben hat. Danach sollte sich die weitere Auswertung im Plenumsgespräch auf den während des Experiments bei den einzelnen abgelaufenen internen Verarbeitungsprozeß der Vortragssituation und den damit verbundenen Streß konzentrieren.

Die bei dieser Übung gewünschte Belastung kann für die Teilnehmer durch weitere Maßnahme noch erhöht werden. So können Sie die Karteikarten, nachdem sie von den einzelnen Gruppenmitgliedern beschriftet worden sind, einsammeln und dann – gemischt – erneut austeilen.

Kommunikation und Selbstsicherheit - © Verlag an der Ruhr, Postfach 10 22 51, 45422 Mülheim an der Ruhr

3.9 Super-Werbung

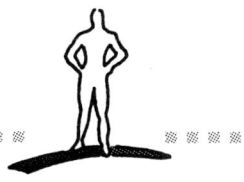

Sie können auch die Reihenfolge der Vorträge dadurch ermitteln, daß auch nach jedem Referat ein Losverfahren zur Ermittlung des nächsten Referenten eingeschoben wird.

Bei der Durchführung dieses Spiels können insbesondere bei großen Teilnehmerzahlen unter Umständen nach einer Weile Ermüdungserscheinungen auftreten. Dies können Sie dadurch abfedern, daß nur ein Teil der Gruppenmitglieder letztlich einen Vortrag halten muß. Sie können dies ruhig zu Beginn ankündigen; nicht erwähnen sollten Sie aber, wer zu den Referenten gehören wird.

Die Übung eignet sich auch gut als Element im Rahmen eines Trainings zum freieren Reden.

Kliebisch 1991a u. 1995;
Ellis 1984a; Knaus 1983;
Schelp u.a. 1990; Lotz 1991;
Tarr-Krüger 1993; Scherer 1985 u. 1991

Im Mittelpunkt einer vertiefenden Auswertung könnte die Frage stehen, inwieweit sich die einzelnen Teilnehmer in ihrem Verhalten und Empfinden von den potentiellen Reaktionen der übrigen Gruppenmitglieder abhängig gemacht haben. Schließlich wird das Maß an Streß, das jeder im Verlaufe der Übung erlebt hat, nicht zuletzt dadurch beeinflußt sein, ob und in welchem Maße er sich von denkbaren irrationalen Vorstellungen („Die anderen werden bestimmt lachen, und das ist dann ganz peinlich für mich!" „Ich werde bestimmt versagen, wenn ich drankomme. Und das ist dann eine vollkommene Katastrophe.") hat bestimmen lassen oder nicht.

Das Auswertungsgespräch sollte sich vor diesem Hintergrund dann den Möglichkeiten zuwenden, solchen Streß zu mildern oder gar völlig zu beseitigen. Hierher gehört eine Besprechung geeigneter Entspannungstechniken ebenso wie die Problematisierung von Persönlichkeitstrainings.

- M1 – Mechanismen der Werbung

Zusätzliches Arbeitsblatt:

- „Haste was, dann biste was!" vertieft den Aspekt der Anfälligkeit für Werbemechanismen. Nach welchen Kriterien funktioniert Werbung?

Wenn die Teilnehmer bei der praktischen Arbeit als Werbeteams so richtig in Schwung gekommen sind, können Sie die Marketingaktion zur Promotion ihres Artikels vielleicht weiterführen. In ihrer Kleingruppe sollen sie als „Kreativ-Team" das komplette Marketingkonzept für ihr Produkt entwickeln. Zu guter Letzt sollten dann natürlich auch einige Werbemittel realisiert werden: ein Produktentwurf (Dummy), vielleicht ein Plakat, ein Funkspot oder gar ein live vorgespielter TV-Spot. Für eine solche vertiefende und weiterführende Aktion sollten Sie allerdings ein wenig Zeit einplanen.

Haste was,
dann biste was!

Konsum ist einer der bestimmenden Wertmaßstäbe in unserer Gesellschaft. Wer viel kauft, „hat es zu was gebracht im Leben" und ist angesehener als Arbeitslose oder Sozialhilfeempfänger. Kaufen und Haben stärkt also das Selbstbewußtsein.

Das wissen natürlich auch die Produzenten und die Werbefachleute, und entsprechend produzieren und bewerben sie ständig neue Produkte, damit die Lust auf Konsum ständig neu befriedigt werden kann. Dabei geht es nur in zweiter Linie um einen Nutzeffekt. Eine Jeans ist eine Jeans sollte man meinen. Aber tatsächlich macht es einen Unterschied, ob man eine Levis, eine Chevignon oder eine Diesel trägt – weil die Werbung nicht das Produkt verkauft, sondern eine Ideologie, einen Mythos. Verkauft wird ein Lebensgefühl: Wer sich die Diesel-Jeans kauft, ist „in" und meistert das Leben, das schöne bunte Leben der Werbespots.

Werbung funktioniert nach bestimmten Prinzipien:

- Sie zielt auf das Gefühl der Konsumenten, auf das Unterbewußte. Man kann auch sagen, Werbung ist ein Produktionszweig für Bedürfnisse.

- Sie wirbt nicht für den Gebrauchswert eines Produkts; sie wirbt für ein Gebrauchswertideal, das sie verspricht.

- Die Ware ist nach dem Bild der Sehnsucht der möglichen Käufer gestaltet.

- Ware und Werbung schaffen eine zweite Wirklichkeit, die mit dem Alltag konkurriert. (Das ist nicht sonderlich schwer, wenn man sich den oft als trist und mühselig empfundenen Alltag als Maßstab nimmt.)

A Bildet zwei Gruppen. Nehmt Euch einen Alltagsgegenstand, zum Beispiel einen Korkenzieher, und bewerbt ihn. Gruppe A ist ein Team von der Agentur „Wahre Werbung", die es sich zum Ziel gesetzt hat, eine neue Art von Werbung zu machen und ein Produkt „wahr" zu bewerben, ihm also keine „Scheinfunktion" in einer „Scheinwelt" anzudichten, sondern nur seinen echten Gebrauchswert herauszustellen. Gruppe B wurde von der Agentur „Groß und Schein" auf das Projekt angesetzt und versucht in herkömmlicher Werbung das Produkt mit Attributen wie „Lifestyle", „Design", „Multifunktionalität" und so weiter zu versehen. Alle Medien und Utensilien sind erlaubt: Werbeplakate, Fernsehspots (kleine Rollenspiele), Rundfunkspots (per Cassettenrecorder), Zeitungsanzeigen... Nach einer vorher festgelegten Zeit, vielleicht 2 Stunden, präsentieren sich die beiden Gruppen gegenseitig die Ergebnisse. Sprecht hinterher darüber, wie Werbung bei Euch wirkt, welche Werbung Ihr gut findet und was Euch an Werbung stört.

3.10 Nonsens-Referat

 Erneut ein Spiel, das die Teilnehmer mit einem „unsinnigen" Thema in Kontakt zu ihrem Empfinden von Selbstsicherheit bringt. Auch hier geht es wieder um selbstsicheres Auftreten vor einer Gruppe beim Halten eines Kurzvortrags zu einem unsinnigen Thema. Darüberhinaus werden aber geschult:

• Entwicklung von Phantasie;

• Erleben von Gedanken, Gefühlen und körperlichen Empfindungen im Kontext einer ungewöhnlichen Situation;

• Reflexion über Möglichkeiten der Streßreduzierung.

 ab 12 Jahren

 bis 10 Personen

 a) ca. 30 – 40 Minuten für die Übung
b) ca. 20 – 30 Minuten für die Auswertung

 Alle bekommen eine Karteikarte im Format DIN A-7 (oder ein entsprechend großes Blatt Papier), auf der Sie jeweils ein Nonsens-Thema notiert haben. Als Anregung mag Ihnen der beigefügte Themenkatalog dienen.
Danach erhält jedes Gruppenmitglied ungefähr 5 Minuten Zeit, sich zu dem erhaltenen Thema auf der Karteikarte einige Notizen zu machen.
Durch Losverfahren wird anschließend ermittelt, in welcher Reihenfolge die Teilnehmer zu ihrem jeweiligen Thema ein Kurzreferat von ca. 2 – 3 Minuten Länge vor der Gruppe halten sollen.

 Grundsätzliches s. S. 8, Einleitung 6 a.

● Welche Gedanken sind mir beim Referieren durch den Kopf gegangen?

● Wie belastend habe ich diese Übung für mich erlebt?

● Was habe ich durch diese Übung über meine Fähigkeit des freien Sprechens erfahren?

● Was sagen mir die Erfahrungen mit dieser Übung über meine Selbstsicherheit im Auftreten vor einer Gruppe?

● Welche allgemeinen Schlüsse lassen sich aus den im Zusammenhang mit der Durchführung dieser Übung gemachten Beobachtungen ziehen?

● Wie kann ich meine Erfahrungen mit dieser Übung für meinen Alltag nutzbar machen?

 Die Teilnehmer nehmen zunächst reihum zu den beiden ersten Fragen Stellung; anschließend erfolgt die weitere Auswertung im Kreisgespräch.

 Die Übung verlangt den Gruppenmitgliedern einiges an Phantasie ab. Dieser Umstand führt mitunter dazu, daß der eine oder andere zu rasch bereit ist, aufzugeben. Rechnen Sie mit einer solchen Tendenz und greifen Sie ggf. entsprechend motivierend ein.
Insbesondere bei größeren Gruppen (mehr als 10 Personen) und jüngeren Teilnehmer können bei der Durchführung der Übung Ermüdungserscheinungen in Gestalt von Langeweile und Unaufmerksamkeit auftreten. Sie können einer solchen Entwicklung vorbeugen, indem Sie nur einen Teil der Gruppenmitglieder einen Vortrag halten lassen. Die Referenten sollten auch in diesem Falle durch ein Losverfahren bestimmt werden.
Die Übung eignet sich als Element im Rahmen eines Trainings zum freien Sprechen.

Kliebisch 1995; Tarr-Krüger 1993;
Benson 1992; Ellis 1978;
Diekstra 1979; Fink 1992;
Scheerer 1987

Aller Erfahrung nach wird durch diese Übung bei den Teilnehmern einiges an Streß ausgelöst und daher der dem Experiment immanente Leistungsanspruch als durchaus beachtlich empfunden. Schwerpunkt einer vertiefenden Auswertung sollte es sein, den Gruppenmitgliedern die Ursache für die erlebte Belastung vor Augen zu führen. Sie stellt nämlich in der Regel fast ausschließlich einen puren Reflex auf das eigene Denken dar, da mögliche, bei genauerem Zusehen aber in der Regel unwahrscheinliche Reaktionen der anderen Kursmitglieder antizipiert und schließlich das eigene Denken, Fühlen und Handeln an dieser geistigen Vorwegnahme orientiert werden.

Das Durchschauen des damit angesprochenen Mechanismus kann ergänzt werden durch den Hinweis auf geeignete Entspannungstechniken und Persönlichkeitstrainings, die im Einzelfall in der Lage sind, die bisweilen fatalen Auswirkungen der Streßfalle konstruktiv zu beheben.

Als Anregung finden Sie nachfolgend eine Reihe von Themen für die Nonsens-Referate.

- Die Vorteile eines Nasensprays für Schildkröten

- Das Schlafwandeln bei Pinguinen

- Bildtelefone für Orientteppiche

- Die Kreislaufuhr

- Das Problem von Toilettenbürsten in Kleiderschränken

- Schreibmaschinenkurse für Oberhemden

- Einführung einer Stuhlsteuer für Tische

- Die Ansprüche eines Fragezeichens gegenüber dem Duden

- Die Honorare von Kerzenhaltern in der Industrie

- Das Zusammenkleben von Luftstücken nach Orkanen

Zusätzliches Arbeitsblatt:

- Das Arbeitsblatt „Selbstsicherheit - Ein Rezept" benennt sechs Kriterien für das Vorhandensein von Selbstsicherheit - wie ein Rezept zu nutzen?

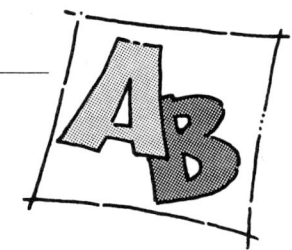

Selbstsicherheit
– Ein Rezept

Man nehme:

1. Das Gefühl körperlicher Sicherheit,
2. das Gefühl emotionaler Sicherheit,
3. das Gefühl von Identität,
4. das Gefühl von Zugehörigkeit,
5. das Gefühl von Kompetenz,
6. das Gefühl, nützlich zu sein.

Und schon ist man selbstsicher! ...?

Nun gut, präzisieren wir es noch ein wenig:

1. **Das Gefühl körperlicher Sicherheit:**
Du hast keine Angst davor, verletzt oder angegriffen zu werden. Du achtest auf Deinen Körper und schützt ihn vor allen gefährlichen, gesundheitsgefährdenden Dingen.

2. **Das Gefühl emotionaler Sicherheit:**
Du wirst geachtet und gewertschätzt; Du kannst Deinen Ängsten begegnen und mit ihnen umgehen. Du gehst respektvoll und freundlich mit Dir und andern um.

3. **Das Gefühl von Identität:**
Du kennst Dich gut und hast eine realistische und gesunde Selbsteinschätzung entwickelt. Du fühlst Dich in Dir selbst wohl und hast Dir Zeit genommen, Dich selbst zu erfahren. Dadurch bist Du in der Lage, auf andere zu achten.

4. **Das Gefühl von Zugehörigkeit:**
Wenn andere Dich akzeptieren, mögen, schätzen und respektieren, so akzeptierst und respektierst auch Du sie. Du brauchst Deine Freunde und arbeitest daran, harmonische Beziehungen aufzubauen. Du achtest auf die Meinung der anderen, bist aber in Deinen Entscheidungen nicht abhängig von ihren Ansichten. Du strebst nach Austausch.

5. **Das Gefühl von Kompetenz:**
Du hast das Gefühl, mit den Herausforderungen des Lebens gut fertig werden zu können, weil Du Dir Deiner Fähigkeiten sicher bist. Gerne probierst Du neue Dinge aus, um Deine Fertigkeiten und Kenntnisse weiterzuentwickeln. Wenn es schwierig wird, gibst Du nicht auf, sondern stellst Dich dem Problem. Du kennst Deine Stärken und Schwächen und überforderst Dich nicht unnötig.

6. **Das Gefühl, nützlich zu sein:**
Du setzt Dir Ziele, die zu erreichen Dir wichtig ist. Du kennst Deinen Wert und Deine Werte und lebst entsprechend Deiner Werthaltungen. Dies spiegelt sich in Deinem Verhalten und Deinen Taten wieder. Leben hat für Dich eine Bedeutung und eine bestimmte Richtung. Das Leben macht Spaß und ist kostbar.

A Klingt gut: „Man nehme..." Kannst Du auch einfach ... nehmen, und schon bist Du selbstbewußt?

- Wenn das Rezept oben die ideale 5-Sterne-Küche wäre, in welchem Restaurant wäre Dein Selbstbewußtsein gekocht worden?
- Wie sähe das Rezept für Dein Selbstbewußtsein aus?
- Welche Anteile von welchen Zutaten fänden sich darin?
- Gibt es Zutaten, die in dem 5-Sterne-Rezept oben fehlen?

Diese Übung erfordert in hohem Maße das Überwinden eigener Hemmungen von den Teilnehmern. Insbesondere geht es um:

- selbstsicheres Auftreten vor fremden Menschen;
- Vertreten einer unsinnigen Sache;
- Lernen, angemessen zu reagieren und zu argumentieren;
- intensive Wahrnehmung eigener Gefühle und Gedanken.

ab 12 Jahren

bis 20 Personen

a) bis zu 60 Minuten für die Übung
b) 30 - 40 Minuten für die Auswertung

Das Plenum wird in Gruppen zu vier Personen aufgeteilt; jede Gruppe erhält von Ihnen 100 Streichhölzer.
Teilen Sie den Teilnehmern mit, daß sie sich während des Spiels vorstellen sollen, jedes Streichholz sei für sie mit einem 100-DM-Schein identisch.
Die Aufgabe besteht für jede Gruppe darin, in der näheren Umgebung so viele „100-DM-Scheine" wie möglich an Menschen zu verschenken und von den Beschenkten dafür eine Quittung zu erhalten, wie sie als M 1 abgedruckt ist.
Die Teilnehmer dürfen während des Spiels natürlich zu keinem Zeitpunkt von Streichhölzern, sondern müssen stets von 100-DM-Scheinen sprechen. Außerdem dürfen sie denjenigen gegenüber, die sie mit dem „Geld" beschenken wollen, nicht erklären, daß es sich um ein Spiel handelt.
Das Experiment ist ein Wettspiel: Es siegt die Gruppe, die nach Ablauf der Spielzeit die meisten vollständig ausgefüllten Quittungen vorlegen kann.

Grundsätzliches s. S. 8, Einleitung 6 a.

- Was ist mir besonders schwer gefallen?
- Was habe ich gedacht, als ich fremden Menschen ein Streichholz als 100-DM-Schein schenken wollte?
- Wie hätte ich im Verlaufe der Gespräche mit den Beschenkten am liebsten reagiert?
- Wie haben wir in der Gruppe entschieden, wer die Gespräche mit den Beschenkten zu führen hat?
- Wie haben die Menschen reagiert, die wir beschenken wollten?
- Welche Reaktionen dieser Menschen habe ich erwartet?
- Welche Reaktionen der Menschen, mit denen wir gesprochen haben, haben mich überrascht?
- Wie genau hat sich meine Gruppe an die vorgegebenen Spielregeln gehalten?
- Wie erkläre ich mir unser Verhalten bezüglich der Spielregeln?
- Welche allgemeinen Schlüsse lassen sich aus den Erfahrungen mit diesem Spiel ziehen?
- Was sagen die Ergebnisse dieses Spiels über meine ganz persönliche Selbstsicherheit im Umgang mit fremden Menschen aus?
- Wie kann ich die Ergebnisse dieser Übung in meinem Alltag konkret nutzen?

Jede Gruppe legt zunächst ihre Quittungen vor; anschließend erfolgt mit Hilfe von M 2 eine fragengeleitete Reflexionsphase in den jeweiligen Kleingruppen (max. 15 Minuten). Danach wird die weitere Auswertung im Plenumsgespräch fortgesetzt.

3.11 Streichhölzer

 Das Spiel ist besonders interessant, wenn die Teilnehmer es beispielsweise in der Einkaufszone einer Stadt durchführen können. Hierfür muß allerdings ggf. mehr Zeit angesetzt werden.

Je nach den äußeren Rahmenbedingungen kann die reine Spielzeit selbstverständlich auch entsprechend verlängert werden. In jedem Fall sollten Sie aber genau angeben, wann sich die Gruppen spätestens wieder im Tagungsraum einfinden sollen.

Naturgemäß besteht eine Schwierigkeit der Übung darin, daß Sie die Teilnehmer während der Durchführung des Spiels nicht ständig kontrollieren können. Um sicherzustellen, daß die Gruppenmitglieder sich auch an die Spielregeln halten – also insbesondere nicht darüber sprechen, daß es sich um ein Spiel handelt, und ihre Streichhölzer durchweg als 100-DM-Scheine ausgeben – bleibt Ihnen lediglich der besonders nachdrückliche Hinweis darauf, daß das Nichteinhalten der Spielregeln unfair ist, den Sinn des Spiels erheblich beeinträchtige und die anderen Gruppen stark benachteilige.

 Schelp u.a. 1990; Knaus 1983;
Schwartz 1981; Ellis 1978 u. 1989;
Kliebisch 1991b u. 1995a;
Vopel 1986b u. c.

 Die Übung macht – vor allen Dingen jüngeren Teilnehmern – besonderen Spaß. Sie erleben sie als Wettkampf in Konkurrenz zu den übrigen Gruppen. Im Rahmen einer vertiefenden Auswertung sollten Sie auf die Probleme eingehen, die in der Regel dadurch entstehen, daß die Spielteilnehmer mitunter Regelverletzungen begehen, weil sie sich in ihrer Rolle als Schenkende unwohl fühlen. Der für die Gruppenmitglieder oft im Verlauf des Spiels zu beobachtende Streß kann auf seine Ursachen hin untersucht werden. Hierbei ist besonders interessant, genauer zu untersuchen, in welchem Maße die Teilnehmer sich gerade durch die geistig vorweggenommenen (potentiellen) Reaktionen derjenigen beeinflussen lassen, die sie erst beschenken wollen. Sie können dazu auch das Arbeitsblatt auf Seite 163 verwenden.

 Streß wird im allgemeinen als eine unangenehme und destruktive Kraft wahrgenommen. Das ist sicher richtig, wenn man die Folgen von übermäßigem Streß auf unseren Organismus und unser Befinden betrachtet. Streß hat aber auch eine sehr hilfreiche und nützliche Funktion in der Natur und somit auch für den Menschen, der in natürlichen Zusammenhängen lebt.

Lassen Sie die Teilnehmer in kleinen Gruppen darüber sprechen, ob sie ein Leben ohne Streß für erstrebens- und wünschenswert halten. Worin könnte die Funktion von Streß in einer „natürlichen" Umwelt bestehen, was könnte ihre Funktion in einer „zivilisierten", technischen Welt sein?

Anders gefragt: Ist es nur die Einstellung zum Streß, die uns krank macht? Könnten wir lernen, den Streß anders zu sehen: Pflege deinen Streß?

 Für jede Gruppe werden 100 Streichhölzer gebraucht.

- M 1 – die Kopiervorlage für eine „Quittung"

- M 2 – Arbeitsblatt für die Auswertungsphase in der Kleingruppe

Zusätzliche Arbeitsblätter:

- Das Arbeitsblatt „Das Prinzip des vornehmenden Denkens" veranschaulicht den Mechanismus, der dazu führt, daß geistig vorweggenommene Reaktionen Einfluß auf unser Befinden gewinnen.

- „Ja und Nein" – die schwierigsten Wörter – werden mit diesem Arbeitsblatt erkundet.

- „Ich bin gut!" ist die Dokumentation eines Projekts an der Gesamtschule Kastelstraße in Wiesbaden: „Die Kummerlöser", das versucht, Konflikte in einer gewaltfreien Auseinandersetzung miteinander auszuräumen.

Quittung

Hiermit bescheinige ich, ...
(Vorname und Name)

wohnhaft in ....
(Straße)

....
(Wohnort)

von ....
(Name des Gruppenmitglieds)

**100 DM (in Worten: einhundert)
geschenkt bekommen zu haben.**

....
(Ort und Datum) (Unterschrift)

3.11 Streichhölzer — M2

Arbeitsblatt

Bearbeitet in Eurer Gruppe die folgenden Fragen, und schreibt die Antworten stichwortartig auf. Bestimmt dann einen Gruppensprecher, der später im Plenum Eure Ergebnisse vorträgt. Ihr habt hierfür 15 Minuten Zeit.

1. Wie habe ich mich während der Übung als Schenkender gefühlt? ....

   ....

   ....

   ....

   ....

2. Wie erkläre ich mir meine Gefühle während der Übung? ....

   ....

   ....

   ....

   ....

3. Welche Reaktionen der Beschenkten habe ich erwartet? Warum? ....

   ....

   ....

   ....

   ....

4. Welche Reaktionen der Beschenkten fand ich ungewöhnlich? Warum? ....

   ....

   ....

   ....

   ....

5. Was habe ich im Laufe der Übung gedacht? Wann? Warum? ....

   ....

   ....

   ....

   ....

Das Prinzip
des vornehmenden Denkens

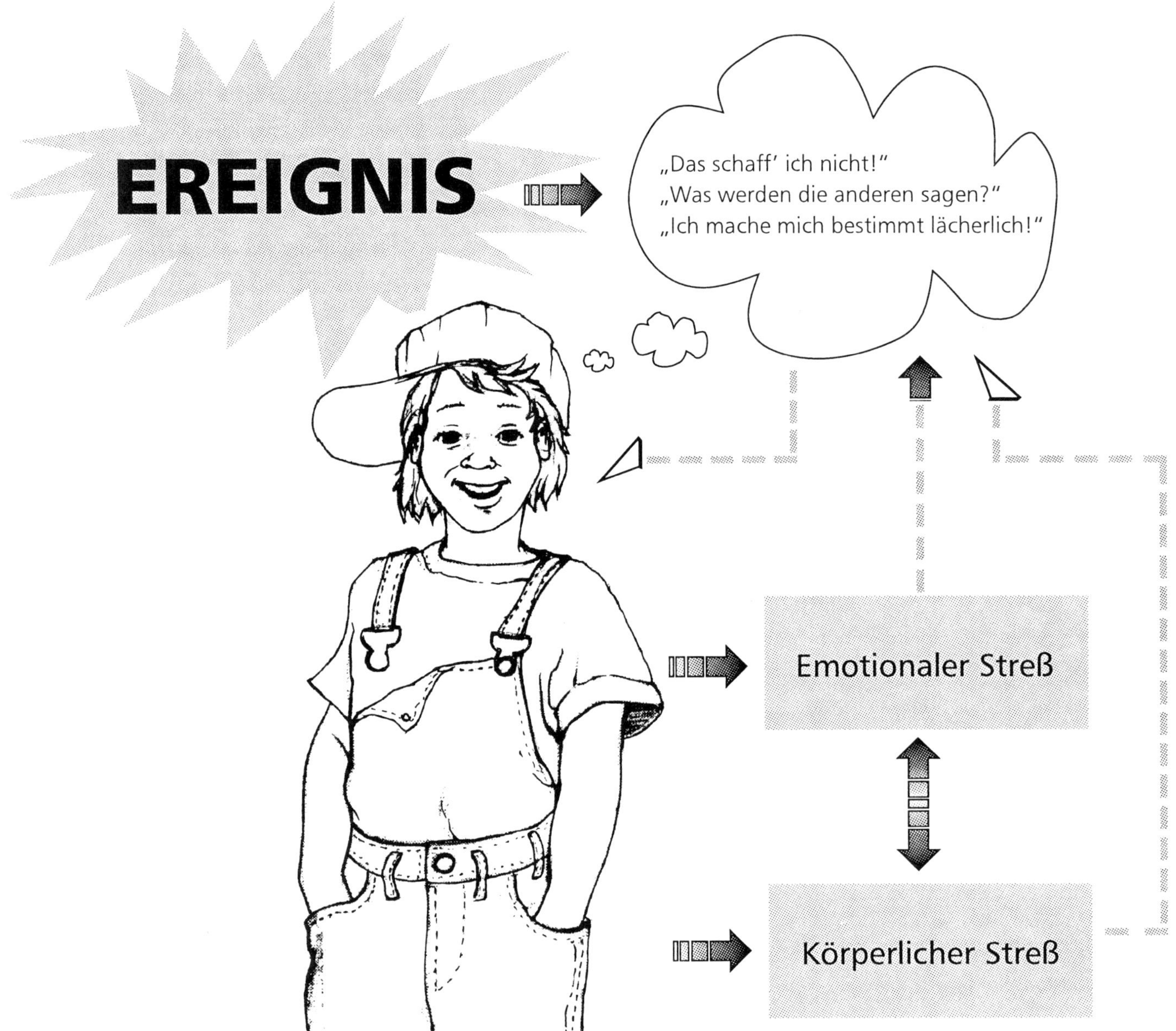

EREIGNIS

„Das schaff' ich nicht!"
„Was werden die anderen sagen?"
„Ich mache mich bestimmt lächerlich!"

Emotionaler Streß

Körperlicher Streß

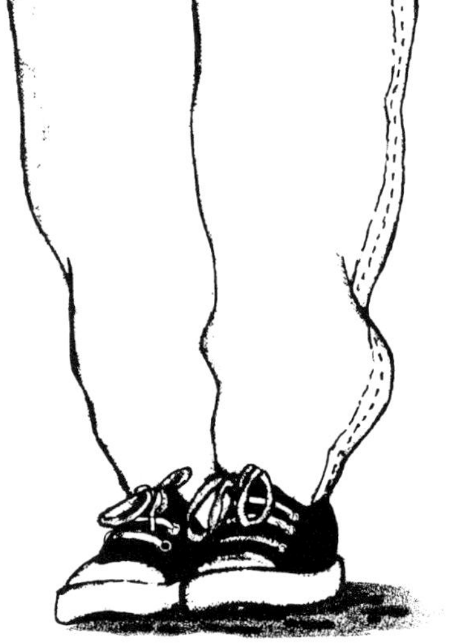

Erklärung:

Das anstehende Ereignis führt dazu, daß es im Geiste vorweggenommen und durchgespielt wird. Die Angst, sich lächerlich zu machen, führt zu emotionalem und körperlichem Streß. Dieser Streß verstärkt wiederum die Angst vor der Situation und damit auch das Verhalten in der Situation selbst.

Kommunikation und Selbstsicherheit - © Verlag an der Ruhr, Postfach 10 22 51, 45422 Mülheim an der Ruhr

Ja und Nein

Jein!   NA?   **Nein!**   *Jooh!*   Ooch nee!

Ach ja!   *Jein?* **Ja!**   *Ja?*   Nöööh!   *Nein?*

Zwei der in allen Kulturen und Sprachen wichtigsten Wörter: Ja und Nein. Aber auch mit die schwierigsten Wörter, denen man im Leben begegnet. Bedeuten sie doch immer eine Entscheidung für oder gegen etwas. Entscheidung heißt: Klarheit. Entscheidung heißt: Verläßlichkeit. Und wer legt sich schon gerne fest auf etwas, von dem er selbst nicht so recht weiß...?

Ja und Nein: Wörter, mit denen vieles verbunden ist: Erfolg, Zuneigung, das ganze Lebensschicksal. Es gibt Menschen, über denen schwebt ein großes „Ja" und andere, denen steht das „Nein" ins Gesicht geschrieben. Und auch, wenn „Ja" meist eine Zusage bedeutet und „Nein" eine Ablehnung, so ist doch oft das „Nein" positiver als das „Ja". Verwirrend? Man muß eben lernen, mit beiden, mit dem „Nein" wie mit dem „Ja" verläßlich und selbstbewußt umzugehen.

Viele Leute haben mit dem „Nein" so ihre Schwierigkeiten. Daher haben wir hier ein paar Regeln fürs „Nein-Sagen" zusammengestellt:

 Bist Du eher ein „Ja"- oder eher ein „Nein"-Typ? Hast Du mit einem der beiden Wörter Schwierigkeiten? Welche? Welche Ursachen könnte es haben, daß es Leute gibt, die nicht „Ja" oder „Nein" sagen können?

 Mache eine Umfrage in Deiner Gruppe: Wer ist ein „Ja"-Typ, wer ist ein „Nein"-Typ, wer ist ein „Jein"-Typ? Frage nach, ob sich die einzelnen dabei wohl fühlen. Werte die Daten aus und stelle sie im Plenum vor.

 Erarbeite (alleine oder mit ein paar Freunden aus der Gruppe) Regeln für das „Ja"-Sagen.

So sagst Du „Nein", ohne Dich schuldig zu fühlen:

1. Gehe nur Vereinbarungen ein, die Du einhalten kannst. Bitte Dir unter Umständen Bedenkzeit aus.

2. Vertraue auf Deine innere Stimme, auf „das Gefühl in Deinem Bauch", wenn Du Gefahr läufst, „Ja" zu etwas zu sagen, was gegen Deine Interessen ist.

3. Lege zwei Aufgaben-Listen an. Auf die erste schreibst Du alle Dinge, die Du gerne tun würdest, für die Du aber bislang keine Zeit gefunden hast. Auf die zweite schreibst Du alle Vereinbarungen und Verpflichtungen (auch Dir selbst gegenüber), die Du schon eingegangen bist. Dazu gehören auch alle Termine für Erledigungen, Treffen und so weiter. Wenn Du dabei bist, eine neue Verpflichtung oder einen neuen Termin zuzusagen, schaue zuerst auf die Listen.

4. Belohne Dich für jedes „Nein" mit Dingen aus der ersten Liste.

5. Übe in Alltagssituationen (zum Beispiel in Geschäften), „Nein" zu sagen, wenn Dir jemand etwas anbietet, das Du eigentlich gar nicht willst oder brauchst.

6. Lasse andere schnell wissen, wenn Du Vereinbarungen nicht einhalten kannst, und halte so den Schaden klein.

7. Setze alles daran, Deine Verpflichtungen und Aufgaben vereinbarungsgemäß zu erledigen, wenn Du „Ja" gesagt hast!

Ich bin gut!

Vorurteile und Fehleinschätzungen entstehen in der Regel durch eine fehlende oder einseitige Auseinandersetzung mit dem anderen. Das führt oft genug in Gruppen zu Konflikten, die sich stetig potenzieren, bis eine Vermittlung nahezu unmöglich wird – Beispiele im kleinen wie im großen gibt es zur Genüge.

Ein Projekt an einer Wiesbadener Gesamtschule versucht, strategisch und strukturiert gegen die Mechanismen der dadurch erwachsenden Aggressions-Spirale anzugehen – mit Erfolg.

Als Peter Held den grünen Kummerkasten öffnet, fällt ihm ein dicker Brief der Klasse 6a entgegen. Sie schildert darin ausführlich die Probleme, die sie mit Marius hat. Marius ist der Außenseiter der 6a. Er „stiehlt, er lügt, er tritt" und ist nicht davon abzubringen, obwohl sein Fall schon zigmal im Klassenrat verhandelt wurde. „Könnt Ihr uns helfen? SOS! Wir möchten gut mit ihm auskommen!", endet der Brief der ratlosen Klasse an die Kummerlöser, die in solchen Fällen genau der richtige Ansprechpartner sind. (...)

Die Kummerlöser sind ein Konfliktausschuß an der IGS Kastellstraße, die bei festgefahrenen Problemen zwischen den Konfliktparteien vermitteln. Grundlage ist die Schulordnung, die von allen 18 Klassen in einem „mühsamen Prozeß" gemeinsam formuliert wurde. Das Motto, auf dem alle Interventionen beruhen, ist das indianische Sprichwort: „Urteile niemals über einen Menschen, bevor Du nicht wenigstens eine Meile in seinen Mokassins gelaufen bist." (...)

Beim nächsten Treffen der Kummerlöser beschäftigt sich das Gremium mit dem Brief der 6a und beschließt, erst Marius und dann eine Klassenkameradin zu einem Gespräch einzuladen, um sich ein Bild von der Situation machen zu können. Denn eines ist klar, bei Konflikten und deren Klärung geht es nicht um Schuld oder Unschuld, da erfahrungsgemäß jeder der Beteiligten seinen Anteil daran hat. Es geht vielmehr darum, die „Konfliktgeschichte aufzudröseln", sich unparteiisch und wertfrei beide Seiten anzuhören, sich in die Situation hineinzuversetzen und solange Rückfragen zu stellen, bis man es wirklich verstanden hat, dabei nicht zu psychologisieren oder interpretieren, um schließlich gemeinsam eine Lösung zu finden, die für alle akzeptabel ist und bei der niemand das Gesicht verliert. (...) Grenzen ziehen die Kummerlöser immer dann, wenn es um Konflikte geht, die im familiären Bereich oder in der Persönlichkeit des Menschen liegen. (...)

Die Kummerlöser schlagen der Klasse vor, zwei leere Plakate im Klassenraum aufzuhängen, eines für Marius und eines für die Klasse. Auf dem einen soll Marius notieren, was er an seinen KameradInnen gut findet, auf dem anderen soll die Klasse festhalten, was sie an Marius mag. Die Plakate sind ein Versuch, über eine veränderte Sichtweise zu einer anderen Haltung zu kommen. Die Kontrahenten sollen für eine Weile einfach mal die schlechten Seiten des anderen vergessen und schauen, ob es nicht auch gute Seiten gibt.

Zwei Wochen lang hängen die Plakate in der 6a und füllen sich langsam. Am Ende der vereinbarten Zeit besuchen die Kummerlöser die Klasse, um über die Plakate und ihre Wirkung mit den SchülerInnen zu reden. Drei bis vier Wochen später wird dann nochmals Kon-

Ich bin gut!

manden unter dem Tisch zu treten. Und am Ende jeden Schultages, an dem er geschafft hat, den Vertrag einzuhalten, darf er auf seinem Selbstbeobachtungsbogen einen dicken Strich machen. Es geht bei den Lösungsversuchen um kleine, überschaubare Verhaltensschritte. (...) Festgelegt wird eine Regel, die aber durchgehalten werden muß – und nicht überfordernde fünf oder zehn.

Natürlich kommen auch Konflikte zwischen LehrerInnen und SchülerInnen (ungerechte Behandlung, Benachteiligung, Unterricht) zur Sprache. (...) „Es hat mich Überwindung gekostet, mich der Kritik zu stellen", bestätigte eine Mathematiklehrerin, deren Klasse absolut unzufrieden mit ihrem Unterricht war. Aber sie „fühlte sich gut vertreten", und da die Vorschläge der Kummerlöser nicht utopisch, sondern realisierbar waren, hat sich nach einem halben Jahr – so lange lief der ausgehandelte Vertrag – die Arbeitsatmosphäre tatsächlich verbessert.

takt mit der Klassenlehrerin aufgenommen, die die Plakataktion flankierend begleitet hat. Sie bestätigt den Eindruck, daß sich die Lage in der 6a beruhigt hat. Der Konflikt zwischen Marius und seinen MitschülerInnen ist (vorerst) gelöst. (...)

Das Wichtige an der Arbeit der Kummerlöser (...) sei vor allem, daß die Kinder sehen, wie man mit Konflikten umgeht; daß man sich dazu „an einen Tisch hockt, gleichberechtigt miteinander schwätzt und einen Vertrag macht" und dessen Einhaltung dann feiert. Einen Vertrag zu machen bedeutet, eine konkrete Vereinbarung zu treffen, zum Beispiel festzuschreiben, daß die Klasse sich verpflichtet, Sven darauf aufmerksam zu machen, wenn er aggressiv ist und Sven sich bemüht, nie-

Susanne Broos in PädExtra, März 1995

Zu diesem Thema empfehlen wir Ihnen wärmstens die bei uns erschienene Mappe „Konflikte selber lösen. Das Streit-Schlichter-Programm" von K. Faller, W. Kerntke und M. Wackmann, Verlag an der Ruhr, Mülheim an der Ruhr 1995.

 Was sind die Voraussetzungen, um als „Kummerlöser" arbeiten zu können?
Versucht, aus dem Artikel eine „typische Konfliktlösungsstrategie" abzuleiten.

 Haltet Ihr das Kummerlöserprinzip auch für Eure Gruppe für praktikabel? Wie müßte es organisiert sein? Was spricht dafür, was dagegen?

 Könnte eine allgemeine Konfliktlösung in unserer Gesellschaft auch so aussehen? Auf welcher Ebene könnte eine Konfliktlösung so gelingen, auf welcher Ebene nicht? Worin liegen die Unterschiede und die Gemeinsamkeiten zwischen dem „Ich bin gut!"-Projekt und unserer Gerichtsbarkeit?

 Unterhaltet Euch im Plenum über diese Fragen.

In diesem Spiel geht es neben dem Training sicheren Auftretens vor einer Gruppe vor allem um:

- Sicherheit im Umgang mit Sprache;
- Intensivierung des Sprachgefühls;
- flexiblen Einsatz des Wortschatzes;
- souveränen Einsatz körpersprachlicher Mittel;
- Geben und Empfangen von Fremdbewertungen;
- Streßerfahrung und Konzentrationssteigerung.

 ab 12 Jahren

 bis 12 Personen

 a) ca. 15 - 20 Minuten für die Übung
b) ca. 20 Minuten für die Auswertung

 Kopieren Sie für jeden Teilnehmer einen beliebigen, für alle gleichen literarischen Text (auf ein Format DIN A 5 oder kleiner). Der Text sollte (bei Prosa) 30-40 Druckzeilen nicht überschreiten.

Die Gruppenmitglieder setzen sich in einen Stuhlhalbkreis. Nacheinander (Losverfahren!) trägt jeder Teilnehmer den Text laut unter Einbeziehung von Gestik und Mimik (Körpersprache) vor der Gruppe vor. Dabei müssen beim Lesen spontan Wörter mit bestimmten, individuell festgelegten Anfangsbuchstaben, durch andere ersetzt werden, ohne daß der Sinn des Textes verändert oder die grammatische Struktur eines Satzes fehlerhaft wird. Zieht die Korrektur eines Wortes Veränderungen im Rest des jeweiligen Satzes nach sich, so sind diese zulässig.

Das Spiel kann in verschiedenen Schwierigkeitsstufen gespielt werden:

a) Es wird für jeden Teilnehmer ein Konsonant tabuisiert.

b) Ein Konsonant und ein Vokal werden tabuisiert.

c) Zwei Konsonanten und ein Vokal dürfen nicht benutzt werden.

d) Vier Konsonanten und ein Vokal dürfen nicht verwendet werden.

Die Zuhörer notieren für jeden Teilnehmer die Fehler (= übersehene Wörter) und beurteilen seinen Gesamtauftritt mit einer Note (1 = sehr gut bis 5 = sehr schlecht).

 Grundsätzliches s. S. 8, Einleitung 6 a.

- Welche Schwierigkeiten sind beim Vortrag aufgetreten?
- Wie intensiv habe ich die Belastung während der Übung empfunden?
- Wie genau hat sich diese Belastung bei mir bemerkbar gemacht?
- Wie gut konnte ich während des Vortrags auf meine Körpersprache achten?
- Welche Reaktionen habe ich von den Zuhörern erwartet bzw. nicht erwartet?
- Welche Möglichkeiten stehen mir zur Verfügung, mit solchen Belastungen fertig zu werden?
- Wie selbstsicher habe ich mich in der Rolle des Vortragenden gefühlt?
- Wie erkläre ich mir die Beobachtungen, die ich als Vortragender im Blick auf mich selbst gemacht habe?
- Wie kann ich die Erfahrungen mit dieser Übung in meinem Alltag konkret nutzbar machen?

 Reihum sollten zunächst alle Teilnehmer ihnen besonders wichtige Beobachtungen zu ihrem eigenen Vortrag benennen; danach kann die weitere Diskussion unter Einbeziehung der Fehlerauswertung und Beurteilungen im Kreisgespräch fortgesetzt werden.

3.12 Verbotene Buchstaben

 Variieren Sie das Spiel zum Beispiel dadurch, daß Sie für jeden Teilnehmer einen anderen Text vorsehen und die tabuisierten Buchstaben für alle gleich bleiben.

Die Effektivität des Spiels hängt entscheidend davon ab, welche Buchstaben in bezug auf die jeweilige Textvorlage von den Teilnehmern während ihres Vortrags nicht benutzt werden dürfen. Arrangieren Sie es im ersten Durchgang so, daß im ganzen in der Regel nicht mehr als 15 Wörter ausgetauscht werden müssen.

Weisen Sie die Vortragenden ausdrücklich an, den Text nicht nur verbal vorzutragen, sondern bei der Darbietung auch intensiv Gestik und Mimik einzusetzen.

Das Experiment kann auch im Rahmen eines Kommunikationstrainings eingesetzt werden.

 Kliebisch 1995; Kneip 1992

 Die Übung sollte schwerpunktmäßig unter dem Aspekt „selbstsicheres Auftreten" ausgewertet werden. Hierbei ist es im allgemeinen hilfreich, die Teilnehmer ausführlich nach den Belastungserfahrungen im Zusammenhang mit ihrem Vortrag zu fragen. Man wird dann meist auf die Auswirkungen des fiktiven Konkurrenzdrucks („Ich will mich vor den anderen nicht blamieren." „Was werden die anderen sagen, wenn ich es nicht schaffe?" usw.) und die damit verbundene Erwartungsangst („Was kommt da wohl auf mich zu?" „Wenn X da schon so viele Probleme hat, wie werde ich erst aussehen?" usw.) stoßen.

Vor diesem Hintergrund läßt sich ein Gespräch darüber führen, inwieweit es nicht vielfach unsere eigenen unvernünftigen Gedanken sind, die uns in anspruchsvollen Situationen behindern oder gar versagen lassen. An dieser Stelle können Sie ausführlicher auf Möglichkeiten eingehen, mit solchen Belastungen fertig zu werden (positives Denken; Gefühlstraining; Entspannungs- und Visualisierungsübungen usw.). Unter Umständen lassen sich in diesem Kontext auch entsprechende Hilfen praktisch vorstellen und umsetzen.

 Der freiere Umgang mit Sprache kann durch vielfältigste Sprachspielereien geübt und vertieft werden. Ausführliche Anregungen dazu finden Sie in „Otto mopst – Spiele mit Sprache", Verlag an der Ruhr 1992, aber auch in diversen anderen Sprachspielbüchern.

Bachmair, S.:
Beraten will gelernt sein.
Ein praktisches Lehrbuch für Anfänger
und Fortgeschrittene.
4. überarb. Aufl. München 1989.

Baddeley, A. D.:
The Psychology of memory.
New York 1976.

Bandler, R.:
**Veränderungen des subjektiven
Erlebens.**
Fortgeschrittene Methoden des NLP.
Paderborn 1987.

Bandler, R. u. J. Grinder:
Metasprache und Psychotherapie.
Die Struktur der Magie I.
Paderborn 1981.

Bandler, R. u. J. Grinder:
Metasprache und Kommunikation I.
Paderborn 1981. (1981b)

Bandler, R. u. J. Grinder:
Metasprache und Kommunikation II.
Paderborn 1982.

Bandler, R. u. J. Grinder:
Neue Wege der Kurzzeit-Therapie.
9. Aufl. Paderborn 1991.

Bateson, G.:
Ökologie des Geistes.
Anthropologische, psychologische und
epistemologische Perspektiven.
Frankfurt/M. 1990.

Benson, H.:
„Das Anti-Streß-Programm".
In: Psychologie heute (20) 1993.
H. 2. 20ff.

Berne, E.:
Spiele der Erwachsenen.
Reinbek 1970.

Bichsel, P.:
„Ein Tisch ist ein Tisch".
In: G. Loschütz (Hg.),
Das Einhorn sagt zum Zweihorn.
Köln 1966.

Borgart, E. J.:
**„Wirkfaktoren der rational-
emotiven Therapie in Gruppen".**
In: Gruppendynamik (1986) H. 3.
287ff.

Bovet, G. u. H. Frommer:
Grundkurs Psychologie.
Düsseldorf 1988.

Brenner, H.:
Entspannungs-Training.
München 1982.

Brocher, T.:
Das unbekannte Ich.
Eine Einführung in die Psychologie
des Alltags.
Reinbek 1969.

Brocher, T.:
**Gruppendynamik und
Erwachsenenbildung.**
Braunschweig 1971.

Burns, D.:
Fühl' dich gut.
Stuttgart 1986.

Buzan, T.:
Kopftraining.
Anleitung zum kreativen Denken.
Berlin 1984.

Cameron-Bandler, L.:
Wieder zusammenfinden.
NLP - neue Wege der Paartherapie.
Paderborn 1983.

Corssen, J.:
Ab heute ändere ich mich.
Problemlösungen in Lebenskrisen.
München 1989.

Cohn, R. C.:
**„Zur Grundlage des themen-
zentrierten interaktionellen Sy-
stems: Axiome, Postulate, Hilfs-
regeln".**
In: dies.: Von der Psychoanalyse zur
themenzentrierten Interaktion. Von
der Behandlung einzelner zu einer
Pädagogik für alle.
10. Aufl. Stuttgart 1991.
120ff. (1991a)

Cohn, R. C.:
**Von der Psychoanalyse zur
themenzentrierten Interaktion.**
Von der Behandlung einzelner zu
einer Pädagogik für alle.
10. Aufl. Stuttgart 1991. (1991b)

Diekstra, R. F. W.:
**Ich kann denken/fühlen,
was ich will.**
Eine Anleitung zum Auflösen
emotionaler Probleme durch
rationale Selbst-Analyse.
Lisse 1979.

Diekstra, R. F. W. und W. F. M. Dassen:
Rational-emotive Therapie.
Eine Einführung in die
Rational-Emotive Therapie.
Lisse 1982.

Dilts, R. u. a.:
Strukturen subjektiver Erfahrung.
Ihre Erforschung und Veränderung
durch NLP.
2. Aufl. Paderborn 1987.

Ebbinghaus, H.:
Über das Gedächtnis.
Untersuchungen zur experimentellen
Psychologie.
Darmstadt 1985.

Eberlein, G.:
Ängste gesunder Kinder.
Praktische Hilfe bei Lernstörungen.
Düsseldorf 1979.

Eberlein, G.:
**Autogenes Training mit
Jugendlichen.**
Ziel, Sinn, Praxis.
Düsseldorf 1985.

Eichmann, R. u. U. Kliebisch:
**„Ehrfurcht vor dem Leben.
Ein Projekt zum Thema Umwelt-
schutz".**
In: U. Kliebisch und R. Eichmann:
Vergiß das Fühlen nicht! Schulische
Beratung in Theorie und Praxis.
Bochum 1991. 113ff.

Ellis, A.:
Rational-emotive psychotherapy.
St. Louis 1962. (1962a)

Ellis, A.:
**Reason and emotion in
psychotherapy.**
New York 1962. (1962b)

Ellis, A.:
**Teaching emotional education
in the classroom.**
School Health Review 1969.
H. 11. 10ff.

Ellis, A.:
Die rational-emotive Therapie.
Das innere Selbstgespräch bei
seelischen Problemen und seine
Veränderung.
2. Aufl. München 1978.

Ellis, A.:
„The essence of RET".
In: Journal of Rational-Emotive
Therapy.
(2) 1984. H. 1. 19ff. (1984a)

Ellis, A.:
„Expanding the ABC's of RET".
In: Journal of Rational-Emotive
Therapy.
(2) 1984. H. 2. 20ff. (1984b)

Ellis, A.:
**Wut: Die Kunst
sich richtig zu ärgern.**
München 1987.

4. Literaturverzeichnis

Ellis, A.:
**Training der Gefühle -
Wie Sie sich hartnäckig weigern,
unglücklich zu sein.**
München 1989.

Faller, K./N. Kerntke/N. Wackmann:
Konflikte selber lösen.
Das Streit-Schlichter-Programm.
Mülheim 1995.

Fast, J.:
Körpersprache.
Reinbek 1984.

Fink, H.:
**„Der Rhythmus der
Aufmerksamkeit".**
In: Psychologie heute (19) 1992.
H. 3. 58ff.

Fischer, H. und G. Bubolz:
**Arbeitshefte für
Erziehungswissenschaft.**
Entwicklung und Sozialisation.
2. überarb. u. erw. Aufl. Frankfurt/M.
1993.

Fittkau, B./H.-M. Müller-Wolf
und F. Schulz v. Thun (Hg.):
**Kommunikations- und
Verhaltenstraining für Erziehung,
Unterricht und Ausbildung.**
2. Aufl. München 1977.

Florin, I. unter Mitarbeit v. G. Haag:
Entspannung - Desensibilisierung.
Leitfaden für die Praxis.
Stuttgart u.a. 1978.

Fried, E.:
Als ich mich nach Dir verzehrte.
Gedichte von der Liebe.
Berlin 1990.

Fries, G.:
Wirksam helfen.
Eine Einführung in die psychosoziale
Praxis. Weinheim/Basel 1985.

Fritz, J.:
**Gruppendynamisches Training
in der Schule.**
Heidelberg 1975.

Frör, H.:
Spielend bei der Sache.
81 Spiele für Schulklassen,
Konfirmandengruppen und
Gemeindekreise.
8. Aufl. München 1978.

Frör, H.:
Spiel und Wechselspiel.
Kommunikationsspiele für Gruppen.
Material und Methodik.
5. Aufl. München 1987.

Fuchs, R.:
Einführung in die Lernpsychologie.
Ein Überblick über den gegenwärtigen
Stand der Forschung.
2. Aufl. Darmstadt 1991.

Gawain, S.:
Stell dir vor.
Kreativ visualisieren.
Reinbek 1989.

Gordon, Th.:
Familienkonferenz.
Die Lösung von Konflikten zwischen
Eltern und Kind. Reinbek 1980.

Gordon, Th.:
Lehrer-Schüler-Konferenz.
Wie man Konflikte in der Schule löst.
Reinbek 1981.

Gordon, Th.:
Die neue Familienkonferenz.
Kinder erziehen ohne zu strafen.
Hamburg 1993.

Grom, B.:
**Methoden für Religionsunterricht,
Jugendarbeit und Erwachsenen-
bildung.**
Düsseldorf 1976.

Gudjons, H.:
Spielbuch Interaktionserziehung.
185 Spiele und Übungen zum
Gruppentraining in Schule, Jugendarbeit und Erwachsenenbildung.
4. erg. Aufl. v. „Praxis der Interaktionserziehung". Bad Heilbrunn 1990.

Hagmüller, P.:
**Methoden und Techniken
des Lernens.**
Düsseldorf 1985.

Hall, E. T.:
Die Sprache des Raumes.
Düsseldorf 1976.

Hasselhorn, M. mit L. Reisch
und K.-H. Lierler (Hg.):
Wirkungsvoller lernen und arbeiten.
6. Aufl. Heidelberg 1988.

Heller, K. und H. Nickel (Hg.):
**Psychologie in der
Erziehungswissenschaft.**
Ein Studienprogramm.
Bd. 1: Verhalten und Lernen,
von K. Heller,
H. Nickel und W. Neubauer.
3. Aufl. Stuttgart 1980.

Holzberg, O. und C. Clasen-Holzberg:
**Das große Brigitte-Buch
der Psycho-Spiele.**
München 1993.

Huberich P. und U. Huberich:
Spiele für die Gruppe.
Heidelberg 1979.

Jacobson, E.:
Progressive Relaxation.
Chicago 1938.

Kirst, W. und U. Diekmeyer:
Creativitätstraining.
Die Technik kreativen Verhaltens und
positiver Denkstrategien.
Reinbek 1973.

Kirsten, R.E. und J. Müller-Schwarz:
Gruppen Training.
Ein Übungsbuch mit 59 Psycho-Spie-
len, Trainingsaufgaben und Test.
Reinbek 1982.

Kliebisch, U.:
**Einführung in die Pädagogik der
personalen Interaktion.**
Theoretische Grundlegung und
Möglichkeiten der praktischen
Anwendung. Bochum 1981.

Kliebisch, U.:
„Beratungsgespräche".
In: ders. u. R. Eichmann: Vergiß das
Fühlen nicht! Schulische Beratung in
Theorie und Praxis.
Bochum 1991. 9ff. (1991a)

Kliebisch, U.:
**„Kommunikationstraining
für Lehrer. Ein Projekt zum Thema
Feedback".**
In: ders. u. R. Eichmann: Vergiß das Füh-
len nicht! Schulische Beratung in Theo-
rie und Praxis.
Bochum 1991. 71ff. (1991b)

Kliebisch, U.:
Das Anti-Streß-Programm.
Ein Trainingsbuch zur psychologischen
Selbsthilfe.
Essen 1995. (1995a)

Kliebisch, U.:
Beraten kann man lernen.
Ein Trainingshandbuch für Lehrerinnen
und Lehrer.
Essen 1995. (1995b)

Kliebisch, U. und R. Eichmann:
Vergiß das Fühlen nicht!
Schulische Beratung in Theorie und
Praxis. Bochum 1991.

Kliebisch, U./R. Eichmann
und K.H. Basten:
So bestehen Sie das Abitur!
Hilfen zur systematischen Prüfungs-
vorbereitung. Bochum 1991.

Kliebisch, U. und J. Wach:
„AIDS-Prophylaxe im
pädagogischen Alltag -
Ein Projekt für Schülerinnen und
Schüler einer Jahrgangsstufe 10".
In: U. Kliebisch u.a.: AIDS -
Ein Konzept mit Materialien
für den Projektunterricht.
Bochum 1994.

Kliebisch, U. u. a.:
AIDS - Ein Konzept mit Materialien
für den Projektunterricht.
Bochum 1994.

Knaus, W. J.:
Rational-emotive Erziehung.
Ein Leitfaden für Lehrer zur
Anwendung im Schulunterricht.
Köln 1983.

Kneip, W.:
Otto mopst.
Spiele mit Sprache.
Mülheim 1992.

Kossak, H.-Chr.:
Studium und Prüfungen besser
bewältigen.
Neue Wege, mit Lern- und Leistungs-
problemen in Schule und Studium
umzugehen.
München 1992.

Kruse, P./B. Pavlekovic und K. Haak:
Autogenes Training.
Der Weg zum Wohlbefinden.
Niedernhausen 1992.

Kugemann, W. F.:
„Lerntechniken I. Dunkel im
Buchhaltungsdickicht".
In: abi-Berufswahl-Magazin. (9) 1985.
18ff. (1985a)

Kugemann, W. F.:
„Lerntechniken II.
Vertrackte Statistik",
In: abi-Berufswahl-Magazin. (9) 1985.
18ff. (1985b)

Lange, W. H. / L. Schwäbisch
und M. Siems:
„Tutorentraining".
In: B. Fittkau, H.-M. Müller-Wolf und
F. Schulz v. Thun (Hg.): Kommunikations-
und Verhaltenstraining für Erziehung,
Unterricht und Ausbildung.
2. Aufl. München 1977. 130ff.

Lauster, P.:
Sensis. Sich selbst und
andere besser kennenlernen.
Ein psychologisches Gesellschaftsspiel.
Düsseldorf 1986.

Lauster, P.:
Menschenkenntnis.
Körpersprache, Mimik und Verhalten.
2. Aufl. Düsseldorf 1988.

Lauster, P.:
Selbstbewußtsein kann man lernen!
Programm für Selbstsicherheit und
Selbstvertrauen.
7. Aufl. München 1989.

Laver, M.:
Jeder gegen jeden.
Gesellschaftsspiele, um große Politik
zu lernen. Hinterlistig! Klug! Bösartig!
Realistisch! Köln 1986.

Lazarus, A. und A. Fay:
Ich kann, wenn ich will.
Anleitung zur psychologischen Selbst-
hilfe.
München 1985.

Lehmann, J. (Hg.):
Simulations- und Planspiele
in der Schule.
Bad Heilbrunn 1977.

Lehner, B. B.:
Selbstsicher werden.
Hemmungen überwinden - Mut zur
aktiven Lebensgestaltung.
Weinheim 1992.

Lehner, B. B.:
Selbstsicher handeln.
Erfolgreich in Beruf und Alltag.
Weinheim 1993.

Lewis, D.:
Die geheime Sprache des Erfolgs.
München 1989.

Lewis, H.R. und H.S. Streitfeld:
Spiele, die glücklich machen.
Intensiver leben durch Psychotraining.
Bergisch-Gladbach 1977.

Linneweh, K.:
Streß und Streßbewältigung.
Der erfolgreiche Umgang mit sich
selbst. 2. Aufl. Stuttgart 1988.

Lotz, N. W.:
Die Rationale Selbstanalyse - RSA
Ein Faltblatt zur erfolgreichen Selbst-
veränderung. Eschborn 1991.

Lotz, N. W. u. R. F. W. Diekstra:
Rational-Emotive Therapie - RET
Eine zusammenfassende Betrachtung.
Eschborn 1991.

Meister-Vitale, B.:
Lernen kann phantastisch sein.
Kinderleichtes Lernen durch optimalen
Einsatz beider Gehirnhälften.
Berlin 1988.

Mohl, A.:
Der Zauberlehrling.
Das NLP Lern- und Übungsbuch.
Paderborn 1993.

Molcho, S.:
Körpersprache.
München 1983.

Molcho, S.:
Körpersprache als Dialog.
Ganzheitliche Kommunikation in Beruf
und Alltag. München 1988.

Molcho, S.:
Partnerschaft und Körpersprache.
München 1990.

Müller, E.:
Phantasie und Märchenreisen.
Autogenes Training in Vorlese-
geschichten. Geschichten zum
Entspannen, Erholen und Träumen.
Frankfurt/M. 1983.

Müller, E.:
Hilfe gegen Schulstreß.
Übungsanleitung zu Autogenem
Training, Atemgymnastik und
Meditation für Kinder und
Jugendliche. Reinbek 1984.

Müller, E.:
Bewußter leben durch Autogenes
Training und richtiges Atmen.
Übungsanleitungen zu Autogenem
Training und Atemtraining; meditative
Übungen durch gelenkte Phantasien.
Reinbek 1988.

Müller, E.:
Auf der Silberstraße des Mondes.
Autogenes Training mit Märchen zum
Entspannen und Träumen.
Frankfurt/M. 1989.

Neubauer, W.:
„Analyse interpersonaler Konflikte".
In: W.F. Neubauer, H. Gampe
und R. Knapp: Konflikte in der Schule.
Möglichkeiten und Grenzen koopera-
tiver Entscheidungsfindung.
3. überarb. u. erg. Aufl. Neuwied
1988. 4ff. (1988a)

Neubauer, W.:
„Ein Prozeßmodell der kooperativen
Entscheidungsfindung".
In: W.F. Neubauer, H. Gampe
und R. Knapp: Konflikte in der Schule.
Möglichkeiten und Grenzen koopera-
tiver Entscheidungsfindung.
3. überarb. u. erg. Aufl. Neuwied
1988. 31ff. (1988b)

4. Literaturverzeichnis

Neubauer, W. F. / H. Gampe
und R. Knapp:
Konflikte in der Schule.
Möglichkeiten und Grenzen koopera-
tiver Entscheidungsfindung. 3. überarb. u. erg. Aufl. Neuwied 1988.

Nuber, U.:
„Das Ende des Ich-Kults?".
In: Psychologie heute (20) 1993.
H. 6. 20ff.

Orlick, T.:
Kooperative Spiele.
Weinheim 1982.

Ott, E.:
Optimales Lesen.
Schneller lesen - mehr behalten. Ein
25-Tage-Programm. Stuttgart 1970.

Ott, E.:
Das Konzentrationsprogramm.
Konzentrazionsschwäche überwinden
- Denkvermögen steigern.
Reinbek 1981.

Pacher, W.:
So macht Zusammenleben Freude.
Spielregeln und Übungen nach
Gordons Familienkonferenz.
Freiburg 1988.

Rademacher, H. und M. Wilhelm:
Spiele zum interkulturellen Lernen.
Köln 1987.

Ramme, J. und H. Riese:
Spiele für viele.
Braunschweig 1981.

Richardson, J.:
Erfolgreich kommunizieren.
Eine praktische Einführung in die
Arbeitsweise von NLP. München 1992.

Scheerer, H.:
**Wie Sie mit sich selbst und anderen
besser zurechtkommen.**
München 1982.

Scheerer, H.:
**Wie Sie durch Ihr Sprechen
gewinnen.**
2. Aufl. München 1987.

Scheflen, A.E.:
**Körpersprache und soziale
Ordnung.**
Stuttgart 1990.

Schelp, Th. u.a.:
**Rational-Emotive Therapie als
Gruppentraining gegen Streß.**
Seminarkonzepte und Materialien.
Bern/Stuttgart/Toronto 1990.

Scherer, K.:
Konflikte bewältigen.
Neuhausen 1990.

Scherer, K.:
Mit Streß leben.
Der Weg zum inneren Gleichgewicht.
5. Aufl. Neuhausen 1991.

Scherer, K. u.a.:
**Die Streßreaktion: Physiologie
und Verhalten.**
Göttingen 1985.

Schiller, F.:
**„Über die ästhetische Erziehung
des Menschen in einer Reihe
von Briefen".**
In: ders.: Werke in drei Bänden.
Bd. II. München 1976. 445ff.

Schultz, I.H.:
**Übungsheft für das Autogene
Training.**
Konzentrative Selbstentspannung.
15. Aufl. Stuttgart 1972.

Schulz von Thun, F.:
Miteinander Reden 1.
Störungen und Klärungen.
Allgemeine Psychologie der
Kommunikation.
Reinbek 1989. (1989a)

Schulz von Thun, F.:
Miteinander Reden 2.
Stile, Werte und Persönlichkeits-
entwicklung. Differenzielle Psychologie
der Kommunikation.
Reinbek 1989. (1989b)

Schulz von Thun, F. und B. Fittkau:
**„Trainingsziele für das
Lehrerverhalten".**
In: B. Fittkau, H.-M. Müller-Wolf
und F. Schulz v. Thun (Hg.): Kommuni-
kations- und Verhaltenstraining für
Erziehung, Unterricht und Ausbildung.
2. Aufl. München 1977. 56ff.

Schunk, D.H.:
Learning Theories.
An educational perspective.
New York 1991.

Schwartz; D.:
RE-Therapie.
So wird man sein eigener Psychologe.
Landsberg 1981.

Schwartz, D.:
**Gefühle erkennen
und positiv beeinflussen.**
Landsberg 1987.

Sharan, S. u. Y.:
Gruppenzentrierter Unterricht.
Kleingruppe, Lernecke, Plan- und
Rollenspiel.
Stuttgart 1976.

Tannen, D.:
Das hab' ich nicht gesagt!
Kommunikationsprobleme im Alltag.
Hamburg 1992.

Tarr-Krüger, I.:
Lampenfieber.
Ursachen - Wirkung - Therapie.
Stuttgart 1993.

Tausch, R. u. A. - M. Tausch:
Wege zu uns und anderen.
Menschen suchen sich selbst zu
verstehen und anderen offener zu
begegnen. Reinbek 1989.

Thomas, K.:
**Praxis der Selbsthypnose des Auto-
genen Trainings (nach I. H. Schultz).**
Formelhafte Vorsatzbildung und Ober-
stufe. 3. überarb. u. erw. Aufl.
Stuttgart 1972.

Uttendorfer-Marek, I.:
**„Wahrnehmen und Verstehen ohne
zu interpretieren.**
**Aufgabenbeschreibung für die
Gruppenarbeit".**
In: A.C. Wagner u.a.: Unterrichts-
psychogramme. Was in den Köpfen
von Lehrern und Schülern vorgeht.
Reinbek 1981. 386ff.

Vester, F.:
Denken, Lernen, Vergessen.
Was geht in unserem Kopf vor, wie
lernt das Gehirn, und wann läßt es uns
im Stich?
6. Aufl. München 1980. (1980a)

Vester, F.:
Phänomen Streß.
Wo liegt sein Ursprung, warum ist
er lebenswichtig, wodurch ist er
entartet?
2. Aufl. München 1980. (1980b)

Vester, F.:
**Neuland des Denkens:
Vom technokratischen zum
kybernetischen Zeitalter.**
2. Aufl. München 1984.

Vester, F.:
Unsere Welt - ein vernetztes System.
2. Aufl. München 1985.

Vollmer, G. u. G. Hoberg:
**Top-Training Lern- und
Arbeitsstrategien.**
2. Aufl. Stuttgart 1988.

Vopel, K. W.:
Anwärmspiele.
2. Aufl. Hamburg 1984. (1984a)

Vopel, K. W.:
Interaktionsspiele. Teil 3.
5. Aufl. Hamburg 1984. (1984b)

Vopel, K. W.:
Interaktionsspiele. Teil 5.
3. Aufl. Hamburg 1984. (1984c)

Vopel, K. W.:
Interaktionsspiele. Teil 6.
3. Aufl. Hamburg 1984. (1984d)

Vopel, K. W.:
Interaktionsspiele. Teil 1.
5. Aufl. Hamburg 1986. (1986a)

Vopel, K. W.:
**Interaktionsspiele für Jugendliche.
Teil 2.**
Affektives Lernen für 12- bis 21jährige.
3. Aufl. Hamburg 1986. (1986b)

Vopel, K. W.:
**Interaktionsspiele für Jugendliche.
Teil 4.**
Affektives Lernen für 12- bis 21jährige.
3. Aufl. Hamburg 1986. (1986c)

Vopel, K. W.:
Handbuch für Gruppenleiter.
Hamburg 1988.

Vopel, K. W.:
Interaktionsspiele. Teil 2.
6. Aufl. Hamburg 1989. (1989a)

Vopel, K. W.:
**Interaktionsspiele für Jugendliche.
Teil 1.**
Affektives Lernen für 12- bis 21jährige.
3. Aufl. Hamburg 1989. (1989b)

Vopel, K. W.:
Interaktionsspiele. Teil 4.
4. Aufl. Hamburg 1990.

Vopel, K. W.:
Kinder ohne Streß.
5 Bde. 2. Aufl.
Hamburg 1991.

Vopel, K. W.: u. R. E. Kirsten:
Kommunikation und Kooperation.
München 1974.

Wagner, A.C.:
**„Nachträgliches Lautes Denken als
Methode der Selbsterfahrung.
Was kann ich als Lehrerin oder
Lehrer damit anfangen?".**
In: dies. (Hg.): Unterrichtspsycho-
gramme. Was in den Köpfen von
Lehrern und Schülern vorgeht.
Reinbek 1981. 341ff.

Wagner, A.C.: (Hg.):
Unterrichtspsychogramme.
Was in den Köpfen von Lehrern und
Schülern vorgeht. Reinbek 1981.

*Watzlawick, P. / J. H. Beavin
und D. D. Jackson:*
Menschliche Kommunikation.
Formen, Störungen, Paradoxien.
8. Aufl. Bern 1990.

*Watzlawick, P. / J. H. Weakland
und R. Fisch:*
**Lösungen: Zur Theorie und Praxis
menschlichen Wandels.**
Bern 1974.

Weiß, J. unt. Mitarbeit v. I. Kirchner:
Selbst-Coaching.
Persönliche Power und Kompetenz
gewinnen. 2. Aufl. Paderborn 1991.

Wiesenhütter, J. (Bearb.):
Streß und Streßbewältigung.
3 Bde. Trier 1991.

Wittgenstein, L.:
Tractatus logico-philosophicus.
Logisch-philosophische Abhandlung.
10. Auflage, Frankfurt 1975.

Zöller, W.W.:
Gemeinsam lernen.
Die Beschreibung eines Versuchs,
Unterricht in der Praxis zu verändern.
München 1979.

Uwe M. Schneede:
John Davies
Werke 1970-1980,
Hrsg. Kunstverein Hamburg, 1981

Stand: September 1995

Training und Beratung

Dr. phil. Udo W. Kliebisch ist psychologisch ausgebildeter
Beratungslehrer an einem Gymnasium, er ist Dozent in der
Lehrerfortbildung und Lehrbeauftragter an der Universität Bochum.
Udo W. Kliebisch berät Lehrerinnen und Lehrer, Schülerinnen und Schüler
sowie jeden, der etwas Gutes für sich tun oder mehr aus sich machen möchte. Die Beratung
erfolgt auf Wunsch einzeln oder in Gruppen und kann auch als Seminar bzw. als
kollegiumsinterne Fortbildung durchgeführt werden.

Beratungs- und Seminarthemen sind u.a.:

- Streßbewältigung im Alltag und im Beruf
- NLP als Hilfe für den (Schul-) Alltag
- Spiele als Erziehungsmittel in Schule und Alltag
- Hilfe bei Schul- und Alltagsängsten
- Hilfe bei Eßstörungen
- Raucherentwöhnung
- Zeitmanagement

- Beratungstechniken, Beratungsmethoden
- Kommunikationstraining
- Selbstsicherheitstraining
- Übungen im freien Reden
- Persönlichkeitstraining
- Konfliktmanagement
- Verkaufstraining
- Lern-, Leistungs- und Motivationsprobleme

Anfragen bitte schriftlich an:

**Dr. Udo W. Kliebisch
Training
und Beratung
Paulstr. 9 B
44803 Bochum**

Udo W. Kliebisch im Verlag an der Ruhr:

☐ Kommunikation und Selbstsicherheit
Interaktionsspiele und Infos für Jugendliche
Ab 12 J., 174 Seiten, A4, Pb.
Best.-Nr. 2209   42,- DM/sFr/307,- öS
Für Kinder und Jugendliche wird es in unserer massenmedialen Zeit zunehmend wichtiger, interaktive Fähigkeiten und Techniken zu entwickeln. Mit den 26 Spielen (incl. Arbeitsblätter) können auch unerfahrene GruppenleiterInnen in Jugend- und Erwachsenengruppen kommunikative Fertigkeiten und Selbstsicherheit trainieren. Alle Spiele können sowohl einzeln als auch in Trainingsprogrammen eingesetzt werden.

☐ Kooperation und Werthaltungen
Interaktionsspiele und Infos für Jugendliche
Ab 12 J., 158 S., A4, Pb.
Best.-Nr. 2211   42,- DM/sFr/307,- öS
„Anything goes?" Führt uns der vieldiskutierte Werteverlust in eine Gesellschaft von Einzelkämpfern? Das Buch (mit zahlreichen praxisorientierten Arbeitsblättern) wagt in über 20 ganzheitlich orientierten Psycho-Spielen den Versuch, Sinn für kooperatives Verhalten zu wecken.

☐ Selbstwahrnehmung und Körpererfahrung
Interaktionsspiele und Infos für Jugendliche
Ab 12 J., 208 S., A4, Pb.
Best.-Nr. 2274   42,- DM/sFr/307,- öS
Zwischen Körper-Kult und Cyber-World müssen junge Menschen ein authentisches Verhältnis zu ihrem Körper und eine realistische Selbst-Wahrnehmung entwickeln. Dieser Band enthält 24 Gruppen-Spiele, die Sie unmittelbar in Schule und Jugendarbeit einsetzen können. Sowohl das ganzheitliche Erleben eigener Stärken und Schwächen, als auch das bewußte „Hören" auf den Körper werden hier nachhaltig vermittelt.

Neu!

☐ Selbstentfaltung und Lebensplanung
Interaktionsspiele und Infos für Jugendliche
Ab 10 J., ca. 200 S., A4, Pb. *(erscheint Mai 1997)*
Best.-Nr. 2325   ca. 42,- DM/sFr/307,- öS
Der Band enthält sowohl meditative als auch sachbezogene Interaktionsspiele. Jugendliche entdecken darin ihre persönlichen Stärken und Fähigkeiten und erkennen den Einfluß ihres Umfeldes, der Gesellschaft und der Medien auf ihre Selbstwahrnehmung. Auf dieser Grundlage erstellen sie individuelle Entwürfe von ihrem Leben in der Zukunft. Dabei haben die Jugendlichen Gelegenheit, ihre Überzeugungen in Bezug auf Partnerschaft und Familie sowie Beruf und Leistungsgesellschaft zu erforschen.

☐ Keine Angst vor Referaten
Interaktionsspiele, Arbeitsblätter und Tips für Vorträge und freie Reden
Ab 14 J., 100 S., A5, Pb.
Best.-Nr. 2242   16,80 DM/sFr/123,- öS
Kleinere Referate sind dabei schon ab der 8. Klasse durchaus sinnvoll einzusetzen. Spätestens in der Oberstufe bilden sie einen wichtigen Bestandteil der Unterrichtsplanung.
Der Autor geht in seinem Buch von einem ganzheitlichen Begriff kommunikativer Kompetenz aus, der neben dem Wort und der Struktur von Texten die Gefühle und das Selbst-Bewußtsein des Sprechers einbezieht. Auf dieser Grundlage werden hier zahlreiche Hilfestellungen für LehrerInnen und auch für Eltern geboten, ihre Kinder auf freies Reden vorzubereiten und damit unnötige Hemmschwellen auch vor Referaten in der Klasse abzubauen.